UNDERSTANDING BRANDING

Strategie- und Designprozesse in der Markenentwicklung
verstehen und umsetzen

Daniela Hensel

stiebner

GENDERKONFORM

Die Sorge um die Verständlichkeit der Texte hat dazu geführt, kein Gender-Splitting, also die Nennung beider Geschlechter, vorzunehmen. Stellen Sie sich also bitte bei jedem generischen Maskulinum unbedingt auch eine Frau vor: die Designerin, die Kundin, die Auftraggeberin, die Vorständin etc.

SPRACHLICHER MISCHMASCH

Viele englische Begriffe im Bereich des Designs und Marketings sind mittlerweile eingedeutscht, wie Briefing, Deadline oder Branding. Wann immer es Sinn macht und dem gängigen Sprachgebrauch der Branche entspricht, wurde ein deutsches Wort verwendet. Der Titel dieses Buches bildet eine Ausnahme: Understanding Branding. Das Partizip Präsens, also die ing-Form im Englischen hat die Möglichkeit eine fortlaufende Tätigkeit, etwas Andauerndes zu beschreiben. Ein Branding-Prozess und das Verständnis darüber ist genau das: eine fortlaufende Aufgabe, die nie aufhört.

IMPRESSUM

Konzeption und Gestaltung:
Romina Poschadel und Daniela Hensel

Das Layout ist inspiriert durch einen Buchentwurf von David Jacob und Johanna Braunsch, der im Rahmen eines Editorial-Design-Kurses an der Hochschule für Technik und Wirtschaft Berlin im Sommersemester 2013 entstand.

Satz: Romina Poschadel

Schriften: Lemon Sans, Lemon Sans Rounded und Blue Letter von Jürgen Huber mit freundlicher Genehmigung von www.typedepartment.de

Die Website zum Buch:
www.understanding-branding.de

Aktuelles zum Thema Branding:
www.facebook.com/understandingbranding/

Bibliografische Information der Deutschen Nationalbibliothek
Die Deutsche Nationalbibliothek verzeichnet diese Publikation in der Deutschen Nationalbibliografie; detaillierte bibliografische Daten sind im Internet über http://dnb.dnb.de abrufbar.

2., durchgesehene Neuauflage 2016

© 2015, 2016 Stiebner Verlag GmbH, Grünwald
© 2015 für Fotos, Skizzen, Markenzeichen bei den Unternehmen und Agenturen

Alle Rechte vorbehalten. Wiedergabe, auch auszugsweise, nur mit ausdrücklicher Genehmigung des Verlags. Gesamtherstellung: Stiebner, München

www.stiebner.com

Printed in Hungary
ISBN: 978-3-8307-1433-0

VORWORT

FÜR DESIGNER – Das vorliegende Buch über Branding Prozesse wendet sich an alle Designer, die sich für die Entwicklung und Gestaltung von Marken interessieren. Ein Markenerscheinungsbild zu entwerfen, bedeutet immer auch die Visualisierung von Strategien, die ein Unternehmen verfolgt. Sei es eine stärkere Identifikation der Kunden mit dem Unternehmen, höhere Margen für Produkte oder gar die Erschließung von neuen Märkten und Zielgruppen. Hierfür ist es wichtig, Hintergründe und Herausforderungen der Unternehmen zu verstehen oder besser: zu verinnerlichen.

Dass diese Zusammenhänge alles andere als trocken und langweilig sind, will dieses Buch zeigen. Gerade Designer bringen viele wichtige Voraussetzungen mit, um Konsumentenverhalten und Marktprozesse zu verstehen. Sie sind selbst oft anspruchsvolle Konsumenten, verfügen über eine gute Beobachtungsgabe und eine überdurchschnittliche Portion Empathie. Dies sind wesentliche Voraussetzungen, um sich z. B. in unterschiedliche Zielgruppen hineinzuversetzen, ihre Erwartungshaltung zu reflektieren und die Erkenntnisse später in verschiedene Tools übertragen zu können.

Produkte und Dienstleistung werden nicht von seelenlosen Zahlen in Anspruch genommen, sondern von Menschen mit Emotionen und Vorlieben. Modelle und Methoden des Marketings können dabei helfen komplexe Zusammenhänge anschaulich darzustellen und sind eine gute Grundlage, mit unterschiedlichen Disziplinen in einen effektiven Dialog zu treten. Leider sind Designer immer noch viel zu selten an den frühen Gesprächsrunden beteiligt, in denen wichtige Entscheidungen getroffen werden, die die spätere Markengestaltung stark beeinflussen werden oder sollten. Dabei gehören sie hier von Anfang an mit an den Tisch, um mit ihren Erfahrungen und Fähigkeiten einen wichtigen Beitrag zu liefern und nicht als Interpretatoren mit ihrem Design Tatsachen erschaffen, die nur ungenügend auf die Marketingstrategien eingehen.

Viel zu viele sehen die Rolle der Strategie und des Marketings als notweniges Übel, das ihr Kreativ-Briefing unnötig beschwert. Und in der Tat sind einige Tools und Methoden für den späteren Gestaltungsprozess von Marken nur zum Teil hilfreich, da sie entweder zu abstrakt formuliert sind oder den Wesenskern einer Identität nicht in der Art beschreiben, dass daraus ein funktionierendes Markenerscheinungsbild entstehen kann. Daher wird es in der Zukunft immer wichtiger, die Strategie-Design-Lücke für einen engeren Austausch und eine Zusammenarbeit zwischen Designern und Marketingverantwortlichen, aber auch mit Ingenieuren und Entwicklern, zu schließen. Es werden Tools und Methoden benötigt, die stärker auf die Bedürfnisse eines Designprozesses eingehen. Denn beide Bereiche brauchen einander, um am Ende eine Marke zu gestalten, die dem Unternehmen nützt und nicht allein dem Portfolio der Designer oder der Referenzliste von Marketingberatern.

Die in diesem Buch aufbereiteten Case-Studies zeigen den Umgang dreier unterschiedlicher Agenturen mit etablierten und eigenen Tools. Diese Prozesse sind so gestaltet (!), dass sie einen möglichst effektiven Übergang zum Design ermöglichen. Um zukünftig noch effizientere und inspirierendere Prozesse gestalten zu können, sind Designer wichtig, da sie die Methoden und Prozesse vom Ende her denken. So nehmen sie auch zu Beginn einer Markenentwicklung mit ihrer Expertise einen wichtigen Part ein.

Das Buch ist zum einen Vermittler von Basiswissen und gleichzeitig ein Aufruf, eigene Mittel zu kreieren. Diese sollen dabei unterstützen, gemeinsame Einsichten zu generieren, eine Kommunikationsplattform zu bilden und Perspektivwechsel zu ermöglichen. Strategien, Prozesse, Methoden und Checklisten, die hier zu finden sind, führen nicht automatisch zu einem herausragenden und funktionierenden Design. Nichts kann die Intuition, die Leidenschaft und Kreativität eines guten Designers ersetzen. Der Moment, in dem sich alle Erkenntnis langsam wie Fischfutter auf dem Grund eines Aquariums absetzt und daraus eine passende Idee erwächst, ist immer noch magisch und nicht im Einzelnen zu erklären. Wir können – gemäß dem Psychologen Dr. Peter Kruse – Kreativität nicht erzwingen, sondern nur die Bedingungen dafür schaffen.

FÜR MARKETINGVERANTWORTLICHE – Jetzt, nachdem Sie das Vorwort für Designer gelesen haben, denken Sie vermutlich darüber nach, welchem Designer in Ihrem Bekanntenkreis Sie dieses Buch nun schenken können. Dabei sind Sie hier ganz richtig! Denn vielleicht spielen Sie mit dem Gedanken ein neues Erscheinungsbild für Ihr Unternehmen zu entwickeln oder das bestehende weiterzuentwickeln? Was wird Sie, Ihre Kollegen und Vorgesetzten nun alles erwarten? Was können Sie von einer Agentur erwarten und welche ist die Richtige für Sie? Sie haben die Qual der Wahl. Viele sehr gute Agenturen und Designer buhlen um Ihren Auftrag. Ihre Herangehensweisen und tatsächlichen Expertisen können völlig unterschiedlich sein.

Das Buch kann Ihnen dabei helfen, genauer zu formulieren, nach welchen Partnern Sie suchen sollten. Es wird Ihnen auch einen guten Einblick in aktuelle Markenentwicklungsprozesse ermöglichen und so zu einer realistischeren Zeit- und Budgetplanung verhelfen. Wichtige Fragestellungen sind jeweils am Ende der Themenpunkte zusammengefasst und können Ihnen während des Prozesses als nützliche Checkliste dienen.

Haben Sie erst eine Agentur gefunden, kann Ihnen das Buch auch eine gemeinsame Verständnis-Basis liefern, die es erleichtert, die Kommunikation mit Ihren Markenexperten lebendig und partnerschaftlich zu gestalten. Die besten Agenturen erkennen Sie daran, dass sie Sie inhaltlich und strategisch fordern und in einen echten Austausch mit Ihnen treten wollen. Wenn Sie dies zulassen, steht Ihnen eine spannende Reise mit tollen Ergebnissen und einem echten Mehrwert für Ihr Unternehmen bevor!

„Der Erfolg einer Strategie hängt immer davon ab, ob die unternehmerischen Ideen verstanden werden. Anders gesagt: Wer seine unternehmerischen Ideen verständlich kommuniziert, wird erfolgreich sein."

Peter Vetter, Designer[1]

UNDERSTANDING
BRANDING

VORWORT 3

BRANDING BASICS

1.0 BEDEUTUNG VON MARKEN 8

1.1 AKTEURE IM BRANDINGPROZESS 12

1.2 PROZESSPLANUNG 16

2.0 BEAUFTRAGEN 26

2.1 VERSTEHEN 34

2.2 PLANEN 68

2.3 GESTALTEN 94

2.4 UMSETZEN 128

CASE STUDIES

EDENSPIEKERMANN GETYOURGUIDE 142
Eine Reiseplattform definiert sich neu

METADESIGN KONZERTHAUSBERLIN 178
Klassisches Orchester trifft auf modernes Design

STRICHPUNKT VORWERK 206
Eine Kultmarke sieht nach vorn

3.0 ENTSTEHUNG DIESES BUCHES 236

3.1 QUELLEN 238

3.2 ÜBER DIE AUTORIN 240

BRANDING
BASICS

1.0 BEDEUTUNG VON MARKEN

AUGEN AUF BEI DER PARTNERWAHL – Zwei Feldmäuse treffen sich. Fragt die eine Maus die andere: „Ich habe gehört Du hast einen neuen Freund", antwortet die andere freudig: „Ja stimmt, willst Du ein Bild von ihm sehen?". Neugierig guckt ihre Freundin auf das Bild. Sie dreht sich angewidert weg und ruft aus: „Ihhh! Das ist ja eine Fledermaus!". Antwortet ihr die andere völlig verblüfft: „Also mir hat er gesagt, er ist Pilot!".

Image
Klischee

Der Charme dieses Witzes liegt in den stark unterschiedlichen Images von Fledermäusen und Piloten und dem altmodischen Klischee eines attraktiven Mannes. Während die Fledermaus für negative Attribute, wie Dunkelheit und Spuk steht, gleicht der Beruf des Piloten einem attraktiven Versprechen: weite Reisen, interessante Länder und eine verantwortungsvolle Position. Die Fledermaus weiß wohl um dieses Phänomen und gleicht ihr schlechtes Image aus, indem sie ihren Vorteil, nämlich im Gegensatz zu Feldmäusen fliegen zu können, mit Hilfe des attraktiven Images des Berufsstandes der Piloten aufpoliert. Die Feldmausdame lässt sich dadurch so sehr blenden, dass sie darüber alles andere vergisst.

„Der Werbeagent sah sich nicht mehr als Verkäufer, sondern als ‚Philosoph der Kommerzkultur'."

Randall Rothberg, Reklamekritiker [2]

Markenidentität

Einzelne Personen oder gar eine ganze Berufsgruppe können ein bestimmtes Image haben. Die Tatsache, dass auch ein Unternehmen über ein solches verfügen kann, ist eine Erkenntnis, die erst Ende der 1940er Jahre aufkam. Was damals „Unternehmensbewusstsein" genannt wurde, wird heute als Markenidentität bezeichnet.

VOR DEM UMSATZ STEHT DAS VERTRAUEN – Bis dahin hatte Unternehmenskommunikation hauptsächlich das Ziel den Produktumsatz zu steigern. Die ersten nennenswerten Marken AUNT JEMIMA (1893 der Firma QUÄKER OATS COMPANY), vor allem bekannt für seine Pfannkuchen-Fertigmischungen und CAMPBELL'S, Hersteller von Fertigsuppen, standen vor der großen Herausforderung, Konsumenten davon zu überzeugen, dass sie den fremd verpackten Nahrungsmitteln vertrauen können. Wir müssen uns vorstellen, dass Lebensmittelüberwachungsbehörden und Verbraucherschutzzentralen damals noch nicht existierten. Ein Großteil des Einkommens wurde für Nahrungsmittel ausgegeben, wodurch sie einen höheren Stellenwert als heute besaßen. Um den Käufern einen persönlicheren Zugang zu den industriell hergestellten Produkten zu ermöglichen, versahen die Unternehmen ihre Verpackungen gerne mit Maskottchen.

Maskottchen

AUNT JEMIMA ist eine farbige, mollige und sehr freundlich wirkende Frau, der man den regelmäßigen Verzehr der Pfannkuchen gerne abnimmt. CAMPBELL'S bekam ab 1904 gleich eine ganze Gruppe von pausbackigen „CAMPBELL-Kids" an die Seite gestellt. Diese nahmen auch abhängig von gesellschaftlichen und politischen Ereignissen unterschiedliche Rollen ein, wie z. B. die eines Militärarztes während des Ersten Weltkrieges.

WECHSELHAFTE ZEITEN FÜR MARKENGURUS — Diese langjährige Kommunikation formte in den Köpfen der Konsumenten nach und nach ein konsistentes Markenbild. In den 60er und 70er Jahren kam eine erste Ahnung darüber auf, dass dieses manifestierte, eher emotionale als rationale Bild auch abseits des Umsatzes einen Wert darstellen könnte. Der Verkauf des Lebensmittelkonzerns KRAFT 1988 an das Unternehmen PHILIPP MORRIS schien den Verdacht auch buchhalterisch abzubilden. Die Verkaufssumme von 12,9 Milliarden Dollar soll dem 6-fachen Buchwert des KRAFT-Konzerns entsprochen haben. Die Preisdifferenz wurde mit dem Wert der Marke KRAFT erklärt. Somit war der Wert einer Marke nicht mehr abstrakt, sondern benennbar. Der Werbebranche gefiel das, sie erfuhr dadurch einen mächtigen Auftrieb, was sich an den aufgestockten Werbeetats ihrer Kunden zeigte.

Markenbild

Der Glaube an den Wert einer Marke durchlief im Verlauf der Jahre jedoch immer wieder ein Auf und Ab. Der 2. April 1993 geht als der MARLBORO-Friday in die Geschichte ein. An diesem Tag kündigte der Konzern an, den Preis seiner Zigaretten um 20% zu senken.

Warum führte dies zu solch großen Irritationen? MARLBORO gehörte zu den Konzernen mit den größten Werbebudgets und mit ihrem Corporate Character, dem MARLBORO-Man, zu den am konsequentesten geführten und dadurch bekanntesten Marken weltweit. Lange Zeit waren die Konsumenten bereit einen deutlich höheren Preis für diese Marken-Zigaretten zu bezahlen. Doch die Wirtschaftsrezession führte zu einem Wandel der Verbrauchergewohnheiten. Sehr viel mehr schnäppchenhungrige Käufer, die hart von der Rezession getroffen waren, begannen auf den Preis zu achten und sich für ein günstigeres Produkt zu entscheiden. Die Folge des MARLBORO-FRIDAYS waren kurzzeitig fallende Aktienkurse aller Haushaltsmarken und die Verkleinerung vieler Werbebudgets.

Corporate Character

„Marlboro Friday: The day the Marlboro Man fell off his horse."

Patricia Sellers, Journalistin

BRANDING
BASICS
**BEDEUTUNG
VON MARKEN**

DIE ZUKUNFT DER MARKEN – Die Bedeutung von Marken ist auch heute wieder sehr umstritten. In der Altersgruppe 19–39 soll die Markentreue nachlassen.[3] Haben langfristig positive Kundenbewertungen gegenüber Marken den größeren Einfluss? Oder erscheinen Marken bei einer besonders sensiblen Zielgruppe nicht sogar suspekt, weil sie sich von ihnen fremdgesteuert fühlen und schon alleine deshalb zu No-Name-Produkten ohne erkennbarer Marken- und Marketingmaschinerie greifen?

No-Name-Produkte

Denken wir noch einmal an die Feldmaus. Sie sieht den Piloten, nicht die Fledermaus. Wie sagt man immer so schön: Liebe macht blind. Marken auch? Diese Frage ist durchaus berechtigt, wird doch immer argumentiert, dass Marken die Kaufentscheidung in einem völlig unübersichtlichen Markt mit einer Vielzahl an ähnlichen Produkten „erleichtern" sollen.

Möchte man sich in einer Drogerie eine Zahnbürste kaufen, sieht man sich mit einer Vielzahl von Zahnbürsten verschiedener Hersteller konfrontiert. Gesunde Zähne sind ein wichtiges Gut. Kann das Beste also gerade gut genug sein oder entscheidet doch der Preis? Was das Beste ist, kann der Konsument in der Eile seines Einkaufs aber nicht so schnell entscheiden, denn auch Zeit ist ein wichtiges Gut, weshalb er gerne zu etwas Bekanntem greift. Etwas, dem er sein Vertrauen schenkt. Aber kann eine Marke ein mangelhaftes Produkt zu etwas Attraktivem verwandeln? Auf Dauer nicht. Der wesentliche Grundstein einer attraktiven Marke ist und bleibt ein gutes Produkt, denn ansonsten wird der Schwindel schnell von einer (Feldmaus-)Freundin aufgeklärt, wodurch sich die Aura der Attraktivität sofort in Luft auflöst.

Die Möglichkeiten, falsche Versprechen zu enttarnen, werden immer vielfältiger. Die schon erwähnten Kundenbewertungen, Foren und sozialen Netzwerke sind ungeheuer machtvolle Mittel, die Unternehmen dazu zwingen, sehr schnell und transparent zu kommunizieren. Für eine Antwort auf TWITTER oder FACEBOOK kann aber nicht immer erst eine Vorstandssitzung abgehalten werden, um darüber abzustimmen, wie das Unternehmen auf Beschwerden reagiert. Unternehmen müssen also eine viel klarere Vorstellung davon haben, wie sie zu bestimmten Themen stehen, wie sie mit Kunden kommunizieren und wie viel Einblick sie gewähren wollen. Diese Haltung muss so ver-

Haltung

innerlich werden, dass sie auch der Mitarbeiter in der Social Media Abteilung versteht und entsprechend schnell handeln kann, wenn ein Shitstorm droht, das Unternehmen zu überrollen. Sie ist auch ein elementarer Teil einer Marke und greift ins Innerste eines Unternehmens. Früher wurden Produktmarken und deren Kommunikation als unabhängiger Kosmos betrachtet, der nichts mit der Unternehmensidentität zu tun haben musste. Heute ist klar, dass das Unternehmen mit ihren Werten ein wichtiger Nährboden für die Wahrnehmung ihrer Produkte ist. Das Thema Marke wird weiterhin eine wichtige Bedeutung haben. Marketingblasen, die ihrer Zielgruppe etwas versprechen, das die Unternehmensidentität auf Dauer nicht tragen kann, sind dagegen ein Auslaufmodell.

Unternehmens-identität

WAS HEISST DAS FÜR DESIGNER? – Sie tragen die Verantwortung dafür, dass das Erscheinungsbild die Identität eines Unternehmens repräsentiert und das visuelle Versprechen am Ende auch vom Unternehmen eingelöst werden kann. Natürlich möchten viele Unternehmen als das größte und beste Unternehmen wahrgenommen werden. Und viele Designer möchten gerne Design für ein cooles und mutiges Unternehmen machen. Um aber ein Unternehmen mit Hilfe seiner Marke so zu positionieren, dass sie unterscheidbar und dadurch wiedererkennbar ist, müssen sich beide Seiten auf das konzentrieren was da ist: Das Unternehmen mit all seinen interessanten Eigenheiten und natürlich auch seinen Zielen. Aber aus einem Dackel eine Dogge zu machen oder aus einer Fledermaus einen Piloten, kann kräftig nach hinten losgehen. Designer können hier eine wichtige Rolle der Moderation einnehmen und zwischen Selbst- und Fremdbild vermitteln. Auf dieser Basis bauen sie ein zukünftiges, relevantes Markenbild für Kunden und Mitarbeiter auf.

„If a brand looks like a duck and swims like a dog, people will distrust it."

Marty Neumeier, Designer

1.1 AKTEURE IM BRANDINGPROZESS

WER MACHT EIGENTLICH WAS? – „Visual Strategy", „Marken- und Erlebnisarchitektur", „Brand new thinking": Mit all diesen Claims versuchen Agenturen zu zeigen, für welchen Ansatz sie im Bereich der Markenentwicklung stehen. Letztlich unterscheiden sie sich durch die Perspektive, mit der sie auf Markenentwicklungsprozesse blicken. Zumeist handelt es sich um ein Markenverständnis, das sich aus einem bestimmten Medium und der damit verbundenen Interaktion mit dem Kunden heraus entwickelt. Eine Agentur, die viel Erfahrung in der räumlichen Inszenierung von Marken hat, wird viel Know-how über Materialien und deren Wirkung sowie Kenntnisse über Verhaltensmuster von Shopbesuchern einbringen können. Für ein Unternehmen aus der Modebranche, das viele Filialen an ein neues Erscheinungsbild anpassen muss, ist das eine sehr wichtige Perspektive. Von einer Agentur, die sich stark mit der digitalen Interaktion zwischen Unternehmen und Kunden beschäftigt, wird man viel Expertise aus den Bereichen der digitalen User Experience, Service Design und Social Media erwarten können. Unternehmen, die vor allem in der digitalen Welt mit ihren Kunden kommunizieren und wenig Begegnungsmöglichkeiten, auch Touchpoints genannt, in der realen Welt bieten, sind mit einer Agentur aus diesem Bereich gut beraten.

Touchpoints

Identitätsbasierte Markenführung

Ein weiterer Ansatz kann die Haltung zur Wichtigkeit von identitätsbasierter Markenführung sein. Wie schon im Kapitel zuvor beschrieben, kann sich ein Markenauftritt von der Unternehmensidentität loslösen und die Produktkommunikation isoliert betrachtet werden oder aber die gesamte Kommunikation basiert auf der Unternehmensidentität. Dies ist eine ganz entscheidende Fragestellung. Während die erste Variante einen kurzfristigen Umsatzerfolg bescheren kann, ist die zweite Variante sicherlich die nachhaltigste und kommt den zukünftigen Anforderungen an Marken am nächsten. → *Bedeutung von Marken S. 11*

DIE VERSCHMELZUNG VERSCHIEDENER DISZIPLINEN – Die Tatsache, dass Unternehmen ihr Markenbild immer mehr über verschiedene Kanäle prägen, zwingt Agenturen dazu, sich thematisch wesentlich breiter aufzustellen, bzw. sich effektiv und glaubwürdig zu vernetzen. Waren sie noch vor 20 Jahren ganz klar den unterschiedlichen Medien- und Aufgabenbereichen zuzuordnen, fließen diese nun ineinander. Klassische Corporate-Design-Agenturen stockten spätestens ab Ende der 90er Jahre im Bereich des Online-Designs auf und versuchten sich in

Werbekampagnen. Auf der anderen Seite gründeten Werbeagenturen Corporate-Design-Tochterfirmen wie z. B. SCHOLZ & FRIENDS mit IDENTIFY und JUNG VON MATT mit BRAND IDENTITY. So hofften sie Kunden ganzheitlich betreuen zu können und natürlich auch etwas von diesem attraktiven Etat-Kuchen abzubekommen. Corporate-Design-Agenturen heißen heute Marken- bzw. Branding Agenturen um ihren Anspruch auf ein erweitertes Themenfeld zu bekräftigen. Suggeriert der Begriff Corporate Design mittlerweile die rein formale Übersetzung der Unternehmensidentität ins Visuelle, enthält der Begriff Branding eine stärkere strategische und inhaltliche Komponente über das Visuelle hinaus und entspricht heute eher der Haltung vieler Experten. Der Bereich der (Marken-)Beratung erhält so über die Jahre eine immer größere Bedeutung bei den Designunternehmen.

Corporate Design
Branding

TEAMSTRUKTUREN – Zum einen gibt es Anbieter, die sich auf eine medienbedingte Sicht auf Marken konzentrieren und auf der anderen Seite die Allesanbieter. Gerade die letzteren stehen vor der besonderen Herausforderung, Generalisten und Spezialisten im Arbeitsprozess miteinander zu verzahnen. In der Vergangenheit wurden immer wieder unterschiedliche Teamkonstellationen erprobt. Eine Variante ist die Unterscheidung zwischen Kundenteams und Spezialteams, wie z. B. das 3D-Team, das Online-Team, das Social-Media-Team oder das Strategie (Beratungs)-Team. Hier könnte jedoch die Vernetzung mit den Kundenteams, die aus Generalisten zusammengestellt sind und den Spezialisten im Unternehmen schwer herzustellen sein.

„Management ist die schöpferischste aller Künste – die Kunst, Talente richtig einzusetzen."
Robert Strange McNamara, Manager

Kundenteams
Spezialteams

Eine weitere Variante ist die, Kundenteams je nach Aufgabenstellungen auch mit Spezialisten zu besetzen. Hier funktioniert der Austausch innerhalb des Teams besser, aber Spezialisten vermissen mit unter den Austausch mit den anderen Spezialistenkollegen, der nötig ist, um sich in seinem Fachgebiet immer weiter entwickeln zu können. Der nächste konsequente Schritt ist die Auflösung von festen Teamstrukturen und die Entwicklung hin zu Projektstrukturen. Hier sind verschiedenste Konstellationen denkbar, wie die Zusammenarbeit von festen und freien Mitarbeitern oder verschiedener Agenturen.

Der Einsatz der Scrum-Methode kann hier die Zusammenarbeit gut unterstützen. Scrum, eine spezielle Methode des Projektmanagements und für Teams mit einer Größe zwischen 3 bis 9 Personen konzipiert,

Scrum

**BRANDING
BASICS
AKTEURE IM
BRANDINGPROZESS**

zerlegt komplexe Aufgaben in überschaubare Mikroaufgaben. Pläne und Vorgehensweisen sind hier nicht im Vorfeld festgelegt, sondern reagieren flexibel auf neue Erkenntnisse. Ein engmaschiger Austausch innerhalb des Teams, aber auch mit dem Kunden ist eine Grundvoraussetzung. Immer mehr Agenturen machen mit dieser Methode gute Erfahrungen. Sie setzt jedoch voraus, dass auf Kundenseite Mitarbeiter für einen regeren Austausch zur Verfügung stehen.

DIE ROLLE DES DESIGNERS – Für Designer bedeutet dies zunächst, dass sie im Laufe ihrer Ausbildung und ihres Berufsweges immer wieder vor die Frage gestellt werden: Generalist oder Spezialist? Waren früher Generalisten auf das Medium Print fokussiert, müssen sie heute einen Überblick über möglichst viele Medien haben, damit sie schnell einschätzen können, welche Möglichkeiten ein Projekt bieten kann und welche Herausforderungen damit verbunden sind.

Generalisten

Spezialisten bringen ihre Expertisen z. B. in den Themen Interaction Design, Social Media, Messebau und PR ein. Um all dieses Expertenwissen miteinander verknüpfen zu können, sitzt der Generalist an der Schnittstelle zwischen Kunde und Spezialist. Die Anforderung an ihn als Moderator und Projektmanager sind groß. Viele junge Designer sind erstaunt, wie viel diese Art von Tätigkeiten an Zeit in Beschlag nimmt und das reine Gestalten oft einen kleineren Teil der Zeit in Anspruch nimmt. Mit fortschreitender Berufserfahrung und aufsteigender Karriere nimmt die Zeit, die für die Ausübung von Gestaltung gewidmet wird, meist kontinuierlich ab.

Spezialisten

„Junge Designer müssen heute in den digitalen Medien zu Hause sein, wenn sie in den Bereich Branding gehen wollen."

Ulrike Meyer, Personalberaterin, Connecting Talents

Der Generalist muss also neben der Pflege und Weiterentwicklung seiner handwerklichen Fähigkeiten, den kommunikativen und organisatorischen, auch Basiskenntnisse in den Spezialgebieten erlangen, um als wichtige Schnittstelle fungieren zu können. Das ist zugegebenermaßen eine große Fülle an Anforderungen und ein Studium allein kann darauf nicht vorbereiten. Vielmehr ist es wichtig, sich zu Beginn seiner Berufstätigkeit ein Arbeitsumfeld zu suchen, in dem diese Fähigkeiten trainiert und Kenntnisse erworben werden können.

Die Entscheidung zwischen Generalist und Spezialist kann jedoch mehrmals im Laufe der Zeit getroffen werden. So kann es z. B. sein, dass Spezialisten aus der Online-Kommunikation irgendwann auf die Seite der Generalisten wechseln. Da zunehmend die digitalen

Medien die vorherrschenden in der Unternehmenskommunikation darstellen, ist ein tieferes Verständnis in diesem Bereich immer wichtiger.

AUF DER KUNDENSEITE – In den allermeisten Fällen sitzen die direkten Ansprechpartner von Designern und Agenturen in der Marketingabteilung, in der das Thema Markenentwicklung angesiedelt ist. Nur in sehr großen Unternehmen findet man spezielle Markenabteilungen. Auch die Unterscheidung zwischen Generalisten und Spezialisten kann man hier vorfinden. So wird ein Unternehmen, das eine große Präsenz auf Messen hat, dazu auch Spezialisten in diesem Bereich beschäftigen.

Die Ansprechpartner haben in den wenigsten Fällen eine betriebswirtschaftliche Ausbildung, sondern einen Designhintergrund. Daher besetzen Agenturen zentrale Schnittstellen oft ebenfalls mit Mitarbeitern, die über dieses Know-how verfügen. Ihnen kommt die besondere Aufgabe zu, zwischen den Kernfragestellungen der Disziplinen Betriebswirtschaft (Marketing) und Design zu vermitteln.

BRANDING IST NICHT MARKETING – Innerhalb der Unternehmensstruktur stellt sich oft die Frage nach der Bedeutung des Themas Marke. Selbst separate Markenabteilungen unterstehen einem Vorstand des Marketings. Dieses interne „Ranking" beeinflusst entscheidend die Zusammenarbeit und letztlich den Prozessverlauf. Aus Marketingsicht steht der Absatz der Produkte und Dienstleistungen und die Beobachtung der Märkte und Zielgruppen im Fokus. Bei der Markenentwicklung dagegen ist es die Profilierung und Differenzierung eines Unternehmens aus seiner Identität heraus. Die oft eingesetzten Tools der Marktforschung, um z. B. den Erfolg einer Werbekampagne bei einer speziellen Zielgruppe im Vorfeld zu überprüfen, lassen sich auf Designentscheidungen im Bereich der Markenentwicklung nicht anwenden. Warum nicht? Eine Werbekampagne kann von heute auf morgen den Umsatz eines Produktes ankurbeln, ein Markenerscheinungsbild benötigt den Faktor Zeit. Eine Marke wird erst zur Marke, weil sie über Jahre stringent aufgebaut und weiterentwickelt wird. So wäre eine Marktforschung zum Erscheinungsbild von APPLE sicherlich zu dem Ergebnis gekommen, dass ein angebissener Apfel nicht mit technologischen Produkten in Verbindung stehen kann. Erst die Aufladung der Marke mit Inhalten und überzeugenden Produkten über viele Jahre machte die Marke APPLE so erfolgreich.

„Wenn du eine Garantie brauchst, dann kaufe einen Toaster."

Clint Eastwood, Regisseur

Marktforschung

Faktor Zeit

1.2 PROZESSPLANUNG

Zu Beginn einer Prozessplanung gibt es naturgemäß mehr Fragen als Antworten. Jeder Prozess ist in seiner Art neu und einzigartig und so können andere Prozesse mit ähnlichen Aufgabenstellungen und Zielsetzungen zwar bei der Orientierung helfen, aber sie können nicht 1:1 übernommen werden.

Sind sich Auftraggeber und Agentur über die grobe Aufgabenstellung und Zielsetzung einig, sollte gleich mit einer detaillierten Prozessplanung begonnen werden, wenn diese während des Briefings nicht sowieso schon besprochen wurde. Eine gute Prozessplanung bildet anschließend eine hilfreiche Grundlage für die Erstellung des Angebotes. Immer mehr Auftraggeber wählen ihren zukünftigen Agenturpartner aus, indem sie verschiedene Agenturen bitten, eine mögliche Vorgehensweise zu präsentieren. ⟶ *Beauftragen S. 26 ff*

PITCHEN ODER KENNENLERNEN – Dieses Auswahlverfahren macht Sinn, denn die Art und Weise, wie Agenturen ihre Prozesse planen sagt viel darüber aus, welche Haltung sie zum Thema Markenentwicklung haben und ob sie ihren Auftraggeber als aktiven Partner- und Impulsgeber sehen und deshalb integrieren möchten.

Markenentwicklung und -pflege wird mittlerweile auch bei Unternehmen als wichtige strategische Komponente erkannt, weshalb in großen Unternehmen mehrere Personen und Abteilungen an den Bearbeitungs- und Abstimmungsprozessen beteiligt sind. Diese Entscheidungsstrukturen müssen bei der Prozessplanung mit einbezogen werden, und haben mit den größten Einfluss auf die Zeitplanung. Die Koordination und Kommunikation in komplexen Strukturen nimmt wesentlich mehr Zeit in Anspruch, als die direkte Zusammenarbeit mit der Unternehmensleitung ⟶ *Vorwerk S. 214*. Deshalb ist es wichtig zu fragen, welcher Ansprechpartner oder welche Abteilung den „Hut" auf hat und welche Instanzen bis zu einem finalen „Go" durchlaufen werden müssen. Nicht jedes Unternehmen kann dazu eine klare Antwort geben. Manchmal müssen Entscheidungsstrukturen erst geschaffen werden und im extremen Fall sogar Fachabteilungen gegründet werden, damit es auch langfristig jemanden gibt, der sich für das Thema Markenführung verantwortlich fühlt. Übrigens ein Thema, wobei eine Agentur mit ihrer langjährigen Erfahrung mit unterschiedlichen Kunden sehr gut beraten kann. In der Praxis ist eine Prozessplanung ein fluides Gebilde, das niemals als fertig

PROZESSPHASEN

RESSOURCEN

BEAUFTRAGEN 26
Agenturauswahl 26
Briefing 27
Rebriefing 28
Angebot 29

VERSTEHEN 36
Unternehmensidentität 38
Unternehmerische Ziele 44
Unternehmensstruktur 46
Produkte und Dienstleistungen 48
Marktumfeld 52
Zielgruppen 54
Trends 57
Distribution 59
Status quo 61
Kommunikationsmaßnahmen
und -kanäle 64
Markenwerte sortieren 66

PLANEN 70
Von der Persönlichkeit
zur Mission (Who) 71
Nutzen (How) 74
Markenmission (Why) 76
Markenpositionierung 79
Zielgruppenbestimmung 82
Customer Journey 85
Markenarchitektur 86
Kommunikations-
maßnahmen und -kanäle 90

ZEIT IN MONATEN   1   2   3   4   5

1. WER SIND WIR? VERSTEHEN

SUBSTANZWERTE
Werte, die gelebt werden, aber für die gesamte Branche gelten

DIFFERENZIATOREN
Werte, die gelebt werden, aber in der Branche nicht selbstverständlich sind

KERNWERTE (WHO)
Werte, die das Unternehmen einzigartig machen

ALLGEMEIN → BESONDERS

2. WOFÜR STEHEN WIR (EIN)? PLANEN

KERNWERTE (WHO)
Werte, die das Unternehmen einzigartig machen

RELEVANZ (HOW)
1. **ZIELGRUPPE** – Für wen?
2. **WETTBEWERBER** – Im Vergleich zu anderen?

MISSION (WHY)
Für welches höhere gesellschaftliche, soziale und politische Ziel stehen wir?

WIR → IHR → GESELLSCHAFT

betrachtet werden kann. Zu Beginn einer Auftragserteilung kann sie nur ein grober Marschplan sein. Unvorhergesehene Ereignisse, erweiterte Aufgabenstellungen oder neue Möglichkeiten greifen immer wieder in den Prozess ein und ziehen neue Planänderungen nach sich.

„Es kann nichts schiefgehen. Das einzige, was passieren kann, ist, dass die Dinge einen anderen Verlauf nehmen als geplant."

Stephan Sarek, Schriftsteller

Die wichtigsten Faktoren bei der Prozessplanung:

Faktor Zeit
> Wie groß ist das Zeitfenster bzw. gibt es einen Termin (Messe oder Jahresfeier), auf den die Zeitplanung zugeschnitten werden soll?
> Welche Zeitfaktoren müssen sonst noch berücksichtigt werden (Urlaub, Vorstandssitzungen, etc.)?

Faktor Inhalt
> Welche Fragestellungen und Aufgaben ergeben sich aus dem Briefing?
> In welcher Reihenfolge müssen sie bearbeitet werden, bzw. was kann parallel erledigt werden?

Faktor Ressourcen
> Welche Kenntnisse und Erfahrungen werden benötigt?
> Welches Know-how muss von außen hinzugezogen werden?
> Wie sieht eine sinnvolle Teamkonstellation aus? Wer ist wofür zuständig?

Faktor Kommunikation
> Wer ist im Unternehmen für welche Themen der Ansprechpartner?
> Welche „Ebenen" durchlaufen Entscheidungsprozesse und wie setzen sich diese zusammen?
> An welchen Prozessabschnitten sind Workshops, Präsentationen oder kurze Schulterblicke sinnvoll?

STAKEHOLDER UND KEYPLAYER – Gemeinsam mit dem Unternehmen muss geklärt werden, welche Personen im Unternehmen ein ganz besonderes Interesse am Gelingen eines Markenentwicklungsprozesses haben. Diese Personen, auch Stakeholder oder Key Player genannt, haben in der Regel einen maßgeblichen Einfluss auf das Gelingen des Projektes. Sie befinden sich meist im gehobenen Management, in der Geschäftsführung oder im Vorstand eines Unternehmens.

VIELE CHEFKÖCHE BRAUCHT DER BREI – Es gilt die Faustregel: Je mehr Stakeholder auf Unternehmensseite in diesen Prozessabschnitt mit einbezogen werden, umso höher ist die Chance, dass der weitere Prozess reibungslos und ergebnisorientiert verläuft.

GESTALTEN 96
Von der Markenmission
zur kreativen Leitidee 96
Tonalität, Look, Listen and Feel 100
Designkonzept 102
Anforderung an ein Erscheinungsbild 103
Gestaltungselemente 106
Bildsprache (Fotografie) 106
Farbe 110
Typografie 114
Form/Muster 117
Markenzeichen 120
Klang 124

UMSETZEN 130
Marke intern und extern vorstellen 130
Kommunikationsmaßnahmen 134
Dokumentation 136
Brandbook 140
Hotline 140
Mitarbeiterschulung 141

4. WIE KOMMUNIZIEREN WIR? UMSETZEN

DESIGN → WAHRNEHMUNG

ELEMENTE
Sprache Typografie Usability Farben Bildstil Logo
Service Materialität Motion Klang etc.

CORPORATE IDENTITY
Erscheinungsbild Verhalten Kommunikation

MARKENIMAGE

3. WIE STELLEN WIR UNS DAR? GESTALTEN

MISSION (WHY)

KREATIVE LEITIDEE

TONALITÄT

ELEMENTE

Sprache Typografie Usability
Farben Bildstil Logo
Service Materialität
Motion Klang
etc.

IDEE → DESIGN

**BRANDING
BASICS
PROZESSPLANUNG**

„Die BMW Group und die Volkswagen AG besitzen als einzige DAX-gelistete Unternehmen sowohl Markenvorstand als auch Marketing-/Werbevorstand."

Prof. Jochen Rädeker, Geschäftsführer, Strichpunkt

Werden diese Personen erst am Ende der Prozesskette mit dem Ergebnis konfrontiert, ist die Gefahr groß, dass es „Zurück auf Los" heißt oder das ganze Projekt sogar gestoppt wird. Eine Untersuchung der Agentur STRICHPUNKT unter dem Titel „Marke und Management" kommt zu dem Ergebnis, dass Unternehmen, die ihre Marke zur Chefsache gemacht haben und deshalb auf Vorstandsebene managen, durchschnittlich über einen 30 Prozent höheren Markenwert verfügen als solche, die ihre Markenverantwortung an ein unteres Management-Level abgegeben haben.[4,5] Auch auf Seite der Agentur empfiehlt es sich, die ausführenden Designer bereits früh einzubinden. Das intensive Eintauchen in die Welt des Kunden bietet bereits viel wertvollen und kreativen Input.

PARTIZIPIEREN STATT NUR INVOLVIERT SEIN – Es ist utopisch, mehrere hundert oder tausend Mitarbeiter in solch einen Prozess einbeziehen zu wollen. Es ist aber durchaus sinnvoll, den Prozess an den passenden Stellen zu öffnen, an denen Mitarbeitergruppen Kenntnisse, Einblicke oder einen wichtigen Abstand zu Themen haben, die Marketing- und Unternehmensleiter nicht (mehr) haben. Mitarbeiter mit viel Kundenkontakt können z. B. helfen, die Zielgruppe genauer zu beschreiben. Die Perspektive von Mitarbeitern auf eine mögliche *Markenmission* → S. 76 kann ebenfalls sehr wertvoll sein.

Um Enttäuschungen vorzubeugen, ist es in allen Fällen wichtig, den Entscheidungsbereich im Vorfeld ganz klar zu benennen, damit sich die Mitarbeiter am Ende nicht verschaukelt fühlen, wenn sie z. B. nur zwischen zwei nahe beieinander liegenden Blautönen entscheiden dürfen. Die Wahl eines finalen Designkonzepts sollte niemals mit Hilfe einer unternehmensweiten, demokratischen Abstimmung erfolgen. Eine finale Entscheidung muss immer auf der Grundlage der Erkenntnisse des vorangegangenen Prozesses entschieden werden.

Mitarbeiter und Konsumenten identifizieren sich mit einem Erscheinungsbild und wollen verstehen, warum es hier zu einem Wechsel kommt. Gute und nachvollziehbare Gründe für einen Wandel und eine transparente, frühzeitige Kommunikation verhindern in der Regel unüberwindbare Widerstände. Bereits in der Prozessplanung ist deshalb wichtig, sich rechtzeitig mit Kommunikationsstrategien für die spätere Bekanntmachung der neuen Markenstrategie zu beschäftigen.

VON A NACH B – Wie schon anfangs beschrieben, ist jeder Prozess anders. Beim Vergleich verschiedener Markenentwicklungsprozesse kann man jedoch beobachten, dass sich diese in ähnliche fünf Prozessabschnitte unterteilen.

„Gute Implementierung beginnt schon in der Prozessplanung."

Stefanie Diers, Creative Director, MetaDesign

Die fünf typischen Prozessschritte in der Entwicklung eines Markenerscheinungsbildes, die in den folgenden Kapiteln beschrieben werden:

2.0 Beauftragen – Diese Prozessphase verläuft in der Praxis sehr unterschiedlich und erhält deshalb einen Sonderstatus. In vielen Fällen wendet sich der Auftraggeber mit einer Problem- und Aufgabenstellung an eine oder mehrere Agenturen. Am Ende dieses Prozessabschnitts steht die Angebotserstellung und die Auswahl der Agentur. Je nachdem, wie intensiv diese Phase angelegt ist, sind die unten beschriebenen Prozessschritte bereits Bestandteil der ersten Prozessphase.

2.1 Verstehen – Der Auftragnehmer taucht thematisch in die Aufgabenstellung ein. Dabei wird der Problem- und Aufgabenstellung auf den Grund gegangen und falls nötig angepasst. Die Beschäftigung mit der Unternehmensidentität und das Erlangen eines tiefen Verständnisses z. B. für die Herausforderungen des Unternehmens im jeweiligen Markt mit seinen Zielgruppen sind typisch für diese Prozessphase.

2.2 Planen – Die Erkenntnisse aus der zweiten Phase fließen nun in die konkrete, strategische Planung für die Markenentwicklung ein. Typische Themen hierbei sind: Die Positionierung im Markt, die Beschreibung der zukünftig anvisierten Zielgruppen und die Formulierung einer Markenmission. Auf dieser Basis können nun auch die Kommunikationskanäle und die verschiedenen Anwendungen, mit denen die Marke kommunizieren wird, beschrieben werden.

2.3 Gestalten – Hier werden Strategie, Unternehmensidentität und Markenmission in ein gestalterisches Gesamtkonzept überführt. Dabei werden möglichst alle Sinne und zuvor festgelegten Kommunikationskanäle und Anwendungen berücksichtigt. Das Ringen um visuelle Wiedererkennbarkeit, Identifikation und Funktionalität sind typisch für diese Projektphase.

2.4 Umsetzen – Das gestalterische Gesamtkonzept wird nun auf alle festgelegten Anwendungen übertragen. Meist erfolgt parallel dazu die Dokumentation des Markenerscheinungsbildes mit dem Ziel, von internen und externen Mitarbeitern angewendet werden zu können. Am Ende dieser Phase steht die Bekanntmachung.

2.0 BEAUFTRAGEN

1. AGENTURAUSWAHL

DIE SUCHE NACH DER NADEL IN DER AGENTURLANDSCHAFT – Für Unternehmen stellt die Fülle an Anbietern von Markenentwicklung einen undurchdringlichen Dschungel dar. Nur wer weiß, welche spezielle Herausforderung er für seinen späteren Partner bereithält, weiß, nach wem er suchen muss. Ist hier eine Markenagentur mit dem Blick aus einer bestimmten Disziplin das Richtige? Wie wichtig ist ein identitätsgetriebener Markenansatz im Gegensatz zu einem produkt- oder zielgruppengetriebenen Ansatz? Da auch die meisten Agenturen versäumen, sich klar und verständlich zu positionieren, stochern Auftraggeber oft im Dunkeln.

Auswahlkriterien

RANKINGS UND RENOMMEE – Diese Unsicherheit führt wiederum zu Auswahlkriterien, die in der Zusammenarbeit eine eher untergeordnete Rolle spielen. So wählen Auftraggeber in den engeren Kreis Agenturen, die bereits Aufträge aus ihrem Branchenumfeld erarbeitet haben. Dabei kann der frische Blick auf ein neues Terrain und die Erfahrungen aus anderen Branchen für die Zusammenarbeit viel inspirierender sein. Das Renommee einer Agentur wird ebenfalls als wichtiges Auswahlkriterium genannt. Wodurch erlangt eine Agentur jedoch ein Renommee? Damit sind Berichte über gelungene Projekte in der Fachpresse gemeint, hohe Platzierungen in verschiedenen Rankings, wie z. B. dem HORIZONT-Ranking (nach Designpreisen) und dem PAGE Ranking

Rankings

(nach Honorarumsatz). Doch auch diese Rankings verraten nichts über die Qualität einer potentiellen Zusammenarbeit. Designpreise z. B. müssen von den Kreativen teuer bezahlt werden und sind für kleinere Agenturen kaum zu finanzieren. Agenturen aus Netzwerken, wie z. B. die BBDO GROUP GERMANY, werden nicht in honorarbasierten Rankings gelistet, da sie ihren Honorarumsatz nicht preisgeben dürfen. Die Branche ist zunehmend „rankingmüde". Immer mehr große Agenturen legen „Award-Pausen" ein und verzichten auf die Platzierung bei Rankings. So werden einige der leistungsstarken Agenturen in Rankings nicht sichtbar.

Kreativpitch

PITCHEN ODER KENNENLERNEN – Ähnlich wie in der Architekturbranche hat sich ein Wettbewerbsverfahren etabliert – der sogenannte Kreativpitch. Hier werden mehrere Agenturen eingeladen, anhand einer vom Unternehmen formulierten Aufgabenstellung, einen Entwurf zu entwickeln und zu präsentieren. Das Unternehmen entscheidet sich dann in mehrstufigen Entscheidungsphasen für die vermeintlich beste Lösung. Davon abgesehen, dass dies für beide Seiten einen enormen zeitlichen und finanziellen Aufwand darstellt, ist die strategische Grundlage, auf der die Entwürfe basieren, oft sehr dünn. Der präsentierte Entwurf wird zur Makulatur, da eine strategische Basis z. B. für ein Erscheinungsbild nur in enger Zusammenarbeit mit dem Kunden gefunden werden kann. Ob die Chemie zwischen Auftraggebern und -nehmern stimmt, lässt sich in diesem tendenziell anonymen Wettbewerbsverfahren nur schlecht herausfinden. Diese Erkenntnis führt zunehmend zu veränderten Auswahlprozessen. In sogenannten Chemistry Meetings geht es nicht um das beste Kreativergebnis, sondern um die Suche nach dem stimmigsten Team, mit der überzeugendsten Herangehensweise. Im Fallbeispiel von *Get Your-Guide* → *S. 142* suchte sich das Reiseführerportal fünf Agenturen heraus, welche sie in ihren Büros aufsuchte, um die Aufgabenstellung persönlich zu besprechen. Anschließend präsentierten die Agenturen ihre Vorstellungen zur Vorgehensweise und stellten diese zur Diskussion. Bei diesen Arbeitstreffen hatten beide Parteien die Möglichkeit sich kennenzulernen und eine Vorstellung davon zu bekommen, wie sich eine Zusammenarbeit „anfühlt". Die Tatsache, dass die Agentur digitales Knowhow und bereits gemachte Erfahrungen in der Reisebranche einbrachte, überzeugte GETYOURGUIDE am Ende, so dass sie EDENSPIEKERMANN den Auftrag erteilte.

„Wenn Kreativpitche schon sein müssen, dann müssen sie auch fair und mit offenem Visier sein. Dazu gehört, dass ich auch weiß, mit welchen anderen Agenturen ich es in diesem Wettbewerb aufnehmen werde."

Prof. Olaf Leu, Designer

Chemistry Meetings

2. BRIEFING

WISSEN WARUM – In dem Moment, in dem Unternehmen das Bedürfnis nach einer Markenentwicklung oder eines sog. Rebrandings formulieren, ist eine klare Aufgabenstellung oft noch nicht erkennbar. Das ist auch nicht weiter verwerflich. Stellen wir uns vor, wir wollen in einem Raum eine Küche installieren, dann kann ich zwar dieses Bedürfnis formulieren, mir ist in dem Moment aber noch nicht klar, dass dafür Wasseranschlüsse, Abflüsse und Starkstromleitungen gelegt werden müssen. Um meine Aufgabenstellung „Küche" also genau formulieren zu können, benötigen wir jemanden, der uns in dieser Sache ausführlich berät. Erst dann haben wir die Möglichkeit, vergleichbare Angebote dazu einholen zu können. Immer mehr Unternehmen lassen sich daher von externen Beratern bei der Formulierung des Briefings helfen.

Externe Berater

BRANDING BASICS | BEAUFTRAGEN | VERSTEHEN

„Successful solutions are often made by people rebelling against bad briefs."

Paul Arden, Werber [6]

Woran erkenne ich aber ein gutes Briefing? Es macht die zugrundeliegende Motivation für die Aufgabenstellung nachvollziehbar. Geht das Briefing offen mit der Problemstellung um und sind die davon abgeleiteten Maßnahmen im Großen und Ganzen nachvollziehbar, dann handelt es sich um ein zielführendes Briefing, auf dessen Grundlage die Details der Aufgabenstellung besprochen werden können.

Wichtige Inhalte für ein Briefing:

› Beschreibung
 • des Unternehmens
 • des Produktes
 • der Dienstleistung
 • der Marktsituation
› Aufgabenstellung und Zielsetzung
› Zielgruppenanalyse
› Problemstellung und Motivation
› Gestalterische Parameter
› Weitere geplante Maßnahmen
› Besondere Herausforderungen
› Budget- und Zeitrahmen, wichtige Termine
› Eine Auswahl von vorhandenen Anwendungen und Links

3. REBRIEFING

HABEN WIR UNS VERSTANDEN? – PRO RAIL und NS DUTCH RAILWAYS wandten sich an EDENSPIEKERMANN mit der Aufgabe, Hinweisplakate zu entwerfen, die dabei helfen, das morgendliche Chaos auf den von Umbauten geplagten Bahnhöfen zu reduzieren. Die Agentur sah sich daraufhin noch einmal genauer das Problem an und erkannte: Plakate werden hier nicht weiterhelfen. Daraufhin begann ein spannender Weg zu einem Rebriefing durch mehre Abteilungen mit mehreren Workshops, die sowohl Mitarbeiter als auch Fahrgäste mit einbezogen. Sehr schnell wurde auch dem Auftraggeber klar, dass Plakate keine nachhaltige Lösung sein können, sondern dass es eher an einem flexiblen Leitsystem und komfortablen Service Devices mangelt. Auch über die Umbaumaßnahmen hinaus sollten die Maßnahmen die Kundenzufriedenheit erhöhen und somit auch die Marke langfristig positiv beeinflussen.

Dieses Beispiel zeigt, dass Briefings nicht in Stein gemeißelt sind. Ganz im Gegenteil. Oft ist allein schon die Klärung von Begriffen nötig, um sicher zu gehen, dass beide das Gleiche meinen. So kann mit einem „Bildstil" ein Kampagnenkonzept gemeint sein und mit einem Logo die Konzeption einer komplexen Markenarchitektur. Selbst bei einem bereits „guten" Briefing ist es deshalb ratsam, als Auftragnehmer die Aufgabenstellung noch einmal mit eigenen Worten zu beschreiben, um Missverständnisse zu einem frühen Zeitpunkt gleich auszuräumen.

4. ANGEBOT

ERWARTUNGSHALTUNGEN KLÄREN – Zu den größten Ängsten von Auftraggebern gehört die Sorge, dass ein Designergebnis nicht zufriedenstellend sein könnte, es darüber zum Streit kommt und die Kosten während des Prozesses aus dem Ruder laufen. Die Arbeit von Kreativen hat vielerorts immer noch den Ruf des Unberechenbaren. Und ja, man kann unterschiedlicher Meinung über ein Designergebnis sein und ja, während eines Prozesses können sich neue Einsichten und Ideen ergeben, die sich auch auf die Kosten auswirken. Ein Auftragnehmer, der diese Sorgen ernst nimmt, wird deshalb für hohe Transparenz im Prozessverlauf sorgen und z. B. zusätzliche Kosten rechtzeitig ankündigen und dies mit seinem Kunden besprechen. Auf Agenturseite besteht oft die Sorge, Entscheidungsprozesse im Unternehmen nicht gut genug einschätzen zu können. Es macht einen erheblichen zeitlichen und somit auch budgetären Unterschied, ob Präsentationen immer direkt mit der Geschäftsführung stattfinden, oder mehrere Hierarchieebenen des Unternehmens passieren müssen. Zuständigkeiten und Entscheidungsprozesse im Unternehmen sollten also vor der Angebotserstellung geklärt werden.

Unberechenbarkeit

Transparenz

Ein erster und sehr wichtiger Schritt beim Aufbau eines vertrauensvollen Kundenverhältnisses ist das Angebot. Es lohnt sich an dieser Stelle Mühe und Zeit zu investieren, denn unterschiedliche Erwartungshaltungen können bereits zu diesem frühen Zeitpunkt geklärt werden. Hierbei unterstützt entscheidend eine möglichst allgemein verständliche Wortwahl. Unter Umständen müssen auch Mitarbeiter anderer Abteilungen des Unternehmens, wie in größeren Unternehmen der Einkauf, den Inhalt nachvollziehen können. Hilfreich ist es, wenn eine unbeteiligte und branchenfremde Person das Angebot einmal durchliest und prüft, ob das Formulierte nachvollzogen werden kann.

Im besten Fall ist das Angebot eine Skizze des bevorstehenden Prozesses ⟶ *Prozessplanung S. 16*. Wird der Prozess in möglichst kleine und sinnvolle Einheiten zerlegt und jeweils mit Kosten versehen, kann der Auftraggeber gut nachvollziehen, was ihn erwartet. So kann er verstehen, wie die einzelnen Phasen aufeinander aufbauen und welchen Wert die jeweiligen Leistungsabschnitte haben. Die Prozessskizze zeigt jedoch nur einen Idealverlauf, da die Planung im Projektverlauf immer wieder angepasst werden muss. Das Angebot bildet aber dennoch eine wichtige Basis, um diese Veränderungen und die damit veränderten Kosten aufzeigen zu können. Viele Kunden empfinden es als besonders hilfreich, wenn die Stunden- bzw. Tagessätze einzeln je nach Tätigkeitsbereich aufgeschlüsselt werden (Projektmanagement, Design, Contentmanagement etc.).

Bestandteile eines Angebots:

› Beschreibung
  • der Ausgangssituation
  • der Aufgabenstellung
  • der Zielstellung und für das Projekt relevanten Anlässe
  • der einzelnen Prozessphasen
  • der Tätigkeiten innerhalb der Prozessphasen inklusive der Vorbereitung und Durchführung von Präsentationen und der dafür benötigten Zeit multipliziert mit dem jeweiligen Stundensatz

› Angabe der Endsumme
› Übersicht über Tages- bzw. Stundensätze
› Allgemeine Geschäftsbedingungen (siehe AGD, Allianz deutscher Designer e.V.)

NUTZUNGSRECHTE NUTZEN – Es gibt aber auch gute Gründe, warum manche Agenturen Kreativleistungen lieber als Pauschalsumme angeben, da sie die Meinung vertreten, dass die aufgebrachte Zeit nicht mit dem Wert eines Ergebnisses gegengerechnet werden kann. So ist es möglich, eine Wort-Bildmarke innerhalb von einigen Tagen zu entwerfen, der Wert, der sich jedoch für ein internationales Unternehmen ergibt, ist dagegen ein weitaus höherer. Unter Umständen wird das Logo auf eine große Anzahl an Produkten, Geschäftsausstattungen und Werbematerialien weltweit eingesetzt. Diese Kosten-Nutzen-Diskrepanz können Nutzungsrechte ausgleichen. Während bei Fotografien die Nutzung immer festgelegt und dementsprechend vergütet wird, sieht der Gesetzgeber für Logos, grafische Konzepte und Layouts keine Nutzungsrechte vor, da es sich nicht um eine künstlerische Leistung handelt. Es können aber durchaus zusätzlich Nutzungsrechte vereinbart werden, denn die späteren vielfältigen Nutzungsmöglichkeiten stellen einen eigenständigen Vermögenswert dar, der mit einer Ware vergleichbar ist.

Kriterien, die die Höhe des Entwurfwertes beeinflussen:

nach ADG, siehe auch AGD Vergütungstarifvertrag, Design
› Nutzungsgebiet
› Nutzungsdauer
› Nutzungsintensität anhand der Reichweite oder Quantität, wie Auflagenhöhe o.ä.

500 ODER 500.000 – Selten findet man in der Tagespresse Schlagzeilen aus dem Themenfeld „Marke". Kurt Weidemann schaffte diesen Sprung in die Presse 1994 mit dem Auftrag für ein neues Logo für die Deutsche Bahn. Hier wurde allerdings weniger die Qualität des Entwurfes diskutiert, sondern vor allem die Höhe des Honorars, das je nach Verlagshaus zwischen 200.000 und 1,2 Millionen schwankte.

„Jedes Ding hat drei Seiten: Eine, die Du siehst, eine, die ich sehe und eine, die wir beide nicht sehen."

Chinesische Weisheit

Welcher Preis ist angemessen und fair? Dazu gibt es völlig unterschiedliche Haltungen, die sehr eng mit der jeweiligen Situation verwoben sind. Eine Agentur, die sich gerade erst gegründet hat, wird in der Anfangsphase eventuell dringender ein Projekt für eine noch dünne Referenzliste benötigen, als eine bereits etablierte Agentur. Auch kann ein Auftraggeber, der gestern noch einen stattlichen Preis zahlte, für das nächste dringende Projekt nur noch die Reste seines Jahresbudget zur Verfügung haben. Auch erfahrene Angebotsverfasser geben zu, regelmäßig im Trüben zu stochern.

Der BDG – BERUFSVERBAND DER KOMMUNIKATIONSDESIGNER stellt seinen Mitgliedern den BDG-Honorarrechner zur Verfügung, mit dessen Hilfe die Kalkulation von Aufträgen erleichtert werden soll.[7] Allerdings zeigt dieses Tool, wie schwierig es ist ein Pauschalhonorar zu nennen. Die Komplexität eines Auftrags, ein zeitintensiver Kommunikations- und Beratungsaufwand lässt sich eben nicht pauschalisieren und

BRANDING BASICS   **BEAUFTRAGEN**   VERSTEHEN

„Für kleines Geld bekommt man im besten Fall eine hübsche Gestaltung. Design hingegen kostet deshalb mehr, weil es nicht die Oberfläche aufpoliert, sondern die Substanz verbessert."

Achim Schaffrinna, Designer/Gründer von www.design-tagebuch.de

die aufgerufenen Beträge können im Einzelfall nur ein ganz, ganz grober Richtwert sein. Die meisten Auftragnehmer und -geber machen den Fehler, nur die reine Gestaltungszeit und eventuell noch Projektmanagementtätigkeiten zu kalkulieren. Die Entwicklung eines Markenerscheinungsbildes ist jedoch weitaus mehr als „nur" Gestaltung. Design ist hier ein wichtiges strategisches Tool, in dem sich die Identität des Unternehmens, seine Ziele und die Bedürfnisse und Erwartungshaltung seiner Kunden widerspiegeln. Der Auftragnehmer ist hier in einer beratenden und moderierenden Rolle tätig, die einen hohen Wert für das Unternehmen darstellt. Diese Leistungen müssen Auftraggebern z. B. in Angeboten und Gesprächen verständlich vermittelt werden, damit sie verstehen, welchen Mehrwert das finale Design für sie besitzen wird.

PLANEN GESTALTEN UMSETZEN

NUR WER INNERLICH KLAR IST, NACH AUSSEN ÜBERZEUGEN.

Sabine Fasse, Coach

R- NEHETSREV
KANN 3467

2.1

ALLGEMEIN
- SUBSTANZWERTE
- DIFFERENZIATOREN
- KERNWERTE (WHO)

BESONDERS

VERSTEHEN
WER SIND WIR?

DAS ZIEL — Im Verlauf der Verstehens-Phase bekommt das Projektteam ein Verständnis für die unternehmerischen Herausforderungen seines Auftraggebers. Seine Zielgruppe, sein Marktumfeld und die zukünftigen Medienkanäle sind dem Team nun bekannt. Die Erkenntnisse daraus sind für alle weiteren Phasen von großer Bedeutung. Am Ende dieser Phase steht die Beantwortung der Frage „Wer sind wir?". Gemeinsam mit dem Kunden wird sich dieser Frage genähert, indem all die Attribute und Persönlichkeitsfacetten herausgefiltert werden, die das Unternehmen ausmachen und von seinem Marktumfeld unterscheiden. Diese werden Kernwerte genannt.

DIE METHODE — Am besten stellt man sich die gesammelten Werte eines Unternehmens wie einen Haufen Sand vor. Darin befinden sich Körnchen unterschiedlicher Größe. Der Sand wird in ein Gefäß geschüttet, das von drei Sieben horizontal durchzogen wird. Die Siebe werden von oben nach unten feiner. Der Sand durchläuft die Ebenen Substanzwerte, Werte, die vom Unternehmen gelebt werden, aber auch für die gesamte Branche gelten (z. B. Versicherung = seriös) und die Ebene der Differenziatoren, also Werte, die gelebt werden, in der Branche aber nicht flächendeckend selbstverständlich sind. Nur die feinsten Körnchen erreichen die unterste Ebene: Die Kernwerte. Sie sind am interessantesten, denn sie stehen für die wirklich relevanten, aussagekräftigen Werte, die sich vom Marktumfeld am deutlichsten unterscheiden. Diese sind wiederum die Basis für die nächste Phase: Planen: „Wofür stehen wir (ein)?"

Im Verlauf der folgenden Kapitel tauchen immer wieder Merkkästen auf. Hier werden die wichtigsten Fragen in Bezug auf das zuvor behandelte Thema gestellt. Die meisten Fragen beziehen sich auf das Werte-Set und die Unterscheidbarkeit des Unternehmens. Auf manche dieser Fragen kann der Auftraggeber spontan selbst antworten, andere können nur in Zusammenarbeit mit verantwortlichen Kollegen aus unterschiedlichen Abteilungen und der beauftragten Agentur beantwortet werden. Während eines Entwicklungsprozesses haben die Fragen auch die Funktion einer Checkliste, um zu sehen, welche Aspekte noch nicht beleuchtet wurden. → *Marken-Trichtermodell S. 19*

VONEINANDER LERNEN – Ein anspruchsvoller Architekt benötigt Einblicke in die Lebensweise und -planungen einer Familie, um ein maßgeschneidertes Zuhause planen zu können. Ist die Küche der zentrale Ort des Familienlebens? Für welche Art Hobbys muss Raum geschaffen werden? Wünscht sich die Familie ein „offenes Haus", in dem die Unterbringung von Gästen unkompliziert funktionieren kann?

Auch die Entwicklung eines Markenerscheinungsbildes erfordert einen intensiven Wissensaustausch zwischen Kunde und Agentur, damit keine beliebige Reihenhaus-Marke entsteht. Die Expertise des Kunden, bezüglich seiner Haltung, seines Produktes, Marktumfelds, seiner Mitarbeiter und Zielgruppen sind genauso unverzichtbar wie die Erfahrungen und Kenntnisse der Agentur.

Dieser offene Wissenstransfer – die „Verstehens"-Phase – erfordert hohes Vertrauen auf beiden Seiten: Der Kunde gibt Insider-Informationen an die Agentur weiter; die Agentur berichtet von Prozesserfahrungen vorhergegangener Markenprozesse. Viele Kunden sind zunächst erstaunt über den zeitlichen und persönlichen Einsatz, den diese Aufgabe auf beiden Seiten mit sich bringt. Je tiefer jedoch beide Seiten in den Prozess einsteigen, desto höher ist die Wahrscheinlichkeit, dass die Agentur zum wahren Kern der Unternehmenspersönlichkeit vordringt und eine passgenaue gestalterische Form für die zukünftige Marke findet.

„Wir wissen zwar nicht, was wir uns vorgestellt haben, aber das ist es nicht."

Unbekannter aus dem Blog „Kunden aus der Hölle"

POSITIVE SCHWÄCHEN – Ein Markenentwicklungsprozess hat primär das Ziel, einen medienübergreifend funktionierenden Markenauftritt zu realisieren. Da die Akteure bei diesem Prozess in die verschiedensten Bereiche einer Organisation eintauchen – und auch eintauchen müssen – werden Informationen zu Tage gebracht, die auf den üblichen Agenden keinen Platz finden: Stärken und Schwächen bestimmter Entwicklungsprozesse, eine etwaige mangelnde Identifikation der Mitarbeiter mit dem Unternehmen, die Existenz verschiedener Unternehmenssubkulturen etc. Der Blick auf diese „Brüche" kann nicht nur für die Organisationsentwicklung eines Unternehmens wertvoll sein, sondern zeigt auch den ganzheitlichen Charakter eines Unternehmens. Interessante Persönlichkeiten sind nicht perfekt, spannende Marken auch nicht.

1. UNTERNEHMENSIDENTITÄT

Stellen wir uns ein Unternehmen vor: Es besteht aus tausenden von Mitarbeitern, hat mehrere Standorte in unterschiedlichen Ländern und etliche Geschäftsführer kommen und gehen sehen. Und doch hat dieses fluide und organische Gefüge eine wahrnehmbare Identität hervorgebracht. Viele Unternehmen tun sich jedoch oft schwer damit, diese Identität (Kernwerte) in Worte zu fassen. Sehr begehrt sind Begriffe wie nachhaltig, kundenorientiert und innovativ und gerade wegen ihrer Beliebtheit so austauschbar. Die deutsche Sprache verfügt über etwa 16.000 Wörter, hauptsächlich Adjektive und Verben, die sich dazu eigenen, die Vielfalt einer Persönlichkeit zu beschreiben.[8] → *Markenwerte S. 66*

Warum enden viele Unternehmensidentität-Workshops mit so wenig aussagekräftigen Begriffssammlungen? Eine spezifischere Formulierung bedeutet auch eine intensivere Auseinandersetzung mit den unterschiedlichen Vorstellungen, die in solch einem Teilnehmerkreis existieren. Um Reibung zu vermeiden tendiert solch eine Runde gerne dazu, den Weg des geringsten Widerstands zu gehen. Die Folge sind sehr allgemeine und für das spätere Design wenig hilfreiche Beschreibungen. Gerade im Sinne eines unverwechselbaren Markenerscheinungsbildes, das ja später darauf aufbauen wird, ist es wichtig, hier nicht zu schnell aufzugeben und Sinn und Zweck dieser Auseinandersetzung zu veranschaulichen.

„Marke ist nicht das, was man hat, sondern Marke hat das, was man ist."
Dr. Bidjan Sobhani, Leiter Strategie und Innovation, DRK Kliniken Berlin

Wenn man die DNA einer Unternehmenspersönlichkeit schließlich entschlüsselt hat, erkennt man wofür die Marke steht, woran sie glaubt und was sie der Zielgruppe verspricht. Nur so kann ein Markenversprechen gelebt und auch eingelöst werden. Stimmt die formulierte Identität nicht mit der Realität überein und kann sie von den Mitarbeitern nicht eingelöst werden, ist die Glaubwürdigkeit des Unternehmens gefährdet.

Glaubwürdigkeit

Der Wert von Glaubwürdigkeit hat in den letzten Jahren sehr stark zugenommen. Konsumenten werden immer anspruchsvoller darin, nicht nur die Produkte selbst, sondern auch deren Herkunft zu hinterfragen. Eine Marke, die einerseits für humane Werte eintritt und auf der anderen Seite unwürdige Produktionsbedingungen toleriert, wird in Zeiten rasenden Informationsaustausches in den sozialen Netzwerken und dem zunehmenden Anspruch der Konsumenten an „transparente" Unternehmen kaum bestehen können. Wenn möglich soll das gekaufte Markenprodukt Spiegel ihrer eigenen Lebenshaltung sein.

Bei der traditionellen Form der Markenführung spricht ein Konzern mit seinen Produkten verschiedene Zielgruppen an. Die ureigene Haltung des Konzerns verschwindet hinter dieser Diversität und ist nicht greifbar. So setzt sich die Marke DOVE aus dem Hause UNILEVER mit eindrucksvollen Kampagnen für ein natürliches und selbstbewusstes Frauenbild ein, während die Produktmarke AXE ein sehr traditionelles Frauenbild propagiert. Dieser produktorientierte Ansatz des Brandings wird von kritischen Kunden sehr schnell als Marketinghülle enttarnt. Beim identitätsgetriebenen Ansatz wird ein Unternehmen versuchen, die kommunizierte Haltung aus sich selbst heraus zu schöpfen und diese auf seine Produktkommunikation zu übertragen.

Für große Konzerne, wie UNILEVER, ist das eine fast unlösbare Aufgabe. Sie sind zu groß, unbeweglich und die einzelnen Produktmarken zu stark, um hier eine gemeinsame Wertebasis abseits von Gewinnmaximierung zu entwickeln. Hier sind kleinere und mittlere Unternehmen klar im Vorteil und treffen zunehmend auf Kundschaft, die mehr denn je dazu bereit sind, sich abseits etablierter Marken zu orientieren.

„Nur wer innerlich klar ist, kann nach außen überzeugen."
Sabine Fasse, Coach

Faktoren, die eine Unternehmensidentität und den damit verbundenen Wertekanon prägen:

› Unternehmerpersönlichkeit
› Historie
› Mitarbeiter
› Standort/Herkunft
› Vision

UNTERNEHMERPERSÖNLICHKEIT – Claus Hipp, Steve Jobs, Anita Roddick – drei Persönlichkeiten, die untrennbar mit der Identität ihres Unternehmens verbunden sind und einen wichtigen Bestandteil der Markenkommunikation darstellen. Nur was tun, wenn diese Person stirbt (Steve Jobs) oder die Person ihr Unternehmen an einen großen Konzern verkauft, wie es Anita Roddick mit ihrem Unternehmen

| BRANDING BASICS | BEAUFTRAGEN | **VERSTEHEN** |

THE BODY SHOP tat. Die „Queen of Green" war eine Vorreiterin des nachhaltigen Unternehmertums. Sie trat leidenschaftlich für Themen wie Tierschutz ein, wandte sich gegen Gewalt, Kinderarbeit, Unterdrückung und Menschenrechtsverletzungen und richtete dahingehend ihr Geschäftsmodell und die gesamte Markenkommunikation aus. Damals gab es den Begriff noch nicht, heute würde man diese Art der Markenführung Meaningful Branding nennen. Anita Roddick verkaufte ihre erfolgreiche Ladenkette 2006 an die L'ORÉAL GROUP, was von vielen Seiten kritisch diskutiert wurde. Daraufhin erweiterte die Organisation Naturewatch ihren Boykottaufruf gegen den Konzern auch auf THE BODY SHOP.

Meaningful Branding

Ist die Führungsperson gleichzeitig der Gründer (oder eine nachfolgende Generation) des Unternehmens, so wird sich in der Historie eine gewisse Haltung verankert haben, selbst wenn diese Person nicht mehr aktiv im Unternehmen tätig ist oder gar verstorben ist. Diese Haltung kann ein wichtiger Bestandteil der Unternehmensidentität sein und später zur starken Markenbotschaft werden. In Zusammenarbeit mit dem Unternehmen gilt es nun herauszufinden, ob eine Unternehmenspersönlichkeit sich dazu eignet, eine besondere Rolle in der zukünftigen Markenkommunikation einzunehmen. Inwiefern eine Führungsperson, nicht nur durch gelebte Inhalte, sondern auch durch ihr Charisma besticht, ist freilich in der Persönlichkeit des Individuums begründet. Aktiengesellschaften, die ihre Vorstandsvorsitzenden in kürzeren Zeitabständen austauschen, haben das Problem, dass eine klare Linie im Sinne einer Haltung oder einer Führungspersönlichkeit nur schwer beizubehalten ist.

Fragen zur Unternehmenspersönlichkeit:

› Ist eine Unternehmenspersönlichkeit vorhanden, die sich bereit erklärt und dafür eignet, einen aktiven Part in der späteren Markenkommunikation einzunehmen?

› Welche Formate wären dafür denkbar?
› Welche Werte der Unternehmenspersönlichkeit sind (heute noch) im Unternehmen von zentraler Bedeutung?

PLANEN　　　　　　　　　GESTALTEN　　　　　　　　　UMSETZEN

HISTORIE – 1954. Es regnet in Strömen. Die deutsche Fußball-Nationalmannschaft als Außenseiter tritt im Endspiel gegen den Favoriten, die ungarische Nationalmannschaft an. Wie die Geschichte ausgeht ist bekannt, ebenso die Marke, mit der diese Geschichte untrennbar verbunden ist: ADIDAS. Durch die Produktinnovation, dem Schraubstollen-Schuh, hatte die deutsche Mannschaft auf dem schlammigen Grund einen besseren Halt. Sechzig Jahre später ist dieses Ereignis immer wieder Bestandteil der Markenkommunikation von ADIDAS und begründet damit unter anderem seinen Anspruch auf Marktführerschaft. Oft liegt in der Historie eines Unternehmens ein entscheidender Schlüssel zu seiner Persönlichkeit und seinen Differenzierungsmöglichkeiten am Markt. Insofern können Interviews mit Mitarbeitern der ersten Stunde oder der Blick ins Firmenarchiv verschütt gegangene Schätze ans Tageslicht befördern, die einen neuen Blick auf die Unternehmenspersönlichkeit ermöglichen. Auf der anderen Seite können natürlich auch negative Eigenschaften und wunde Punkte der Unternehmensgeschichte aufgedeckt werden. Ein offener und transparenter Umgang damit sind essentiell, um als Unternehmen und Marke nicht an Glaubwürdigkeit einzubüßen.

„Wer seine Geschichte nicht erzählen kann, existiert nicht."

Salman Rushdie, Schriftsteller

Fragen zur Historie:

> Welche Rückschlüsse lassen sich von der Historie auf die Unternehmensidentität schließen?
> Welche Werte vermitteln besondere und einschneidende Ereignisse?
> Welche dieser Werte spielen in der heutigen Unternehmenskultur noch immer eine Rolle?
> Sind diese Ereignisse oder Werte heute noch erlebbar oder werden erlebbar gemacht, z. B. bei Events und Feierlichkeiten?

BRANDING BASICS	BEAUFTRAGEN	VERSTEHEN

MITARBEITER – Die Identifikation von PORSCHE-Mitarbeitern mit „ihrem" Unternehmen ist fast schon legendär. Es fallen uns aber sicherlich mehr Situationen ein, in denen Mitarbeiter sich offensichtlich wenig mit dem Unternehmen identifizieren und wir uns als Kunden schlecht behandelt fühlen. Hier kann sich eine große Lücke zwischen einem positiven Markenbild und dem Erlebten auftun. Diese Irritation ist auf Dauer für die Markenwahrnehmung Gift. Im umgekehrten Fall kann eine starke Identifizierung mit einem Unternehmen und ein positives Miteinander als etwas erkannt und benannt werden, das einen starken Einfluss auf die zukünftige Markenstrategie hat.

Markenbotschafter

Mitarbeiter wurden sehr lange Zeit in ihrer Rolle als Markenbotschafter unterschätzt. Heute weiß man, dass starke und glaubwürdige Marken nur langfristig existieren können, wenn Mitarbeiter sich mit ihr identifizieren und deren Werte auch leben. Dies zeigt sich in der Kundenkommunikation, aber auch im Verhalten untereinander. Für die immer schwerer werdende Gewinnung von neuen, gut qualifizierten Mitarbeitern wird eine Marke, die für ein partnerschaftliches Miteinander steht, immer wichtiger. Hier hat sich mittlerweile der Begriff Employer Branding etabliert und meint damit die Profilierung einer Marke als attraktiver Arbeitgeber. ⟶ *Marktumfeld S. 53*

Employer Branding

Fragen zu den Mitarbeitern:

› In welchem Maß identifizieren sich die Mitarbeiter mit dem Unternehmen?
› Gibt es etwas, auf das man gemeinsam stolz ist?
› Wie verhalten sich Mitarbeiter gegenüber Kunden?
› Wie verhalten sich Mitarbeiter untereinander?
› Gibt es außer Weihnachtsfeiern und Betriebsausflügen weitere wichtige „Rituale"?
› Für welche positiven wie negativen Eigenschaften steht das Unternehmen als Arbeitgeber?

STANDORT/HERKUNFT – Schweden. Wer denkt hier nicht sofort an Pippi Langstrumpf und IKEA? Ein Einkauf bei IKEA wird zu einer Reise in das Land der Elche und Köttbullar. Kaum ein anderes Unternehmen hat sein Herkunftsland so stark in seinen Markenkern integriert wie IKEA. Ein cleverer Schachzug: Die Marke profitiert weltweit von dem überaus positiven Image der Schweden im Ausland. Marken aus Deutschland wiederum profitieren ebenfalls sehr von ihrer Herkunft.

So gehen VOLKSWAGEN-Spots in den USA gern augenzwinkernd auf typisch deutsche Eigenschaften ein, wie Gründlichkeit, Ehrgeiz und Ingenieurskunst, aber auch Humorlosigkeit und Angespanntheit. Ähnlich ging AUDI seit 1981 auf dem britischen Markt vor. Der deutschsprachige Claim „Vorsprung durch Technik" kennt dort jedes Kind. Von einem britischen Sprecher eingesprochen klingt der Claim hart und karikiert dadurch auf sympathische Art typisch deutsche Sprachmerkmale: [Vorsprunk durg Tecknick]. Der Claim ist in Großbritannien mittlerweile zum geflügelten Wort geworden und die Marke AUDI somit Teil des alltäglichen Sprachgebrauchs.

Nicht jeder Standort eignet sich dazu, mit der Marke verknüpft zu werden. Entscheidend hierfür ist, ob der Standort über ein positives Image verfügt, das im Zusammenhang mit dem Produkt Sinn macht.

„Werbung muss Aufmerksamkeit erregen, aber sie braucht auch Tiefgang. Sie muss einen Nerv treffen, zeigen, was die Marke ausmacht. Was für die Marke bezeichnend ist, und zwar nur für genau diese Marke."

Sir John Hagarty, Kreativchef, Bartle Bogle

Fragen zum Standort bzw. zur Herkunft:

› Ist das Image des Standorts überwiegend positiv besetzt? Wo ist es auch negativ belegt?
› Gibt es wesentliche Überschneidungen mit Charaktereigenschaften des Unternehmens?
› Passt das Image des Standorts zu den Erwartungen, die Kunden im Allgemeinen an das Produkt haben?

VISION – Hat ein Unternehmen ein klares Bild davon, was es zukünftig erreichen will, kann dies ein wichtiger Teil seiner Identität werden. Übliche Ziele können die Einführung neuer Produkte sein, Expansion in andere Länder oder die Erlangung der Marktführerschaft. Ein wichtiger Teil der Identität von APPLE in den 90ern speiste sich aus der Existenz des „Underdog-Daseins" und seinem Ziel, der Konkurrenz den Kampf anzusagen. Der damaligen IBM-Kampagne mit dem Slogan „Think!" antwortete APPLE mit seiner erfolgreichen „Think different!"-Kampagne. Der Slogan war Schlachtruf und Markenbotschaft zugleich: Ein Unternehmen, das die Dinge nicht nur anders angeht, sondern mutiger und unkonventioneller – also bessere Produkte anbietet. Der Rest ist Geschichte.

Visionen können aber auch weniger kämpferisch und kleiner sein. Unternehmen erkennen mehr und mehr ihre gesellschaftliche

Verantwortung und integrieren diese in ihre Unternehmensphilosophie. Dies kann eine Vielzahl von verschiedenen Projekten sein, aber vielleicht lässt sich ja auch ein roter Faden darin erkennen? Geht es um gerechtere Bildungschancen für Benachteiligte, nachhaltigere Produktionsmethoden oder um mehr Toleranz? Eine Vision ist dann glaubwürdig, wenn ihre Erreichung zwar eine (kraftraubende) Herausforderung darstellt, aber grundsätzlich vorstellbar ist. Noch glaubwürdiger ist ein Unternehmen dann, wenn es in der Vergangenheit bewiesen hat, dass es hartnäckig an seinen Zielen festhält und diese auch erreicht.

Fragen zur Unternehmensvision:

› Welche Vision hat das Unternehmen?
› Welche Ziele hat es bereits in der Vergangenheit erreicht?
› Gibt es gesellschaftlich relevante Visionen, an denen das Unternehmen mitwirkt, bzw. mitwirken möchte?
› Worin lag die ursprüngliche Motivation, die zur Gründung des Unternehmens führte?

2. UNTERNEHMERISCHE ZIELE

„Wer immer tut, was er schon kann, bleibt immer das, was er schon ist."
Henry Ford, Automobilhersteller

MARKE AUF KURSWECHSEL — Neugründungen, Fusionen, Übernahmen, Führungs- oder Generationswechsel, Erschließung neuer Märkte — all das können wichtige Gründe für die Beauftragung eines Marken(re-)designs sein. Ein neues visuelles Erscheinungsbild signalisiert auf sehr klare Art und Weise, das nun etwas anders sein wird als früher. Doch nicht jeder Kurswechsel erfordert gleich ein neues Markensignal. Allein nur eine personelle Veränderung ohne nach sich ziehende strategische Konsequenzen für das Unternehmen rechtfertigen den Kraftakt einer neuen Markenentwicklung kaum. Die neuen unternehmerischen Ziele müssen einschneidenden und langfristigen Charakter haben.

FUSION ODER ÜBERNAHME — Ende August 2008 wurde nach monatelangen Verhandlungen bekannt gegeben, dass die COMMERZBANK die ALLIANZ-Tochter DRESDNER BANK für fast 10 Milliarden Euro übernimmt. Die COMMERZBANK, die damals zweitgrößte Bank Deutschlands und selbst gefährdeter Übernahmekandidat, sicherte sich mit dem Kauf der drittgrößten deutschen Bank ihren Platz auf dem internationalen Markt und wird zur größten Privatkundenbank der Republik. Mit diesem Kauf verschwand der Name der fast 140 Jahre alten DRESDNER BANK und 9.000 Arbeitsplätze wurden in den kommenden Jahre „eingespart". Das Markendesign der COMMERZBANK befand sich bis zu diesem Zeitpunkt selbst im Umbruch, als der Zusammenschluss bekanntgegeben wurde. Über Nacht wurden alle Arbeiten daran gestoppt und die Corporate-Branding-Agentur METADESIGN erhielt den Auftrag, die neue Unternehmensstrategie auch visuell zu übersetzen. „Gemeinsam mehr erreichen." hieß später der neue Slogan und macht das neue Bündnis und die gemeinsame Stärke zum Thema. Martin Blessing, der Vorsitzende des Vorstands der COMMERZBANK formuliert die Aufgabenstellung so: „Eine neue Bank muss auch nach außen erkennbar neue Zeichen setzen. Für uns war es zudem wichtig, dass alle Kunden ihre ‚bisherige' Bank in der neuen Bank wiedererkennen. So nutzen wir das Markenguthaben beider Häuser". Wie kann die so formulierte Vision visuell umgesetzt werden? Das Ergebnis ist die schwarze Wortmarke COMMERZBANK in einem neu entwickelten Schriftzug und eine Bildmarke, die das ehemalige „grüne Band der Sympathie" der DRESDNER BANK ins Dreidimensionale überführt und die Hausfarbe Gelb der COMMERZBANK erhält. Mit der neuen Wort-Bildmarke führt die Bank Elemente der COMMERZBANK und der DRESDNER BANK also sichtbar zusammen.

Zeigt das neu entstande Erscheinungsbild aber eher eine Fusion, also eine Verschmelzung unter Gleichen oder eine Übernahme, also der Kauf eines kleineren Partners? Kommunikationsdesigner Prof. Jürgen Huber kommentiert dies so: „Die Wortbildmarke ist auch visuell deutlicher Ausdruck einer Übernahme, denn in der Wahrnehmung schlägt Farbe die Form. Wortmarke und Hausfarbe der COMMERZBANK dominieren die Bildmarke der DRESDNER BANK".

HELIOS DER SONNENGOTT – Ein neuer Markenauftritt schürt eine gewisse Erwartungshaltung bei der Zielgruppe und es ist sehr wichtig, dass die nähere Beschäftigung mit dem Unternehmen sich nicht als Mogelpackung in schön gestaltetem Gewand entpuppt. Ein enttäuschter Kunde ist ein Markendesaster, da die Wahrscheinlichkeit, sein Vertrauen ein weiteres Mal gewinnen zu können, verschwindend gering ist. Hierfür gibt es viele Beispiele, aber das prominenteste liefert wohl der Mineralölkonzern BP. Dieser demonstrierte im Jahre 2000 seine strategische Neuausrichtung auch im Bereich Sonnenenergie mit Hilfe eines neuen Designs. Aus dem Namen BP, das bis dahin für BRITISH PETROLEUM stand, wird BEYOND PETROL und als Markenzeichen wird das Helios-Zeichen gewählt. Mit seinem neuen Erscheinungsbild stellt sich das Unternehmen nun als fortschrittliches und nachhaltig denkendes Unternehmen dar. Doch bereits 2011 beschließt das Unternehmen, sich wegen zu geringer Margen aus dem Solarenergie-Bereich herauszuziehen – das Helios-Logo aber bleibt. Das mangelhafte Krisenmanagement bei der Ölkatastrophe im Golf von Mexiko tat ein Übriges, um die einst so verheißungsvolle Marke zu enttarnen. Für viele wurde das Helios-Markenzeichen eine kreative Steilvorlage, um ihren Frust daran zu entladen. Gibt man heute das Stichwort BP-Logo in der Browsersuche ein, findet man mindestens genauso viele Protest-BP-Zeichen, wie offizielle Logo-Darstellungen. Dieses virtuelle Mahnmal zeigt, wie riskant ein visueller Auftritt ist, der sich mit seinem Markenversprechen zu weit von den unternehmerischen Zielen entfernt.

Fragen zu den unternehmerischen Zielen und deren Vermittlung:

> Welche unternehmerischen Ziele verfolgt das Unternehmen?
> Sind die Ziele intern wie extern relevant?
> Ist der „Kurswechsel" langfristig angelegt?
> Mit welchen Widerständen muss gerechnet werden?
> Bieten sich sinnvolle Möglichkeiten, Mitarbeiter und Kunden miteinzubeziehen?
> Wann und mit welchen Mitteln kann der neue Markenauftritt kommuniziert werden?

3. UNTERNEHMENSSTRUKTUR

SITZORDNUNG FESTLEGEN – Unternehmen sind organische Gebilde, die sich über die Jahre verändern. Neue Teilmärkte werden erschlossen, während man sich aus anderen wieder heraus zieht. Neue Geschäftsbereiche werden aufgebaut oder wieder abgestoßen. Es wird fusioniert oder expandiert. Im Laufe der Zeit können so Strukturen entstehen, die intern und extern nicht eindeutig zugeordnet werden können und zu einer unklaren Positionierung beitragen können. Dachmarken wie

DAIMLER oder die VOLKSWAGEN AG haben die besondere Situation, dass ihre starken Produktmarken wie MERCEDES, VW oder AUDI ihre „Mutter" überstrahlen. Selbst in der Wirtschaftspresse wird die Konzernmarke DAIMLER häufig mit der Bildmarke ihres prominentesten Produkts, dem MERCEDES-Stern kombiniert.

„Design is the intermediary between information and understanding."
Richard Grefé, Designstratege

Produktmarke

Klare Kräfteverhältnisse müssen gesamtstrategisch betrachtet werden, um sie anschließend in eine sinnvolle *Markenarchitektur → S. 86* zu überführen. So kann die Konzernmutter sich ganz eindeutig zurücknehmen und den Produktmarken die Hauptrolle überlassen oder aber sie tritt selbst ins Rampenlicht und macht ihre Produktmarken zu Nebendarstellern. Der VOLKSWAGEN Konzern verfolgt hier seit langem eine sehr eindeutige Strategie. Die „Mutter" hält sich so weit wie möglich im Hintergrund. Bei DAIMLER (bis 2007 DAIMLERCHRYSLER) war diese Eindeutigkeit lange Zeit nicht gegeben. Die große Idee der „WeltAG" schien ihr auch visuell zu Kopf gestiegen zu sein. Erst nach der Trennung von CHRYSLER und dem damit erforderlichen Redesign der Marke, nahm sich die Konzernmarke in ihrem Auftreten visuell deutlich zurück und trat klar hinter ihre Produktmarken. Auch hier fand ein interessanter Wandel statt. 2014 ist der MAYBACH wieder zurückgekehrt, nachdem man die Produktmarke wegen mangelnder Umsätze erst drei Jahre zuvor eingestellt hatte. Heute ist sie allerdings Teil der Produktmarke MERCEDES und erweitert die S-Klasse für eine Luxuskäuferschicht.

Markenarchitektur

REGIONALE BESONDERHEITEN — Als sich die Agentur STRICHPUNKT daran machte, die Unternehmens- und Produktstruktur in eine logische Markenarchitektur von VORWERK zu übersetzen, wurden zunächst die Unklarheiten sichtbar gemacht. Die Dachmarke VORWERK verschwand oft zugunsten der Produktmarken und diese wurden in mehreren Ländern unterschiedlich benannt. So heißt der Küchenmixer in Deutschland THERMOMIX und in Italien FOLLETTO. Die Agentur riet hier zu einem einheitlichen Umgang mit den Produktmarken. Da aber der FOLLETTO in Italien eine sehr gut eingeführte und beliebte Marke ist und mit ihm dort der meiste Umsatz generiert wird, entschied man sich für die Beibehaltung der unterschiedlichen Produktbenennung. Dieser „Bruch" konnte aber durch eine konsequente visuelle Struktur in eine logische Markenarchitektur integriert werden und zeigt, dass eine visuell gestützte und nachvollziehbare Markenarchitektur dazu in der Lage ist, auch regionale Unterschiede logisch zu integrieren. → *Vorwerk S. 220*

„Wer hohe Türme bauen will, muss lange beim Fundament verweilen."

Anton Bruckner, Komponist

GEWICHTIGE MITSTREITER FINDEN – Um die gelebte Struktur eines Unternehmens mit seiner kommunizierten Struktur abgleichen zu können, ist der frische Blick von außen sehr hilfreich. Am Besten ist es, gleich von Beginn an alles zu dokumentieren, was bezüglich einer nachvollziehbaren Unternehmensstruktur verwirrend erscheint. Wer Unternehmensstrukturen hinterfragt, um diese später auch klar visualisieren zu können, wird nicht von jeder Abteilung mit offenen Armen empfangen. Eine zwingende Logik allein reicht oft nicht aus, um alle Beteiligten von einer neuen visuellen Struktur, die auch zu Umstrukturierungen im Unternehmen führen kann, zu überzeugen. Die Angst vor Machtverlust und die damit einhergehenden Widerstände sind oft so groß, dass sich diese Klärungsprozesse viele Jahre hinziehen können, um am Ende doch bei der alten Struktur zu verbleiben. Ist die Unternehmensführung jedoch bereit, dieses Thema offensiv anzugehen, kann eine Veränderung gelingen.

Fragen zur Unternehmensstruktur:

› Wie wird die Unternehmensstruktur nach außen kommuniziert?
› Welche sind für Außenstehende relevant? Welche sind nur intern relevant?
› Wird die Unternehmensstruktur immer einheitlich dargestellt?
› Wie positionieren sich Produkt-/Dienstleistungsmarken zueinander?
› Wie positionieren sich Produkt-/Dienstleistungsmarken zu ihrer Konzernmarke?
› Wo treten Irritationen auf?

4. PRODUKTE UND DIENSTLEISTUNGEN

NICHT FÜR JEDERMANN – VORWERK, HILTI, BANG & OLUFSEN. Was haben diese drei Produktmarken gemeinsam? Sie stehen alle für eine sehr hohe Qualität, sind im Hochpreissegment angesiedelt, gelten in ihrem Fach als Vorreiter, genießen großes Vertrauen und haben als Marke eine große Anziehungskraft.

Hochpreissegment

DER LIEBLING ALLER BAUARBEITER – Welche Faktoren beschreiben Produkte und Dienstleistungen? Neben Produktqualität und Preis sind Vertriebsstrukturen und das Design von Produkt und Service

Vertriebsstrukturen

entscheidend. In all diesen Kategorien hat HILTI, der weltweit führende Hersteller von Werkzeugen der Baubranche, ganz besondere Akzente gesetzt. HILTI ist zwar nicht jedem Baumarktbesucher bekannt, bei den Profis auf den Baustellen dagegen genießt der Business-to-Business-Anbieter nahezu Kultstatus. Dort haben die Geräte den Ruf unverwüstlich und immer auf dem neuesten Stand zu sein. Das Erfolgsrezept begründet sich auf einer sehr intensiven Kundenpflege. Fast zwei Drittel der 20.000 Mitarbeiter haben täglich Kontakt mit den Kunden. Die Hälfte pflegt den Kontakt im direkten Dialog.

Business to Business, B2B

Das Unternehmen verkauft im ersten Schritt keine Produkte, sondern analysiert die Probleme der Kunden, um dann die passenden Lösungen anbieten zu können. Durch den intensiven Austausch mit seinen Kunden ist das Unternehmen sehr nah an ihren täglichen Herausforderungen und kann dadurch seine Produkte stetig weiterentwickeln. Der wichtigste Teil des Kundenkontakts findet aber nicht telefonisch oder per Mail statt, sondern im persönlichen Gespräch auf den Baustellen mit den HILTI-Vertretern. Durch diese Art des Direktvertriebs ist über die letzten Jahre eine Kundenbindung entstanden, die für ein Business-to-Business-Massenprodukt einmalig sein dürfte. Marco Meyrat, HILTI-Vorstand für Marketing und Vertrieb, übersetzt das so: „Unsere Produkte müssen zum einen bessere Leistung bringen, zum anderen müssen sie länger halten. Wir liefern unseren Kunden einen Mehrwert. Nur so können wir unseren Mehrpreis rechtfertigen."

HILTI macht den hohen Anspruch auch visuell deutlich. Seit Jahrzehnten kommen die Werkzeuge wie ihre Transportkoffer in der markenrechtlich geschützten Farbe mit der Bezeichnung RAL 3020 auf die Baustelle. Dieses Signalrot ist in der grau-braunen Arbeitsumgebung sofort zu erkennen, selbst wenn die Bohrmaschine mit Schlamm bespritzt ist. Neben dem Wiedererkennungseffekt hat die Farbgestaltung der Geräte noch die Aufgabe, die intuitive Benutzerführung zu unterstützen. Korpus und Bedienelemente unterscheiden sich farblich: Das Gehäuse ist immer rot, der Griff, die Knöpfe oder Bedienhebel sind durchgängig schwarz. So weiß auch der Bauarbeiter, der die gängige Landessprache nicht versteht, sofort, wie er eine neue Maschine bedienen muss. Ein weiterer besonderer Service ist das HILTI-Flottenmanagement, bei dem sich die Kunden die Geräte nicht kaufen müssen, sondern inkl. aller Reparatur- und Wartungskosten zu einem monatlichen Fixpreis mieten können.

VON DER WOHNUNGSTÜR ZUM LADEN – Der Direktvertrieb von HILTI hatte übrigens ein großes Vorbild: VORWERK. Im Jahre 1999 zogen noch 6.000 Vertreter von Tür zu Tür und führten dort das Staubsaugermodell KOBOLD vor. Doch die wachsende Zahl von berufstätigen Frauen bescherten den Verkäufern immer mehr verschlossene Türen. Der Onlineverkauf tat sein übriges. VORWERK reagierte auf diesen Wandel, indem es in zentralen Einkaufslagen ca. 100 VORWERK-Geschäfte aufbaute, einrichtete und einen eigenen Onlineshop installierte. In Hamburg gibt es mittlerweile sogar einen Flagshipstore, der die Marke VORWERK besonders aufwendig inszeniert.

Flagshipstore

WIEDER ZU SICH FINDEN – Trotz seiner großen Markenbekanntheit geriet auch das dänische Unternehmen BANG & OLUFSEN in die Krise. Wie kaum ein anderer Hifi-Hersteller stehen seine Produkte für besonderes Design und exzellente Klangqualität. „Unser Kerngeschäft ist der Verkauf von integrierten Audio-/Video-Lösungen und Service in der Luxusklasse", erklärte der Unternehmenschef Tue Mantoni. Das klingt alles überzeugend, aber was war geschehen? Die sogenannte „Skandinavische Einfachheit" war lange Programm in der Produktgestaltung. Seit der Jahrtausendwende entfernte sich das Unternehmen von seiner stark reduzierten Designlinie. Die stärker werdende Konkurrenz, vor allem asiatischer Hersteller, setzte dem Unternehmen zu. Es glaubte, seine Produkte müssten ihren hohen Preis nun mit Hilfe einer opulenteren Formensprache und Materialität unter Beweis stellen. So verlor das Produktdesign seine bis dahin bekannte Eleganz und Einzigartigkeit. Heute besinnt sich das Unternehmen wieder auf seine Kernkompetenz: Zeitloses, hochwertiges Design trifft auf technische Raffinesse. Zudem wird mit einer neuen Preisgestaltung versucht, auch andere Käuferschichten mit kleinerem Geldbeutel zu erreichen. Die Kooperation mit den Automarken AUDI und BENTLEY (Ingredient Branding) verschafft dem Unternehmen Zutritt zu einem neuen Markt und kann in Zukunft ebenfalls neue Käuferschichten erschließen.

Ingredient Branding

Gute Marken ohne gute Produkte dahinter kann es dauerhaft nicht geben. Unternehmen sind permanenten Veränderungen im Markt (B&O) und der Gesellschaft (VORWERK) ausgesetzt und müssen rechtzeitig darauf reagieren. Dabei ist es wichtig, bei all den notwendigen Veränderungen seine Kernqualitäten, für die man steht, nicht aufzugeben. Eine hohe Markenbeliebtheit darf nicht zum Ausruhen einladen, sondern sollte dazu genutzt werden, eine enge Verbindung zu seinen Kunden aufzubauen und seine Produkte permanent den veränderten Bedürfnissen anzupassen (HILTI).

In der Verstehens-Phase wird das Produkt oder die Dienstleistung mit all seinen Stärken, aber auch Schwächen erkundet. Dies sollte so realitätsnah wie möglich geschehen, indem man am besten selbst in die Rolle des Kunden schlüpft. Dabei sollten die Beobachtungen die Nutzung selbst betreffen aber auch all die Aktionsfelder, die mit dem Erwerb verbunden sind: Suchmaschinen-Platzierung, Präsentation in Onlineshops und in Läden, Service, Reklamationsprozesse, Verpackung und Transport. Darüber hinaus ist es sehr hilfreich, eine gezielte Befragung mit Kunden oder potenziellen Kunden durchzuführen. Hierfür hat sich mittlerweile die Methode der Fokusgruppengespräche bewährt. Ziel dieser Forschungsmethode ist es, in Erfahrung zu bringen, welchen Bezug eine bestimmte Gruppe von Menschen z. B. zu einem bestimmten Produkt hat oder wie sie einen Entwurf für eine Werbekampagne interpretiert. Durch die meist eher lockere Gesprächsatmosphäre mit 6–12 Teilnehmern erhofft man sich tiefere Einblicke in die Gedanken- und Erlebniswelt der Zielgruppe. Weitere Erkenntnisse eröffnen Kundenbewertungen auf Verkaufsplattformen oder Bewertungsportalen.

Fokusgruppengespräche

Fragen zu Produkten und Dienstleistungen:

- Was macht Produkte und Dienstleistungen typisch und einzigartig?
- Welche herausragenden Leistungen ergeben sich aus der Wertschöpfungskette (Fertigung, Logistik, Distribution)?
- Sind besondere Preisstrukturen und Vertriebskonzepte vorhanden?
- Existieren besondere Lizenzen oder Patente?
- Welche Produktvorteile wurden in der Vergangenheit in welcher Form kommuniziert?
- Haben die Produkte oder Dienstleistungen in der Vergangenheit Test-Auszeichnungen erhalten?
- Wie fallen Konsumentenbewertungen auf unterschiedlichen Plattformen aus?
- Welche persönlichen Erfahrungen wurden mit den Produkten oder Dienstleistungen gemacht?
- Was sind die Ergebnisse einer persönlichen Kundenbefragung/Interview?
- Wie werden die Produkte in den Verkaufsumfeldern präsentiert?

BRANDING BASICS   BEAUFTRAGEN   **VERSTEHEN**

5. MARKTUMFELD

KONKURRENZ BELEBT DAS GESCHÄFT – Um zu wissen wer man selbst ist, hilft ein Blick nach rechts und links. An einem Nachbarn kann man sich messen, erkennen für was man steht und für was man nicht steht. Das Marktumfeld kann zu Höchstleistungen anspornen oder das Unternehmen selbst setzt die Messlatte immer ein bisschen höher. Märkte sind immer in Bewegung und sie verändern sich immer schneller. Wettbewerber, die es gestern noch nicht gab, können über Nacht die Marktführerschaft übernehmen. So geschehen im Oktober 2001, als der Quereinsteiger APPLE den Markt der MP3-Player komplett umkrempelte. Wie konnte es dazu kommen? Die MP3-Technik war schließlich nicht neu. Wahrscheinlich vollbrachte den Erfolg eine Kombination aus der rebellischen Marke APPLE, ihre glaubwürdige Übertragbarkeit auf die Musikbranche und der neuartige Onlinemusikvertrieb iTunes. Mehrere iPod-Generationen später bestimmt APPLE diesen Markt. Wettbewerber nahmen sich das Produktdesign zum Vorbild und versuchten sich mit einem deutlich günstigeren Preis auf einem kleineren Teil des Marktes zu behaupten.

Marktführerschaft

GESTORBEN WIRD IMMER – Der Bestattungsmarkt hat in den letzten Jahren nicht ganz so plötzliche Veränderungen erlebt, aber sie bedeuteten für seine Akteure ein ebenso starkes Umdenken. Waren Beerdigungen früher ein großes und wichtiges Ereignis der ganzen Großfamilie, geriet die Bedeutung einer feierlichen Bestattung immer mehr in den Hintergrund. Als dann auch noch das Sterbegeld von den gesetzlichen Krankenkassen gestrichen wurde, reagierte der Markt auf das Bedürfnis nach möglichst billigen und anonymen Beerdigungen. Sargdiscount-Anbieter und Vermittler von preiswerten Feuerbestattungen im Ausland drängten in den bis dahin überschaubaren Markt. Auf der anderen Seite wuchs das Bestattungsunternehmen AHORN-GRIENEISEN AG mit über 200 Filialen in Deutschland zum Marktgiganten heran.

Familien-unternehmen

Das Berliner Bestattungsunternehmen OTTO BERG, seit über 130 Jahren ein Familienunternehmen mit einem dutzend Filialen, droht von beiden Seiten zerrieben zu werden. Die Folge ist die Schließung einiger der Filialen des zweitgrößten Berliner Bestattungsunternehmens. Mit einem neuen Markenauftritt sollte das Unternehmen im Stadtbild wieder sichtbarer und die Qualitäten, mit denen sich das Unternehmen im Markt differenziert, wesentlich stärker in den Vordergrund gerückt werden. Nach mehreren Interviews und einer eingehenden Marktrecherche wurden die Unterscheidungsmerkmale immer sichtbarer: In einem Markt mit einer intransparenten Preispolitik und mitunter dubiosen Geschäftspraktiken, ist OTTO BERG einer von den „Guten". Die Beratung ist ganz auf die Bedürfnisse der Hinterbliebenen zugeschnitten. Kosten werden durch übersichtliche Preisstrukturen und im persönlichen Gespräch transparent gemacht. Dabei wird streng darauf geachtet, dass Trauersituationen nicht durch geschäftstüchtige Mitarbeiter ausgenutzt werden. Aber einer der stärksten Trümpfe sind die Mitarbeiter selbst. Sie identifizieren sich stark mit dem Familienunternehmen und seinen Werten und sind zutiefst von der Bedeutung ihrer Arbeit überzeugt. → *Mitarbeiter S. 42*

Marktrecherche

Preisstruktur

„Marken sind Reviere, Territorien. Innerhalb ihrer Grenzen gelten Regeln, ein gemeinsames Verständnis für gut und böse, richtig und falsch."

Wolf Lotter, Journalist [9]

Das neue Erscheinungsbild hatte nun zum Ziel, genau diese besonderen Qualitäten der persönlichen, transparenten Beratung visuell und verbal zu transportieren und sich vom Marktumfeld deutlich zu unterscheiden. Der neue Markenclaim fasst diese Haltung mit „Wir kümmern uns gerne" zusammen. Rückblickend betrachtet konnte sich das Unternehmen konsolidieren. Der Markt ist nach wie vor in starker Bewegung, aber OTTO BERG konnte sich in den letzten Jahren als merkfähige und wiedererkennbare Marke positionieren und wird so anstehende Marktturbulenzen besser meistern.

Die ständige Verbesserung von Produkten und Leistungen ist unternehmerischer Alltag. Es geht aber um mehr als das. Der stürmische Markt fordert Unternehmen dazu heraus, einen festen Anker auszuwerfen: Die Unternehmensidentität → *S. 38*. Sich ihrer bewusst zu werden und unternehmerische Entscheidungen damit abzugleichen, verhilft Unternehmen dazu, sich langfristig im Markt zu positionieren. Niemand kennt den Markt so gut wie der Auftraggeber selbst und gleichzeitig hilft der Blick von außen, die eigene Position darin klarer zu erkennen. Die Erkenntnisse, die bei einer breit angelegten Produktanalyse gewonnen wurden, können hier einfließen und verglichen werden. Mit Hilfe der effektiven Methode der *Markenpositionierung* → *S. 79*, kann im nächsten Schritt die aktuelle und angestrebte Positionierung gemeinsam mit dem Auftraggeber erarbeitet werden. → *GetYourGuide S. 152*

> Fragen zum Marktumfeld:

> › Welche Kriterien bestimmen den Markt maßgeblich? (Preis, Qualität, Lebensstil etc.)
> › Welche gesellschaftlichen, technischen oder politischen Veränderungen beeinflussen den Markt?
> › Lassen sich Parallelen zu anderen Märkten erkennen? Welche Rückschlüsse und eventuelle Prognosen lassen sich auf den eigenen Markt übertragen?
> › Aus welchen Hauptwettbewerbern setzt sich der Markt zusammen?
> › Was zeichnet deren Produkte und Dienstleistungen aus und für welche Markenwerte stehen diese?

6. ZIELGRUPPEN

WISSEN MIT WEM MAN ES ZU TUN HAT – Marken bieten Orientierung, aber wem genau soll Orientierung geboten werden? Unternehmen geben oft vor, sehr genau über ihre Zielgruppe Bescheid zu wissen. Und das trifft auch in begrenztem Maße zu. Das Unternehmen kennt vielleicht das Alter, Wohnorte und Kaufvorlieben. Doch Menschen mit exakt den gleichen demographischen Daten können komplett unterschiedliche Werte leben und daher völlig unterschiedliche Kaufentscheidungen treffen. Das zugrunde liegenden Werte-Set und die Rolle, die das Unternehmen mit seinen Produkten darin spielt, bleibt oft sehr abstrakt. Achtet der eine Käufer hauptsächlich auf das Testurteil und den Preis, ist dem anderen Käufer ein hochwertiges Design und eine nachhaltige Produktionsweise wesentlich wichtiger. Zudem werden Unternehmen immer stärker als Botschafter von Werten wahrgenommen, weshalb es wichtig ist zu ergründen, welche Haltungen sich zwischen Unternehmen und Zielgruppe überschneiden oder sich unvereinbar gegenüber stehen.

„Wir kaufen nicht was wir wollen, wir konsumieren, was wir sein möchten."

Sir John Hagarty, Kreativchef, Bartle Bogle

SICH GEGENSEITIG BEEINFLUSSEN – Erfolgreiche Marken zeichnen sich dadurch aus, dass sie eine große Übereinstimmung ihrer Werte mit der ihrer Zielgruppe haben. Ein Markenauftritt, der jedoch zu sehr nach den Werten einer begehrten und kaufkräftigen Zielgruppe schielt, die aber vom Unternehmen selbst nicht gelebt werden, wird schnell als Attrappe enttarnt. Es wäre aber auch falsch zu sagen, dass Zielgruppen und Unternehmensidentität sich nicht gegenseitig beeinflussen würden. Durch einen stetig wachsenden Anspruch an Service und Kommunikation fordern Zielgruppen Unternehmen heraus. Hier muss sich jedes Unternehmen fragen, inwiefern ein Anspruch z. B. an Transparenz und Nähe auch Teil der eigenen Unternehmenswerte sein kann. Agentur wie Unternehmen müssen ein gemeinsames Verständnis für die Motivation und Bedürfnisse der Zielgruppe bekommen, um sinnvolle und authentische Schnittstellen zwischen Zielgruppe und Marke gestalten zu können. Diese Schnittstellen, auch Touchpoints genannt, können eine Website sein, ein Ladengeschäft, ein Messestand oder eine Hotline. Ihre Gestaltung erfordert weitaus mehr als die klassische Anwendung von Corporate Design. Hier werden Bedürfnisse und Erwartungen der Zielgruppe in unterschiedliche Tools übertragen, deren Konzeption tief in die Abläufe von Unternehmen eingreift. Ist z. B. das Produkt in seiner Bedienung anspruchsvoll, wünschen sich die Nutzer bei Verständnisfragen oder Problemen an die Hand genommen zu werden? Bilden die Preistarife die Kundenbedürfnisse ab und werden diese verständlich vermittelt? Hier stellt sich die Frage, inwiefern das Unternehmen auch personell auf die Kundenbedürfnisse eingehen kann und will. Die Gestaltung der Prozesse im Bereich der Dienstleistung, auch Service Design genannt, hat in den letzten Jahren immer mehr an Bedeutung gewonnen, so dass auch Markenagenturen sich in diesem Feld immer mehr Kompetenz aneignen.

Service Design

MILIEUSTUDIE – Das vom SINUS INSTITUT[10] entwickelte Modell der SINUS-Milieus kann dabei helfen, einen ersten Eindruck über die Verortung der Zielgruppe in den verschiedenen Werte-Milieus zu erhalten. Durch die Zuordnung zum jeweiligen sozialen Status (Unter-, Mittel- und Oberschicht) und einer Werteausrichtung (Konservativ versus Neuorientierung) werden Gruppen gebildet, die sich in ihrer Lebensweise und Einstellung zu Arbeit, Freizeit, Familie, Geld und Konsum ähneln. Diese sehr vereinfachte Darstellungsweise ist zwar oft zu grob für detaillierte Aussagen über die Motivation einer speziellen Zielgruppe, aber sie hilft als Gesprächsgrundlage und als ersten Einstieg in das Thema Zielgruppenbeschreibung.

Sinus Institut
Sinus-Milieus

Es lohnt sich beim Auftraggeber nachzufragen, ob er mit diesem Modell bereits die eigene Zielgruppe analysiert hat. Für ein intensives Eintauchen in die Wertewelt der Zielgruppe ist das SINUS-Modell nicht ausreichend und sollte durch die unten beschriebenen ergänzt werden.

BRANDING BASICS   BEAUFTRAGEN   **VERSTEHEN**

Shadowing

Straßenbefragungen

VERDECKTE ERMITTLUNGEN – Um einen persönlichen Eindruck von der Zielgruppe zu bekommen, kann die Methode des Shadowing und der Straßenbefragungen angewandt werden. Während man beim Shadowing möglichst unauffällig Kunden z. B. beim Einkauf beobachtet und diese Beobachtungen festhält, werden bei der Straßenbefragung Passanten zu ihrer Einstellung zu bestimmten Unternehmen und deren Produkten befragt. Beim letzteren sind Videoaufnahmen sehr sinnvoll, da Ausschnitte davon in spätere Präsentationen einfließen können, um die Strategie anschaulich zu untermalen.

1+1 ≠ 2 – Führt ein Unternehmen neue Produkte oder Formate ein, will es dadurch auch meistens eine neue Zielgruppe erschließen. So führte das KONZERTHAUS BERLIN neue Veranstaltungsreihen ein, um auch Menschen abseits des klassischen Bildungsbürgertums für klassische Musik zu begeistern ⟶ *Konzerthaus Berlin S. 185*. Die Addition zweier Zielgruppen kann aber nicht aufgehen. Mit einer neuen Ausrichtung wird man auch immer Kunden oder in diesem Fall Publikum verlieren, um neue hinzugewinnen zu können. Ein Spagat zwischen unvereinbaren Werten wird zum Marken-Eiertanz und führt zu einer unklaren Positionierung. Dabei kann es helfen, herauszufinden, welche Werte, Motivation und Erwartungen diese Gruppen teilen und wo es Möglichkeiten gibt, beiden gerecht zu werden, ohne sich als Marke zu verbiegen.

Fragen zur Zielgruppe:

› Wurden in der Vergangenheit bereits Erhebungen über die Zielgruppe durchgeführt?

› Liegen Studien z. B. des Sinus-Instituts vor?

› Wie beschreiben Mitarbeiter mit engem Kundenkontakt die Zielgruppe?

› Wie lassen sich deren Bedürfnisse, Werte-Sets und Motivation(en) beschreiben?

› In welche Untergruppen lässt sich die Zielgruppe einteilen?

› Hat sich die Zielgruppe in den letzten Jahren verändert und falls ja, welche Gründe werden dafür gesehen?

› Plant das Unternehmen die Zielgruppe zu erweitern oder enger zu fassen?

› Was ergeben eigene Beobachtungen der Zielgruppe?

7. TRENDS

MIT ODER GEGEN DEN STROM – Trends oder gar Megatrends, die zu einer anhaltenden und tiefergreifenden gesellschaftlichen Veränderung führen, sind auch immer Zeichen eines Wertewandels. War das Auto lange ein beliebtes Statussymbol, verliert es zunehmend seinen Stellenwert bei der jüngeren Generation zu Gunsten von immateriellen Dingen, wie mehr Freizeit zu haben oder verschiedene Sprachen sprechen zu können. Unternehmen müssen sich fragen, ob sie tatsächlich schon Teil dieses Wandels sind oder dieser existenziell an ihren Grundfesten rüttelt. Ein Hersteller von Fertiggerichten kann zwar mehr Sorgfalt in die Auswahl seiner Zutaten legen, aber die liebevolle Zeremonie des Zubereitens mit Freunden wird er nicht bieten können.

„Die entscheidenden Veränderer der Welt sind immer gegen den Strom geschwommen."

Walter Jens, Schriftsteller

Auch das Thema Stillen hat in den letzten Jahrzehnten ein Auf und Ab in der gesellschaftlichen Akzeptanz erlebt. Als die Wissenschaft immer mehr Beweise für das Stillen, als die gesündere Alternative vorlegt, kommen Babymilchhersteller in Bedrängnis. Das Unternehmen HIPP löste diese Herausforderung damit, dass es offensiv mit diesem Thema umging und bis heute verkündet: „Muttermilch ist das Beste für ihr Baby – nach dem Stillen gibt es unsere Folgemilch". Damit bewahrt das Unternehmen seine Glaubwürdigkeit und hat sich bis heute als erfolgreichster Hersteller von Babynahrung etabliert, nicht zuletzt, weil es sich seit vielen Jahren für eine nachhaltige Produktionsweise einsetzt, lange bevor es den Biotrend gab.

GESINNUNGSWANDEL – Der Bio- und Ökotrend übt auch großen Druck auf die Fastfoodindustrie aus. MCDONALDS, jahrzehntelang bekannt für sein Logo in den Farben Pommes-Ketchup-rot-gelb kündigte überraschend zum Jahreswechsel 2009/10 an, das Rot im Logo durch ein Grün zu ersetzen. Dieser Farbwechsel sei durchaus als „Bekenntnis aus Respekt vor der Umwelt" zu verstehen, meinte die Konzernleitung dazu. Mit dem Farbwandel sollte ein Image- und Wertewandel vollzogen werden, der sich schon seit längerer Zeit ankündigte: Vermehrt wird auf kontrollierten Anbau Wert gelegt und die Nährwerte der einzelnen Produkte werden auf den Tabletts im Restaurant mitgeliefert. Salate werden prominenter beworben, um weiter von dem Fastfood-Image wegzurücken. Seit geraumer Zeit gibt es die stilvolleren und in Braun gehaltenen MCCAFÉ-Ecken. Nur wenige Monate später kam die Umrüstung ins Stocken.

BRANDING BASICS　　　BEAUFTRAGEN　　　**VERSTEHEN**

„Sei du selbst die Veränderung, die du dir wünschst für diese Welt."

Mahatma Gandhi, Revolutionär

Der Deutschland-Chef widersprach nur wenig später seinem Kollegen, indem er bekannt gab: „Wir sind kein grünes Unternehmen". Was war geschehen? In der Öffentlichkeit bot der Farbwechsel eine willkommene Steilvorlage, die Nachhaltigkeitsbemühungen des Unternehmens skeptisch unter die Lupe zu nehmen. So schrieb die Süddeutsche Zeitung: „Wer es ernst meint mit dem Umweltschutz, muss glaubhaft machen, dass er sparsam mit Energie und anderen Ressourcen umgeht, also ein überzeugendes Konzept vorlegen. Ein Nachweis, den die Schnellrestaurantkette bislang schuldig geblieben ist." Jahre später ist das Logo auf grünem Grund zwar fast überall implementiert und das Unternehmen lässt sich mittlerweile von Greenpeace-Aktivisten beraten, aber die Wahrnehmung in der Öffentlichkeit hat sich immer noch nicht wesentlich verändert.

Um den Wandel glaubwürdig kommunizieren zu können, müssen etablierte Marken einen wesentlich stärkeren Beweis antreten als junge Unternehmen, sonst werden sie als Wolf im Schafspelz wahrgenommen. Ein Redesign, das den Sinnes- und damit Wertewandel eines Unternehmens verkörpert, kann daher nicht der Startschuss sein. Es sollte eher vorangegangenen Anstrengungen und Erfolgen eine Krone aufsetzen und kann dadurch auch intern das klare Zeichen setzen: „Wir meinen es wirklich ernst". Zudem muss das Unternehmen einen Maßnahmenplan vorlegen können, wie es weitere Ziele in die eingeschlagene Richtung erreichen kann, damit es in seinen Bemühungen überzeugend ist.

Fragen zu Trends:

› Welche Trends üben Einfluss auf das Unternehmen aus?
› Inwiefern verändert sich die Erwartungshaltung der Zielgruppe?
› Für welchen Wertewandel stehen diese Trends?
› Welche dieser Werte teilt das Unternehmen?
› Plant das Unternehmen sich aufgrund eines Trends zu verändern?
› Sind diese Veränderungen mit dem Businessmodell glaubhaft vereinbar?

8. DISTRIBUTION

WENN KAUFEN ZUM EVENT WIRD – Die Art und Weise in der Kunden mit einem Produkt in Berührung kommen, sich darüber informieren oder kaufen können, ist ein weiterer Faktor, der das Image einer Marke beeinflussen kann. Manchmal ist der Vertriebsweg innerhalb einer Branche so einzigartig, dass sich eine Marke damit auch besonders profilieren kann. Loriot setzt dem Einzelhandelsvertrieb in seinem Sketch mit dem legendärem Satz „Es saugt und bläst der Heinzelmann, wo Mutti sonst nur blasen kann" ein Denkmal. Gehörten früher die TUPPERWARE-Parties und AVON-Kosmetik-Abende zum gesellschaftlichen Leben der Hausfrau, haben sie heute wieder Kultstatus erreicht. In den USA inszeniert der Schauspieler Kris Andersson als Transvestit Dixie Longate den Verkauf zum bühnenreifen Event und verhalf der Marke TUPPERWARE auch in bisher unerschlossenen Zielgruppen zu einer neuen Akzeptanz.

Während VORWERK den Türverkauf nun auch mit VORWERK-Läden in zentraler Lage und Online-Shops ergänzt, halten AVON und TUPPERWARE weiterhin an ihrem erfolgreichen Eventverkaufskonzept fest. Unternehmen anderer Branchen haben sich daran ein Beispiel genommen und bereichern den Alltag mit Dessous-Abenden und Kochevents (Kochtopfhersteller AMC). Aber wozu der ganze Aufwand? Bei besonders erklärungsbedürftigen Produkten können Vorteile im direkten Gespräch viel besser vermittelt werden. Das besondere Erlebnis im Kreise von Freunden und Nachbarn überträgt sich auf die Wahrnehmung der Marke. AVON verkauft mehr als nur Kosmetikprodukte; AVON steht für Freundschaft, Spaß und Gespräche unter Frauen. Die AVON-Beraterin ist Teil des sozialen Umfeldes. Sie kennt die Bedürfnisse und Ansprüche „ihrer" Damen, kann besser auf diese eingehen und steht letztendlich für die Qualität des Produktes ein.

Es entsteht ein ganz besonderes Vertrauensverhältnis und bildet ein klares Pendant zum anonymen Drogeriemarktbesuch. Ganz nebenbei wird natürlich auch ein Kaufdruck erzeugt, da man sich in seinem Umfeld ja nicht „lumpen lassen will". Der Erfolg scheint diesen Vertriebsformen Recht zu geben. Durch die Mund-zu-Mund-Propaganda kann auf kostenintensive klassische Werbung oft verzichtet werden.

„Tatsächlich null Prozent der Befragten haben gesagt, dass sie bereit wären, ein Müsli oder Lebensmittel online zu kaufen. Fast hätte uns das Ergebnis schon davon abgehalten."

Max Wittrock, Gründer mymüsli

Multichannel-Modell

ON- UND OFFLINE MIXEN – Das Unternehmen mymüsli ging 2007 online und war weltweit der erste Anbieter für individuell gemixtes Müsli. Der Kunde kann zwischen verschiedenen Basismischungen entscheiden und diese mit den Lieblingsfrüchten und Nüssen ergänzen. Das Unternehmen nutzte die Online-Plattform von Beginn an für einen engen Austausch mit seinen Kunden. So wurden gemeinsam mit ihnen die Verpackungen optimiert und die Müslisorten verbessert. Das innovative Vertriebsmodell machte seine Runde und die Fangemeinde wurde immer größer. Das prägnante Erscheinungsbild wiederum bestätigt das Bild des jungen, unkonventionellen Unternehmens, das Müsli hipp gemacht hat. Im Grunde hätte das alles so bleiben können, aber mymüsli entscheidet sich dazu auch in der psychischen Welt erlebbar zu werden und setzt auf ein Multichannel-Modell. In ausgewählten Geschäften findet man heute fertig gemischte Müslisorten und in immer mehr Städten entstehen mymüsli-Läden. Einer der Geschäftsgründer Max Wittrock begründet diesen Schritt so: „(…)Und natürlich hat so ein Laden auch Marketingeffekte, allein schon, weil Menschen immer wieder unser Logo sehen – irgendwann entschließen sie sich vielleicht auch einmal, den Laden zu betreten und zu probieren".[11]

UNVERGESSLICH – Auch Unternehmen mit klassischen Vertriebsmodellen versuchen dem Kauferlebnis und der Art und Weise der Präsentation einen höheren Stellenwert zu geben. vw unterstrich sein Ziel, als Premiumhersteller wahrgenommen zu werden auch mit der Idee, dass Modelle der automobilen Oberklasse persönlich in der „gläsernen Manufaktur" in Dresden abgeholt werden können. Eine Führung durchs Haus mit einem persönlichen Kundenmanager und anschließendem Essen im hauseigenen Restaurant sind inklusive.

Wer sich nur einen Mittelklassewagen leisten kann, darf immerhin nach Wolfsburg reisen, wird dort persönlich empfangen und mit diversen Gutscheinen wie für das Erlebnismuseum Autostadt in Wolfsburg ausgestattet. Am Schluss bekommt der Kunde ein Erinnerungsfoto, das die erste Begegnung mit dem neuen Wagen festhält. Wird der Wagen eines Tages zum Gebrauchtwagen, greifen auch hierfür markenadäquate Strategien. So soll er sich möglichst nicht auf einem schlammigen Gelände eines zwielichtigen Autohändlers wiederfinden, sondern auf der Gebrauchtwagenplattform von vw oder direkt vom vw-Händler in vertrautem Umfeld begutachtet werden können.

War die Funktion von Marken früher darauf beschränkt Orientierung zu schaffen und Vertrauen aufzubauen, versuchen sie heute verstärkt mit emotionalen Erlebnissen assoziiert zu werden. Die emotionale Komponente in der Markenvermittlung ist nicht mehr alleine die Rolle der Werbung, da sie mehr und mehr von „echten" Erlebnissen ergänzt, bzw. abgelöst wird. Die Art des Vertriebs ist ein hilfreicher Indikator dafür, welche Bindung das Unternehmen zu seinen Kunden aufbauen will. Nähe und ein vertrauensvoller Austausch können eine Marke ebenso prägen, wie eine distanzierte Erhabenheit. Hat ein Unternehmen ein besonderes Vertriebskonzept, dann sollte geprüft werden, inwiefern dieses auch die Wahrnehmung nach außen prägt oder noch prägen kann.

Fragen zur Distribution:

› Welche Art der Distribution ist in der Branche üblich?
› Welche Art der Distribution hat das Unternehmen und zeichnet sie sich durch eine merkbare Besonderheit aus?
› Inwiefern beeinflusst die Art der Distribution die Haltung / Werte des Unternehmens?
› Welchen Stellenwert hat das Kauferlebnis? Wie offen ist das Unternehmen für Anregungen?

9. BISHERIGES ERSCHEINUNGSBILD: STATUS QUO

AUSSICHTSPLATTFORM BESTEIGEN – Die Gründe, warum sich ein Unternehmen ein neues Erscheinungsbild wünscht, sind vielfältig. Alle Gründe haben jedoch eines gemeinsam: Inhaltliche Ausrichtung und Ziele passen nicht mehr zum aktuellen Erscheinungsbild. Manchmal wird dies an ganz konkreten Dingen festgemacht, wie, dass das Logo die aktuelle Unternehmensstruktur nicht mehr abbilden kann oder die Farbigkeit sich nicht mehr im Branchenumfeld behaupten kann. Die Tatsache, dass eine Änderung viele weitere nach sich ziehen kann und durch die intensive Beschäftigung mit der Marke eines Unternehmens auch alles bisher Vorhandene in Frage gestellt werden kann, erschließt sich erst nach und nach. Es ist menschlich, dass wir unser gewohntes Umfeld nur mit einer stark eingeschränkten Sicht wahrnehmen. Erst wenn sich der Besuch unserer Schwiegermutter ankündigt, gehen wir mit einem ganz anderen Blick durch unsere Wohnung. Den seit Monaten unberührten und daher verstaubten Zeitschriftenstapel neben dem Sofa haben wir ebenso verdrängt, wie den Duschvorhang, der an einer Seite eingerissen ist. Ein Unternehmen, das sich dazu entschließt, sein Erscheinungsbild zu ändern, begibt sich in eine herausfordernde Situation. Vorhandenes wird auf Herz und Nieren geprüft, Unlogisches aufgedeckt und eventuell jahrelanges Schludern enttarnt. Designer neigen an dieser Stelle leider oft zu einer wenig hilfreichen Überheblichkeit: „Wie kann man nur!". Dabei macht das Unternehmen ja mit seiner Anfrage klar, dass es Unterstützung benötigt. Niemand möchte einem Fachmann gegenüberstehen, der einen angesichts eines kaputten Fahrrads oder einer leckenden Waschmaschine erst einmal streng ansieht um dann zu einer ausführlichen Predigt anzusetzen. Hier ist also Fingerspitzengefühl gefragt, die aber mit einer grundsätzlich wertschätzenden Haltung dem Unternehmen und seinen bisherigen Leistungen gegenüber meist von alleine entsteht.

RECHERCHE VOR URTEIL – Am Besten nähert sich das Team bei der Recherche über das Erscheinungsbild in zwei Etappen. Da gerade der Designer nicht am Visuellen vorbeisehen kann, macht es Sinn, gleich zu Beginn der Verstehensphase alles anzufordern und zu sichten, was das Unternehmen zu bieten hat: Guidelines, Prospekte, Fotos von Messeständen, Webseiten, Social-Media-Plattformen, Geschäftsausstattung, Architektur, Newsletter etc. Die gute alte Methode alles auszudrucken, um anschließend alles an ein großes Board zu hängen, ist nach wie vor die Beste → *Konzerthaus Berlin S. 186*. Diese Gesamtübersicht kann später dem Kunden präsentiert werden und das Team kann sie bis dahin als Arbeits- und Diskussionsgrundlage verwenden.

Bevor zu schnell ein finales Urteil gefällt wird, ist es gut, sich erst einmal mit den inhaltlichen Faktoren (dieses Kapitel, Punkt 1–8) zu beschäftigen, um danach in der zweiten Etappe wieder zur Recherche zurückzukehren und eine Haltung zum Status quo reifen zu lassen. Die inhaltliche Beschäftigung mit dem Unternehmen verschiebt die eigene Perspektive zwangsläufig. Wer sich zu früh in eine vermeintliche Designlösung verliebt, wird seine Recherche auch immer nur dahin treiben, worauf am Ende die eigene Idee passt. Solange die eigene Meinung noch offen ist, ist es leichter einen analysierenden Blick beizubehalten: Worin besteht eine Diskrepanz, zwischen dem, was das Unternehmen ausmacht und dem, wie es sich nach außen darstellt. Welche gestalterischen Mittel erweisen sich im Alltag als zu

---

Gesamtübersicht

„Wenn du einem Problem ins Auge siehst, fängst du an es zu lösen."

Rudy Giuliani, Politiker

kompliziert oder zu unflexibel? Wo entsteht ein unzusammenhängender gestalterischer Wildwuchs, der zu viel Verwirrung stiftet. Ist die Bildsprache profilbildend oder austauschbar? In dieser Phase geht es auch noch nicht darum für alles Lösungen zu haben. Hier ist eher der chirurgische Blick auf den Zustand des „Patienten" gefragt. Aber auch das Bauchgefühl hat seine Berechtigung und es ist wichtig dieses festzuhalten. Oft lässt sich eine Ahnung im Verlauf der Verstehens-Phase auch begründen.

Bauchgefühl

Kunden, die erstmalig die Designerzeugnisse der letzten Jahre auf einen Blick sehen, können einer nachvollziehbaren Argumentation oft sehr gut folgen und sind am Ende froh über die neue Perspektive, die sich ihnen durch die Gesamtschau eröffnet hat. Ein gemeinsames Verständnis für die Stärken und Schwächen des bisherigen Erscheinungsbildes ist eine wertvolle Basis für die weitere Zusammenarbeit.

Fragen zum aktuellen Erscheinungsbild:

› Welche Werte vermittelt das derzeitige Erscheinungsbild?
› Welche möglichen Werte vermittelt das Erscheinungsbild nicht?
› An welchen Stellen ist das Erscheinungsbild konsistent?
› An welchen ist das Erscheinungsbild inkonsistent und stiftet daher Verwirrung?
› Welche Sinne spricht das Erscheinungsbild an: visuell, haptisch, akustisch etc.?
› Wie positioniert das Unternehmen sich im Vergleich zu den Wettbewerbern?

› Ist das Erscheinungsbild wiedererkennbar?
› Ist das Erscheinungsbild einzigartig?
› Welche Probleme im Umgang mit formalen Elementen sind erkennbar?
› Welche Komponenten im Erscheinungsbild sind es wert, erhalten zu bleiben, weil sie gelernt wurden und intern wie extern geschätzt werden?
› Woran will das Unternehmen festhalten und warum?

10. KOMMUNIKATIONSMASSNAHMEN UND -KANÄLE

HÖRT MICH DA DRAUSSEN JEMAND? — Ein medienübergreifender und ganzheitlicher Ansatz ist mittlerweile selbstverständlich. Trotzdem ist es wichtig, rechtzeitig zu klären, über welche Kommunikationskanäle das Unternehmen zukünftig kommunizieren möchte. Ist dem Unternehmen Transparenz und ein engerer Austausch mit seinen Partnern und Kunden wichtig, wird man sich überlegen müssen, mit welchen Medien dies am Besten gelingt. Setzt ein Unternehmen hauptsächlich auf die Kommunikation mit digitalen Medien, sollte die spätere Entwicklung des Erscheinungsbildes auch diesen Bereich in den Hauptfokus nehmen und von dort aus auf die sekundären Medien übertragen werden und nicht umgekehrt. Bei der Analyse hilft es, nicht nur die bereits eingesetzten Medien zu sichten, sondern auch zu fragen, wen diese ansprechen sollen.

Meinungsmultiplikator

Ein Badewannen-Hersteller wird zum einen den Konsumenten ansprechen wollen, aber auch den Architekten, der ein wichtiger Meinungsmultiplikator ist, wenn es um die Entscheidung für eine Badewannen-Marke geht. Der Architekt wünscht sich eine gut aufbereitete Übersicht aller Modelle, detaillierte Vermaßung und Hinweise für den Einbau und darüber hinaus fertige Unterlagen für den Einsatz in Ausschreibungen. Den meisten Endverbrauchern mag diese Informationsaufbereitung zu technisch und zu sachlich sein. Sie wünschen sich vielleicht mehr Fotografien, die Beispielanwendungen zeigen und allgemeinere Informationen. Beide Nutzerbedürfnisse können mit unterschiedlichen Medien bespielt werden. Freut sich der Kunde über eine wertige Broschüre, die er von einer Messe mitgebracht hat, kann der Architekt eher mit einer mobilen App unterstützt werden. Nicht nur technisch stellen beide Medien unterschiedliche Ansprüche an das Design, sondern auch visuell. So kann die App für den Architekten sachlich und reduziert gehalten werden, während die Broschüre für den Kunden einen eher werblichen und emotionalen Charakter bekommen kann.

Aufwand und Nutzen

Der Zeitpunkt im Prozess eignet sich auch besonders gut dafür, die bisherigen Kommunikationsmaßnahmen gründlich unter die Lupe zu nehmen und Aufwand und Nutzen zu überprüfen. Gut möglich, dass einige Maßnahmen schon lange nicht mehr den Bedürfnissen der Nutzer entsprechen und man sich andere Maßnahmen überlegen muss.

Unternehmen verspüren einen großen Druck, eine Präsenz in den Sozialen Medien zu unterhalten. Oft findet man dann einen vor sich hin dümpelnden FACEBOOK-Auftritt wieder, mit wenigen „Likes" und nur wenigen interessanten Postings. In solch einem Fall ist gar kein FACEBOOK-Profil besser als ein ungepflegtes. Zeit also, sich zu fragen, welchen Zweck dieses Profil bei der zukünftigen Markenkommunikation einnehmen soll und wer für seine Pflege verantwortlich sein wird.

Facebook

Ein weiterer wichtiger Aspekt ist die Verkettung von Kommunikationsmaßnahmen. So kann unter anderem eine Pressemeldung die Teilnahme an einer Messe verkünden und von FACEBOOK-Meldungen flankiert werden. Auf dem Messestand selbst sind gebündelte Information erhältlich und es wird die Möglichkeit geboten, seine Kontaktdaten für weitere Informationen zu hinterlassen. Tage später kommt eine Einladung zu einer Informationsveranstaltung. Hieran kann man gut erkennen, mit wie vielen unterschiedlichen Kanälen die Zielgruppe in Kontakt kommen kann. Die Wiedererkennbarkeit muss in jedem Fall gewährleistet werden und doch muss sich das Erscheinungsbild an das jeweilige Medium und die Informationstonalität anpassen. Wie groß später dieser Spagat sein muss, den ein Erscheinungsbild bewältigen muss, sollte frühzeitig geklärt werden.

WIE, WER, WOHIN? – Um einen guten Überblick und eine Diskussionsgrundlage zu erhalten, kann die Gesamtübersicht des aktuellen Erscheinungsbildes herangezogen werden und die dort gesammelten Abbildungen nach folgenden drei Kriterien sortieren:
› Medium
› Zielgruppe
› Kommunikationsziel

Auf Grundlage dieser Ordnungsstruktur fällt nun auch die Analyse der Wettbewerber leichter. Hier kann gezielt danach gesucht werden, wie der Wettbewerb agiert. Unterscheidet er zwischen unterschiedlichen Zielgruppen, wie bereitet er die Informationen jeweils auf und welcher Medien bedient er sich? Meist haben Unternehmen einen guten Blick darauf, wie Mitbewerber agieren und eventuell sogar selbst schon eine Sammlung angelegt. Darüber hinaus ist es auch interessant, wie andere Branchen mit einer ähnlichen Problemstellung umgehen. So können inspirierende Ideen entstehen, die gemeinsam mit dem Kunden diskutiert werden können.

BRANDING BASICS   BEAUFTRAGEN   VERSTEHEN

> Fragen zu Kommunikationsmaßnahmen und -kanälen:

> Welche Kommunikationskanäle werden von dem Unternehmen bespielt und welche nicht?
> Welche Erfahrungen konnte das Unternehmen mit seinen Kommunikationskanälen machen?
> Welche Zielgruppen werden über die vorhandenen Kommunikationskanäle besonders angesprochen und welche werden nicht erreicht?
> Bedienen sich die Kommunikationskanäle einer einheitlichen visuellen Sprache?
> Welche Kommunikationskanäle möchte das Unternehmen in Zukunft vermehrt bespielen und warum?
> Welche Kanäle werden vom Marktumfeld bespielt? Wer agiert hier mustergültig, bzw. gibt hier den „Takt" in der Branche vor (Benchmark-Analyse)?

Benchmark-Analyse

11. MARKENWERTE SORTIEREN

„Man muss die Nuss knacken, will man den Kern essen."

Unbekannt

DAS RELEVANTE VOM EINZIGARTIGEN UNTERSCHEIDEN — Das Ziel der Verstehens-Phase ist nun zum Greifen nah: Die Unternehmensidentität kann gemeinsam mit dem Kunden anhand von einzelnen Begriffen, sog. Markenwerten skizziert werden. Markenwerte entstehen durch einen permanenten Abgleich der Selbst- mit der Fremdwahrnehmung. Genauso wie die Persönlichkeit eines Menschen durch die Gesellschaft, sein soziales Umfeld und die historischen Zusammenhänge geprägt wird, formt sich auch die Persönlichkeit eines Unternehmens durch sein Umfeld. Diese Persönlichkeit ist nicht in Stein gemeißelt. Veränderte Wertevorstellungen der Gesellschaft wirken sich auch auf das Werte-Set eines Unternehmens aus. So sind heute in sehr vielen Auflistungen von Markenwerten die Begriffe „nachhaltig", „innovativ" und „kundenorientiert" zu lesen, dabei gehören diese Attribute mittlerweile zur Standardbeschreibung eines jeden halbwegs ernstzunehmenden Unternehmens und eignen sich wegen mangelnder Differenzierung nicht als Markenkern eines Unternehmens. Auftraggeber wie -nehmer sind hier in einer kniffligen Situation. Liegen die Werte aus einer umfangreichen Recherche alle auf dem Tisch, gilt es nun die relevantesten davon auszuwählen. Die größte Gefahr liegt in der Suche nach dem kleinsten gemeinsamen Nenner, das, worauf sich alle einigen können.

Marken brauchen Differenzierung und Einzigartigkeit, damit sie klar identifizierbar sind. Die Beschreibung einer klaren Identität braucht Mut und Durchsetzungskraft von Seiten der Unternehmensführung. Erfolgreiche Marken sind in ihren Werten unvergleichlich und jedes anspruchsvolle Unternehmen trägt diese in sich. Der Hinweis auf die Unterscheidung in *Substanzwerte*, *Differenziatoren* und *Kernwerte* → S. 36 kann hierbei helfen, immer wieder den Fokus auf das Wesentliche zu lenken.

DIE ROLLE ALS MODERATOR – Die Beschreibung der Unternehmenswerte sollte gemeinsam mit Entscheidungsträgern des Unternehmens vorgenommen werden. Meistens geschieht dies in einer Phase, in der der Auftragnehmer bereits viele Informationen über das Unternehmen gesammelt hat. Die Kunst ist es nun nicht, mit einem vorgefastem Bild in diese Besprechungs- oder Workshoprunden einzusteigen. Letztlich muss das Unternehmen das Ergebnis für einen langen Zeitraum vertreten und mit Leben füllen, nicht der Auftragnehmer. Und dennoch ist es wichtig, mit einem kritischen Blick auf die Diskussion zu blicken und die Ergebnisse bzw. Zwischenergebnisse unter folgenden Aspekten zu beleuchten:

Fragen zur Überprüfung der formulierten Kernwerte:

› Sind die Kernwerte das Ergebnis einer politischen oder inhaltlich geführten Diskussion?
› Sind die Kernwerte aussagefähig genug, um sie letztlich später auch ins Design zu übertragen?
› Beschreiben die Kernwerte wirklich die Einzigartigkeit des Unternehmens oder entstammen sie mehr einem Wunschdenken?
› Sind die Kernwerte auch für Außenstehende verständlich?
› Ist die Anzahl der Kernwerte überschaubar?

PRODUKTE KA
MAN KOPIEREN
MARKEN NICH

Unbekannt

PLANEN
6893

2.2

WIR
— KERNWERTE (WHO)
IHR
— RELEVANZ (HOW)
— MISSION (WHY)
GESELLSCHAFT

PLANEN
WOFÜR STEHEN WIR (EIN)?

DAS ZIEL — Herausforderungen, Pläne und Persönlichkeit eines Unternehmens (Corporate Identity) wurden in der Verstehens-Phase ausführlich herausgearbeitet. Ging es in diesem Prozessabschnitt unter anderem darum, die relevanten Werte des Unternehmens herauszufiltern, richtet sich der Blick nun zunehmend vom Mikro- zum Makrokosmos, also vom Unternehmen zum Nutzer und von hier zur Gesellschaft. Es geht um die Beschreibung der Relevanz, die die Dienstleistung oder das Produkt für die eigene Zielgruppe und darüber hinaus hat.

Erfolgreiche Marken vereint, dass sie mehr sind als die Ansammlung von Persönlichkeitsbeschreibungen. Sie vertreten eine Haltung, die weit über das eigentliche Produkt hinausweisen kann. Im besten Fall handelt es sich um eine Mission, die das Unternehmen zielstrebig verfolgt. Der britische Unternehmensberater Simon Sinek formuliert dies so: „People don't buy what you do; they buy why you do it. And what you do simply proves what you believe." Hiermit meint er, dass viele Unternehmen in der Lage sind, sagen zu können, was (what) sie tun, einige auch noch erklären können, wie sie es tun (how), aber nur die wenigsten ein Bewusstsein dafür haben, warum sie es tun (why). Unternehmen besitzen diese zugrundeliegende Motivation, können sie aber oft nicht formulieren, weil sie im Alltag aus dem Fokus geraten ist.

„Vom Produkt zur Rolle in meinem Leben: Umso digitaler die Begegnungen mit Marken werden, umso überprüfbarer werden deren Nutzen und Sinn."

Christian Hanke, Partner / Creative Director, Edenspiekermann

Wer sich ausgiebig, wie im Kapitel „Verstehen" beschrieben, mit einem Unternehmen beschäftigt hat, muss zum Glück nicht mehr bei null anfangen. Ganz im Gegenteil: Zwischen all den Erkenntnissen befindet sich sehr wahrscheinlich auch die Grundmotivation des Unternehmens. Nun gilt es das Goldkörnchen zwischen den Sandkörnern zu finden: Das so kraftvolle „Why!".

DIE METHODE — Der zweite Trichter im Modell „Wofür stehen wir (ein)?" bezieht sich auf das „Sinneksche Denkmodell", ersetzt jedoch das „What" durch das für eine Markenentwicklung relevantere „Who", also die identitätsbeschreibenden Kernwerte, die das Unternehmen einzigartig macht. Diese werden für die erste Ebene übernommen, welche bereits als Ergebnis aus der ersten Phase „Wer sind wir" (Who) vorliegen. Im zweiten Schritt wird der Blick auf die Relevanz des Unternehmens und seiner Produkte bzw. Dienstleitungen gelenkt (How). Welche Eigenschaften machen das Produkt für den Konsumenten

PLANEN GESTALTEN UMSETZEN

besonders relevant und wie agiert ein Unternehmen z. B. im Bereich der Distribution, Kommunikation aber auch Mitarbeiterführung? Hier fließen die Erkenntnisse ein, die aus der Positionierung im Markt und der Zielgruppenbestimmung gewonnen werden. Auch dabei ist es wichtig sich auf einen, maximal zwei Aspekte zu fokussieren, denn eine Marke steht in den Köpfen ihrer Konsumenten nicht für einen Blumenstrauß von besonderen Merkmalen, sondern für wenige zentrale, die sie von allen anderen Mitbewerbern klar unterscheidet. Die letzte und zentrale Ebene befindet sich in der Spitze des Trichters. Hier befindet sich die Markenmission (Why) des Unternehmens. Sie ist die Antwort auf die Frage, welche zentrale Motivation dem Tun des Unternehmens zugrunde liegt und warum dies von Wert für die Gesellschaft ist. → *Marken-Trichtermodell S. 19*

"If you hire people just because they can do a job, they'll work for your money. But if you hire people who believe what you believe, they'll work for you with blood and sweat and tears."

Simon Sinek, Unternehmens-berater

1. VON DER PERSÖNLICHKEIT ZUR MISSION (WHO)

MEISTER DER AUSDAUER – Der Ire Ernest Shackleton (1874–1922) war ein Pionier der Antarktis-Forschung. Die von ihm geleitete Endurance-Expedition hatte das Ziel, als erste den antarktischen Kontinent zu durchqueren. Bei der Zusammensetzung seiner Mannschaft legte er großen Wert darauf, jedes Bewerbungsgespräch selbst zu führen und achtete auf eine Zusammensetzung der Mannschaft mit Charakteren, von denen er sich erhoffte, dass sie auch in Ausnahmesituationen Ruhe und Besonnenheit bewahren konnten und gleichzeitig Talente einbrachten, wie Schauspielerei und Gesang. Aus eigener Erfahrung wusste er, dass gerade in den dunklen Wintermonaten Unterhaltung und Ablenkung vom harten Alltag wichtig waren, um Motivation und Moral der Mannschaft aufrecht zu erhalten. Shackleton wurde von seiner Mannschaft als eine Führungspersönlichkeit beschrieben, die eine natürliche Autorität besaß, dabei aber keinen Standesdünkel zeigte. Er selbst soll immer an vorderster Front gewesen sein, wenn es darum ging, schwierige Maßnahmen durchzuführen. Das Wohl seiner Mannschaft hatte für ihn höchste Priorität.

Um das Ende gleich vorweg zu nehmen: Seine Expedition im eigentlichen Sinne lief ganz und gar nicht nach Plan. Die Durchquerung der Antarktis kam nicht zustande, da sein Schiff nach über einem Jahr Reise zwischen Eismassen zerdrückt wurde. Was können wir von dem Antarktis-Forscher dennoch lernen? Als Unternehmer hatte er ein klar umrissenes Produkt: Die Planung und Durchführung von Polarforschungsreisen. Die Erfolgsaussichten waren in etwa die, wie heutzutage einen Roboter auf einem Kometen zu platzieren. Mit seinem Angebot stand er nicht alleine da. Weitere gewichtige Mitbewerber waren der Norweger Roald Amundsen, sein ärgster Rivale, der Brite Robert Falcon Scott, den er als 3. Offizier bei der Discovery-Expedition begleitete. Insgesamt ein sehr überschaubarer Markt.

WHO: DER MARKENKERN DES ABENTEURERS – Was macht die Persönlichkeit eines Unternehmers, das Polarforschungsreisen anbietet im Kern aus? Vermutlich Mut, Abenteuerlust und Durchsetzungsfähigkeit? Nun muss man davon ausgehen, dass alle auf dem Markt verfügbaren Polarforscher sich mit diesen Attributen beschreiben würden. Shackletons maßgebliche Charaktereigenschaften wurden von seinen Zeitgenossen eher mit Standhaftigkeit, Verantwortungsbewusstsein und Kreativität beschrieben, wodurch er sich von seinen Mitbewerbern unterschied. Allerdings eignete sich Shackleton zunächst nicht als Volksheld. Seinem Rivalen zu Lebzeiten, Robert Falcon Scott, wurden allein in Großbritannien mehr als 30 Denkmäler, Statuen und sogar Kirchenfenster angefertigt. Für Shackleton enthüllte man erst 1932 ein Denkmal an der Royal Geographical Society in Kensington.

HOW: DER NUTZEN UNSERES TUNS – Letztendlich ließen sich die „Produkte" der Polarforscher aus Sicht der Investoren kaum differenzieren. Ob sie in Scott oder Shackleton investierten machte für sie zunächst keinen Unterschied. Beide waren erfahren und konnten auf Erfolge verweisen. Der Wandel des kulturellen Werteverständnisses Ende des 20. Jh. führte jedoch zu einem radikalen Umdenken und neuen Bewertung der beiden Pioniere. Auf einmal gewann die Art und Weise, also WIE die Expeditionen durchgeführt wurden an Bedeutung. Geriet Scott durch jüngere Nachforschungen immer mehr zu einer egozentrischen und chaotischen Führungsperson, wurde Shackleton als vorbildliche Führungspersönlichkeit wiederentdeckt, die es in Extremsituationen vermochte, ihre „Mitarbeiter" zu außergewöhnlichen Leistungen zu motivieren. Viele Erlebnisberichte und Tagebucheintragungen seiner Mannschaft – man würde sie heute als Brandstorys bezeichnen – in denen Situationen beschrieben wurden, die Shackleton als weisen, vorausschauenden und vor allem verantwortungsbewussten Expeditionsleiter beschreiben, festigten die Marke Shackleton nachhaltig.

PLANEN　　　　　　　　　GESTALTEN　　　　　　　　　UMSETZEN

WHY: DIE MISSION EINES PIONIERS – Nun müsste man meinen, dass die Durchführung einer Expedition in die Antarktis, zumal in so unbequemen Zeiten, völlig ausreichen sollte, um als Markenmission gelten zu dürfen. Was aber war der Antriebsmotor beider Kontrahenten? Schien Scott hauptsächlich von dem Gedanken an den persönlichen Ruhm und Ehre angetrieben zu sein, bestimmte Shackletons Tun eine ganz andere Motivation: Jede Expedition ist nur so gut wie die Mannschaft. Ihr gilt die höchste Fürsorge. Wahrscheinlich waren seine eigenen schlechten Erfahrungen als Untergebener bei Expeditionen die zugrundeliegende Motivation, aus diesen Erfahrungen zu lernen und seine Erkenntnisse umzusetzen. In diesem Denken gehen auf ihn etliche Innovationen zurück, wie Bekleidung und technische Ausstattung, die ihrer Zeit weit voraus waren. Seine Berechnungsgrundlage zur verlässlichen Nahrungsversorgung eines Expeditionsteams über einen langen Zeitraum waren mustergültig. Aber seine größte „Erfindung" ist die Einführung eines für damalige Verhältnisse demokratischen und kommunikativen Führungsstils. Seine unerschütterliche Zuversicht versetzte die gesamte Mannschaft in die Lage, bis zum Schluss den Glauben an eine glückliche Heimkehr nicht zu verlieren.

Erst der Wertewandel in der Gesellschaft viele Jahre später machte das „How" and „Why" einer Shackleton-Expedition zu wichtigen Beurteilungskriterien. Als 2002 in der von der BBC produzierten Sendung die 100 GREATEST BRITONS ermittelt wurden, belegte Shackleton den 11. Platz, während Scott dagegen nur auf Platz 54 landete. Die Marke SHACKLETON brauchte zwar einen langen Atem, aber Geduld und Ausdauer bewies der Held schon zu Lebzeiten.

AUF LANGE SICHT SEGELN – Die Währung, in der Abenteurer und Pioniere bezahlt werden, sind Ruhm und Ehre über den Tod hinaus. Die Bemessungsgrundlage, ob ein Unternehmen erfolgreich ist, ist im Allgemeinen der finanzielle Erfolg. Viele Unternehmen und deren Mitarbeiter haben den (vermeintlichen) Druck, schnell den Erfolg einer neuen Markenstrategie messen zu wollen. Dieser lässt sich jedoch nicht innerhalb von wenigen Wochen oder Monaten messen. Eine der wesentlichsten Grundzüge einer starken Marke gemäß der „Shackleton-Strategie" ist das Festhalten an einer inneren Überzeugung und Motivation über einen langen Zeitraum hinweg. Das „Why" schielt nicht nach Umsatzzahlen.

„Produkte kann man kopieren, Marken nicht."

Unbekannt

UNTERNEHMERISCHE EXPEDITION MIT RISIKEN – Selten befinden sich Unternehmen permanent auf einem sicheren Erfolgskurs. Üblicherweise sind sie unvorhersehbaren Risiken ausgesetzt. Krisen können aufgrund von veränderten Marktbedingungen, Pannen in der Produktion oder internen Querelen ausgelöst werden. Gerade die Reaktion auf Krisen geben einen Einblick in die wahre Identität eines Unternehmens. Andererseits hilft es auch, sich auf die eigenen Kernwerte zu besinnen, wenn es darum geht, sich beim Umgang mit Krisen öffentlich positionieren zu müssen: Weitreichende Entscheidungen müssen hier oft unter hohem Zeitdruck und unter Mangel von umfassenden Kenntnissen getroffen werden.[12]

„Es ist gut, Erfolge zu feiern, aber es ist wichtiger, die Lektion des Misserfolgs zu beachten."

Bill Gates, Microsoft-Gründer

Als einer der größten Krisen von MERCEDES-BENZ ging die fehlerhafte A-Klasse, auch als „Elch-Test" bekannt, in die Unternehmensgeschichte ein. 1998, drei Tage nach Markteinführung, beschrieb ein Autotester einer schwedischen Fachzeitschrift, dass er mit einer A-Klasse beim so genannten Elch-Test umgekippt sei. Das Foto vom umstürzenden MERCEDES verbreitete sich wie ein Lauffeuer. Als erste Reaktion darauf versprach der Konzern schnelle Nachbesserung, doch die Öffentlichkeit blieb skeptisch. Einen Monat später zog das Unternehmen daraus die Konsequenzen und Konzernchef Jürgen Schrempp verkündete einen zwölfwöchigen Auslieferungsstopp für die A-Klasse an: „Wir wollen kein Fahrzeug ausliefern, von dem wir heute wissen, dass wir es noch besser bauen können." Die in Windeseile gestartete Kampagne mit dem damals noch aktiven und angesehenen Tennisprofi Boris Becker hatte folgende Headline: „Stark ist, wer keine Fehler macht. Stärker, wer aus seinen Fehlern lernt." Der Umgang mit dieser Krise wird heute noch als vorbildlich bezeichnet. Die A-Klasse wird mittlerweile von MERCEDES als Meilenstein gefeiert.

2. NUTZEN (HOW)

Nutzen-versprechen

Unique Selling Proposition, USP

RELEVANT SEIN – Auf dem Weg vom Markenkern eines Unternehmens bis zu seiner Mission, liegt als hilfreiche Zwischenstation die Definition des Nutzenversprechens. In der Antwort auf die Frage, „Was macht Ihr Produkt für Ihre Nutzer so besonders?" kann sich auch der Kern für die zugrundeliegende Motivation eines Unternehmens befinden. Viele sprechen auch vereinfacht vom Alleinstellungsmerkmal, auch Unique Selling Proposition genannt.

PLANEN　　　　　　　　GESTALTEN　　　　　　　　UMSETZEN

In die einzelnen Märkte dringen in der Regel zunehmend mehr Mitbewerber, weshalb die meisten Märkte als gesättigt bezeichnet werden. So werden Produkte und Dienstleitungen immer austauschbarer und dadurch schwerer für potenzielle Kunden identifizierbar. Eine klare Markenstrategie kann in dem unübersichtlichen Marktgetümmel sehr helfen, eine stabile Marktposition auszubauen, sie kann aber ein Produkt mit klaren Nutzenvorteilen nicht komplett ersetzen. Ein gutes Produkt ist immer auch Voraussetzung für eine nachhaltige Markenstrategie.

Gesättigter Markt

Ein Produkt oder eine Dienstleistung kann sich von seinen Mitbewerbern durch diese Faktoren unterscheiden:

› Preis und Tarifgestaltung　　› Lieferzeit
› Zielgruppe　　　　　　　　　› Service
› Qualität　　　　　　　　　　› Design

HERAUSSTECHENDE MERKMALE – Die drei in diesem Buch gezeigten Fallbeispiele – GETYOURGUIDE, VORWERK und das KONZERTHAUS BERLIN – zeigen Anbieter, die sich mit ihrem Angebot von ihren Mitbewerbern differenzieren. Im Rahmen des Markenentwicklungsprozesses konnte deren besonderes Nutzenversprechen herausgearbeitet und formuliert werden. Das Reiseführerportal GETYOURGUIDE ⟶ S. 142 ff grenzt sich unter anderen durch einen besonderen Service ab. Es vermittelt nicht nur Reiseführer, sondern übernimmt eine besondere Verantwortung bei ihrer Auswahl und der Vermittlung. Sollte einer ausfallen, wird umgehend für Ersatz gesorgt. Das KONZERTHAUS BERLIN ⟶ S. 178 ff ist nicht nur ein Ort, in dem man klassische Musik genießen kann, sondern man legt hier auch großen Wert auf die Vermittlung von klassischer Musik und zielt damit auch auf untypische Konzertbesucher ab. Somit differenziert sich das KONZERTHAUS BERLIN langfristig von seinen Mitbewerbern mit Hilfe der Art seines Angebots, in diesem Fall seiner einzigartigen Programmgestaltung. VORWERK, der Hersteller von Haushaltsgeräten ⟶ S. 206 ff siedelt sich mit seinen qualitativ hochwertigen Geräten im höchsten Preissegment an. Die Produkte sind für ihre lange Haltbarkeit bekannt und der hohe Wiederverkaufswert gebrauchter Produkte spricht Bände. Hinzu kommt der enge persönliche Kundenkontakt, der seine lange Tradition im Direktvertrieb hat.

„Wenn der Wind der Veränderung weht, bauen die einen Mauern und die anderen Windmühlen."

Chinesische Weisheit

Preissegment

Direktvertrieb

3. MARKENMISSION (WHY)

GIVE TO GET – Ein Länderspiel zwischen den beiden Fußball-Mannschaften Tibet und Grönland. Klingt harmlos? Die Idee hat mächtige Gegner: Beide Mannschaften sind von der FIFA nicht anerkannt und China droht Grönland mit wirtschaftlichen Sanktionen, falls man tatsächlich zum Spiel antreten sollte. Als mögliche Sponsoren kommen NIKE, ADIDAS und REEBOK nicht in Frage – sie lehnen ab. Der dänische Sportartikelhersteller HUMMEL schließlich sagt zu und sponsert die sportliche Begegnung. Die Tibet-Trikots werden nicht nur von den Spielern selbst getragen, sondern dienen Stars wie Richard Gere und Bono als Solidaritätsbekundung. Mit diesem Sponsoring schreibt das Unternehmen PR-Geschichte. Seitdem engagiert sich das Unternehmen HUMMEL für etliche weitere ungewöhnliche Sportevents, wie für das Spiel der afghanischen Frauennationalmannschaft gegen ein Team von NATO-Soldatinnen im Jahre 2010. Eine Begegnung, die zu Zeiten der Taliban undenkbar gewesen wäre.

Sponsoring

DER UNDERDOG – Mittlerweile ist HUMMEL zum sechstgrößten Hersteller von Sportartikeln aufgestiegen. Der Unternehmer Christian Nicholas Stadil sagt: „Wir werden natürlich nie einen Christian Ronaldo oder Lionel Messi als Werbeträger für uns gewinnen. Nie! Das macht aber auch nichts. Wir unterstützen lieber einen Handballer wie Kiril Lazaro, der sich für seine mazedonische Heimat einsetzt." Das Thema Corporate Responsability (Unternehmensverantwortung), üblicherweise die Aufgabe einer einzelnen Abteilung in Unternehmen, ist hier Kern der Unternehmensstrategie. Die Markenmission des Unternehmens „Mit Sport die Welt verändern" ist somit die unternehmerische Leitlinie und Kernaussage der Marke HUMMEL.

Corporate Responsability

Unternehmerische Leitlinie

KULTURELLE UND MORALISCHE LEITPLANKEN – Marken werden zunehmend als Vermittler von Werten und Botschaften wahrgenommen. Lange Zeit fokussierten sich Unternehmen und Marketingabteilungen darauf, Produktvorteile in ein möglichst unverkennbares Licht zu setzen. In diesem Sinne kommunizierte das Produkt im Vordergrund, während sich das Unternehmen bemühte, möglichst unsichtbar zu sein. Aber der Satz von Paul Watzlawick „You cannot not communicate" kann auch auf Unternehmen übertragen werden. Der Kommunikationswissenschaftler Paul Watzlawick versteht Verhalten jeder Art als Kommunikation. Da Verhalten kein Gegenteil hat, man sich also nicht

nicht verhalten kann, ist es auch unmöglich, nicht nicht zu kommunizieren.[13] Unternehmerisches Handeln ist also immer auch Kommunikation und gibt den Blick frei auf die zugrundeliegende Motivation, das Werte-Set und die eigene Botschaft.

Im Alltag versuchen wir Entscheidungen nach einem inneren Kompass zu treffen, der uns dabei hilft, das Gute vom Schlechten und das Richtige vom Falschen zu unterscheiden. Marken sind zunehmend Teil dieses Wertekompasses. Jeder Kontakt mit einem Unternehmen kann als eine moralische und kulturelle Handlung interpretiert werden. In dieser Begegnung kann sich der Kunde ganz bei sich fühlen oder fremd gesteuert. Überlappen sich die Werte-Sets und Botschaften und damit die zugrundeliegende Motivation von Kunde und Marke, kann eine besondere Markenbeziehung entstehen. Wird diese Erfahrung mehrfach gemacht, kann diese zu einer langfristigen Markenbindung führen.

GEHT ES AUCH EINE NUMMER KLEINER? – Zwischen dem Anspruch, die Welt retten zu wollen und der Haltung „Take the money and run" tut sich ein weites Feld an Botschaften auf. So propagiert das Möbelhaus IKEA eine neue Art des Wohnens. Das Wohnumfeld ist nicht Ausdruck der Lebensumstände, sondern eines Lebensgefühls. „Wohnst Du noch oder lebst Du schon?" Besser kann man eine Botschaft kaum in einen Marken-Claim packen. STARBUCKS dagegen bietet ein Zuhause, fast überall auf der Welt: bequeme einladende Sessel, WLAN, kein Konsumzwang (gerne einmal ausprobieren) und der Vorname steht auf dem Take-Away-Becher. Die Botschaft ist: „Bei uns bist Du Zuhause, egal wo." Die Qualität des Kaffees wird vorausgesetzt, steht aber nicht im Zentrum der Botschaft.

ALLES GUTE KOMMT VON OBEN – Wird die Markenmission nicht von der Unternehmensführung getragen und gelebt, hat sie keine Chance, ihre Kraft zu entfalten. Die Mission des Sportartikelherstellers HUMMEL konnte nur deshalb so erfolgreich sein, weil sie von der Persönlichkeit des Unternehmensführers Christian Nicholas Stadil maßgeblich getragen wird. Sein Interesse für die Lehren des Buddhismus, seine Vergangenheit als Kampfsportler und sein Engagement als Mitglied im Beirat der Kopenhagener Alternativkommune CHRISTIANIA fließen in die gesamte Kommunikation immer wieder ein. Fehlt eine schillernde oder visionäre Persönlichkeit an der Unternehmensspitze, orientieren

Wertekompass

„Eine starke Marke wirkt als Brücke zwischen Angebot und Zielgruppe, bei Opel wirkte die Marke wie eine unsichtbare Mauer."

Frank-Michael Schmidt, Vorstandsvorsitzender, Scholz & Friends

Marken-Claim

BRANDING BASICS   **BEAUFTRAGEN**   **VERSTEHEN**

sich Unternehmen auch gerne an der Mission des Unternehmensgründers. MERCEDES-BENZ hatte zunehmend das Problem, als biedere Marke wahrgenommen zu werden. Die Marken BMW und AUDI präsentierten sich einer jüngeren Käufergruppe als dynamischere, modernere und attraktivere Alternative im Premiummarkt. Bei MERCEDES-BENZ wurde vieles ausprobiert, um dem entgegen zu steuern. So wurde der dreidimensionale Stern, eines der bekanntesten Markenzeichen der Welt, ins zweidimensionale überführt, die Bildmarke von der Wortmarke entkoppelt und ein neues Soundbranding entwickelt. Die vielen negativen Reaktionen aus der Fachwelt und der Öffentlichkeit veranlassten den Konzern dazu, die Neuentwicklungen nach nur 2,5 Jahren rückgängig zu machen. MERCEDES-BENZ besann sich stattdessen auf seinen Gründungsvater Gottlieb Daimler und reaktivierte 2010 den von ihm erdachten Claim „Das Beste oder nichts". Zum 125-jährigen Jubiläum der Erfindung des Automobils startete die Kampagne, die den schon älteren Pionier bei der Arbeit zeigte und seine damaligen Visionen in Szene setzte. Perfektion, Verantwortung und Faszination rückten in das Zentrum der Markenmission und der Führungsanspruch gemäß der Redewendung „Das ist der MERCEDES unter…" sollte mit Hilfe des Gründers wieder neu belebt werden.

Führungsanspruch

Markenmission, Markenwerte und Markenkern und sagen nicht das Gleiche aus, sondern ergänzen sich. Eine Markenmission eines Unternehmens beeinflusst seine Markenwerte und letztendlich seinen Markenkern oder anders formuliert, das Handeln ist immer Ausdruck des inneren Antriebs.[14, 15]

„Martin Luther King sagte nicht ‚I have a plan', sondern ‚I have a dream'."

Simon Sinnek

> **Fragen, die bei der Suche nach der Markenmission unterstützen:**
>
> › Welcher gemeinsame Anspruch liegt allen Produkten oder Dienstleistungen zu Grunde?
> › Welcher Anspruch liegt der internen und externen Kommunikation zu Grunde?
> › Welches höhere, gesellschaftliche Ziel wird verfolgt?
> › Wie reagieren Produkte oder Dienstleistungen auf ein verändertes gesellschaftliches Bedürfnis?
> › Wie gehen Produkte oder Dienstleistungen auf ein verändertes Lebensgefühl ein?
> › Welchen Einfluss haben besondere Persönlichkeiten der Firmenhistorie heute noch auf einen wahrnehmbaren Anspruch des Unternehmens?

4. MARKENPOSITIONIERUNG

RANGELN UND RAUFEN – Überall das Gleiche: Im Backwaren-, Waschmittel- und Zahnpastaregal sieht es nur vermeintlich ruhig aus. Würden wir uns die Veränderungen in den jeweiligen Regalen durch einen Zeitraffer ansehen, würden wir ein Schubsen, Hineindrängeln und Herausfallen beobachten. Jedes Regal hat nur begrenzt Platz und jedes Jahr wollen mehr Produkte Platz in diesen Regalen für sich beanspruchen. Die Kapazität eines menschlichen Gehirns für die bewusste Wahrnehmung unterschiedlicher Marken ist ebenfalls stark begrenzt. Konsumenten haben weder Zeit noch Interesse, sich mit allen zur Verfügung stehenden Zahnpastasorten zu beschäftigen. Zähneputzen macht keinen Spaß, schließlich will man, wie der Marktforscher Stephan Grünewald findet: „durch das Putzen den Genuss wieder gutmachen. Das ist eine Art Bußritual." Nur einige wenige Zahnpastamarken finden einen festen Platz im hart umkämpften Bewusstsein: SIGNAL, die Paste mit den Streifen, DENTAGARD, die Paste mit dem Biber, THERAMED, die Paste aus der Spenderdose. Was also tun, um seiner Marke mehr Platz im Regal zu verschaffen und damit auch mehr Platz im Bewusstsein des Verbrauchers? Nun, man vermehrt sich. Neben der klassischen Variante von BLEND-A-MED gibt es diese nun auch für morgens und abends, in verschiedenen Geschmackssorten, die nach Kräutern oder Fruchtcocktail schmecken, eine Naturfrisch-Serie und zwischendurch etwas mit Glitzer. Diese Strategie der Line Extension, die Ausweitung einer etablierten Marke, führte jedoch nicht zum erhofften Ziel. Das klare Bild, das die Konsumenten von BLEND-A-MED bis dahin hatten, verschwand mit jeder Einführung einer neuen Sorte. Statt den Marktanteil zu erweitern, büßte der Hersteller Marktanteile zugunsten anderer Marken ein.[16]

Line Extension

Marktanteil

SICH BREIT MACHEN – Das Ziel von Marken ist es, sich innerhalb ihres Marktumfeldes einen festen Platz im Bewusstsein der Konsumenten zu ergattern. David Ogilvys Definition der Positionierung im Markt lautete kurz und knackig: „Was das Produkt leistet – und für wen." Aus heutiger Sicht kann man noch hinzufügen – und warum! Das Bild, das wir Konsumenten uns von einem Produkt machen, ist ein Gemenge aus ganz unterschiedlichen Informationen und Eindrücken. Dieses Bild wird meist über einen längeren Zeitraum geprägt, z. B. durch Medien, Werbung, Empfehlungen im Freundeskreis und schließlich unsere eigenen Erfahrungen. Wir neigen dazu, diesem diffusen Bild eine klare

Überschrift geben zu wollen, um in unserem Kopf für Ordnung zu sorgen. „Ach", denken wir, „das ist die Zahnpastamarke, von der es eine für morgens und eine für abends gibt. Apotheken haben die auch – muss also gut sein". Die Marken ARONAL und ELMEX haben sich durch diese klare Positionierung über einen langen Zeitraum mehr und mehr im Kundenbewusstsein verankert, was sich auch in steigenden Umsätzen abbildet. „Rote und blaue Ampel. Das sind einfache Zeichensysteme und das Gefühl eines Rundumschutzes", sagt Marktforscher Grünewald. ARONAL und ELMEX konnten also ihren Marktanteil nicht nur behaupten, sondern nach und nach vergrößern, auch wenn sie ihren Platz im Regal nicht wesentlich vergrößert haben.

DAS POSITIONIERUNGSKREUZ – Stellen wir uns nun vor, wir würden das Zahnpastaregal nehmen, alle Zahnpastatuben daraus entfernen und schön übersichtlich auf den Boden legen. Bevor wir das Regal wieder einräumen, unterteilen wir dieses in zwei, sich in der Mitte überschneidende Koordinatenachsen. Die senkrechte Achse zeigt z. B. an, wie teuer (oben) bzw. wie günstig (unten) ein Produkt ist. Die waagerechte Achse ordnet das Regal nach Spezialisten (z. B. gegen Karies) und Rundumschutz (z. B. gegen Karies, Parodontose und Mundgeruch). Nun ordnen wir die Tuben nach diesen Kriterien wieder in das Regal ein und erkennen vielleicht, dass sich im Bereich der günstigen Spezialistenanbieter nur sehr wenige Marken befinden oder wir sehen, dass sehr viele teurere Produkte einen Rundumschutz anbieten. Dieses einfache Denkmodell visualisiert sehr klar, mit welchen anderen Mitbewerbern man sich im engen Wettbewerb befindet und worin Überschneidungen bestehen. Mit Hilfe dieser Erkenntnis kann nun herausgearbeitet werden, welche anderen vorhandenen Unterscheidungsmerkmale stärker in der Produktkommunikation hervorgehoben werden können und welche anderen im Sinne der Klarheit und Prägnanz zurückgefahren werden sollten. Dabei können nicht nur faktische Merkmale betrachtet werden, wie Preis und Leistung, sondern auch emotionale. So konnte sich die Eiscrememarke BEN & JERRY mit ihren grob animierten, humorvollen Spots abseits der etablierten Marken SCHÖLLER und LANGNESE eine feste Marktposition erobern.

PLANEN　　　　　　　　GESTALTEN　　　　　　　　UMSETZEN

Sehr hilfreich ist es, sich im Vorfeld ein Bild darüber zu machen, wie man von Konsumenten generell wahrgenommen wird und welche Produkt- und Imagemerkmale mit der Marke in Verbindung gebracht werden. Es ist ratsam, die Position der Marke mit mehreren Positionierungskreuzen mit jeweils anderen Merkmalen zu überprüfen, um einen gesamtheitlichen Eindruck zu erhalten.

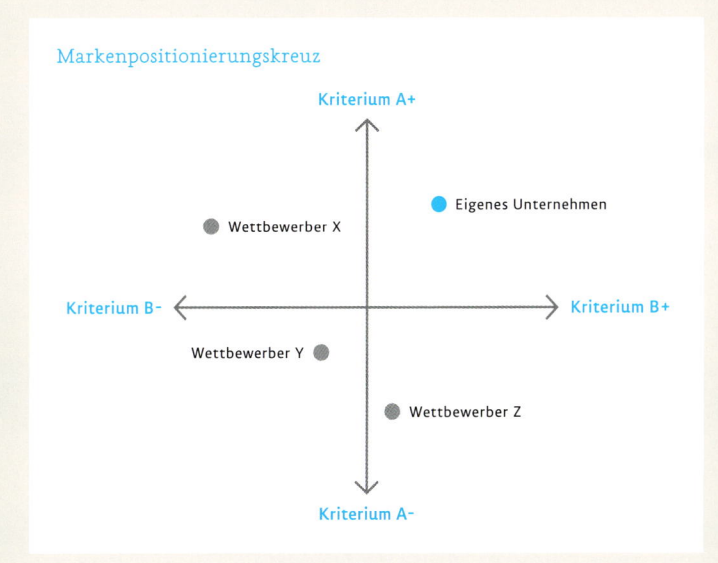

Markenpositionierungskreuz

```
                    Kriterium A+
                         ↑
                         |
                         |      ● Eigenes Unternehmen
         ● Wettbewerber X |
                         |
Kriterium B- ←———————————+———————————→ Kriterium B+
                         |
           ● Wettbewerber Y
                         |
                         |   ● Wettbewerber Z
                         |
                         ↓
                    Kriterium A-
```

„Die Klage über die Schärfe des Wettbewerbs ist in Wirklichkeit meist nur eine Klage über den Mangel an Einfällen."

Walther Rathenau, Politiker und Industrieller

Faktoren, die die Positionierung einer Marke im Markt beeinflussen:

› Preis: z. B. flexible Tarife
› Qualität, deutlich nachvollziehbar: z. B. Material, Garantie, Fertigung
› Qualität, eher abstrakt, wird daher bezeugt von: Testurteilen, Fachleuten oder sonstigen vertrauenswürdigen Persönlichkeiten (Reason why)
› Produktbeschaffenheit: z. B. Geschmacksrichtung, Konsistenz, Farbigkeit oder Darreichungsform
› Verwendungssituationen: im Kreis der Familie, zum Feierabend oder für besondere Feste etc.
› Markentonalität: jung, frech, unkonventionell etc.
› Markenbotschaft: z. B. „Wir sind die Guten."

5. ZIELGRUPPENBESTIMMUNG

Ein funktionierendes Markenerscheinungsbild kommuniziert nicht nur, für welche Werte und Mission das Unternehmen steht, sondern spiegelt auch die Lebenswelt und Werte seiner Zielgruppe wieder. Im besten Fall liegen diese sehr eng zusammen bzw. sind deckungsgleich. In diesem Fall ist die Kommunikation zwischen Unternehmen und Kunden auf eine authentische und glaubwürdige Weise möglich. Versucht das Unternehmen unter den „Wertemantel" der anvisierten Zielgruppe zu schlüpfen, ohne diese selbst zu teilen, ist eine vertrauenswürdige Kommunikation nur unter Aufwendung großer Mühen möglich und auf lange Dauer kaum durchzuhalten.

DER SPAGAT ZWISCHEN WIR UND IHR – Als die beiden Versicherungen HAMBURG MANNHEIMER und VICTORIA zu der Versicherungsgesellschaft ERGO zusammengefasst wurden, wurde der Öffentlichkeit ein neues Markenerscheinungsbild inkl. Einführungskampagne präsentiert. Der Neubeginn war auch ein Abschiednehmen von der dienstältesten Werbefigur Deutschlands, dem Versicherungsvertreter Herrn Kaiser von der HAMBURG MANNHEIMER. Die neuen ERGO-Kampagnen fokussierten auf das Bild des neuen anspruchsvollen Kunden, der seine Bedürfnisse klar und selbstbewusst formuliert und Herrn Kaiser damit unsanft in Rente schicken: „Ich möchte von Menschen versichert werden, nicht von grauen Herren" oder auch „Ich will versichert werden. Nicht verunsichert". Die Kampagnen zeigen Protagonisten, die das Bild einer neuen Zielgruppe beschreiben: Ende 20 bis Mitte 50, mit einem mittleren bis hohem sozialen Status, guter Ausbildung und generell aufgeschlossen für Neues → *Sinus-Milieus S. 55*. In den Spots wird ein prototypisches Lebensumfeld der Zielgruppe gezeichnet. Wir sehen die Stadt in der sie leben, das Verkehrsmittel, die Altbauwohnung mit der fein aufeinander abgestimmten Einrichtung und erhaschen einen Blick auf ihre Hobbies.

Das gängige Bild von konservativen Versicherungen, die für verklausuliertes Kleingedrucktes stehen, wird auf den Kopf gestellt und somit auch ein hoher Anspruch an den Service formuliert. Das neue Erscheinungsbild bekräftigt das Bild einer Versicherung, die neue Standards setzt und versucht damit bei der Zielgruppe zu landen. Statt des branchenüblichen Blaus, wurde ein leuchtendes Rot als Hausfarbe gewählt, die Formensprache ist organisch und nicht geradlinig

---

Lebenswelt und Werte

„Wenn uns die Zielgruppe nicht versteht, dann ist sie nicht unsere Zielgruppe."

Markus Kutter, Historiker und Werber

und die serifenlose Wortmarke wirkt weich und freundlich, und setzt sich von den sonst gerne verwendeten Antiquaschriften ab. Kurz nach Einführung der Kampagne wurde jedoch bekannt, dass eine Vertriebsorganisation des Konzerns seine 100 erfolgreichsten Vertriebsmitarbeiter sowie Führungskräfte mit einer sogenannten Sex-Party belohnte. Hiermit tat sich ein Blick auf einen dunklen Wertekanon auf, der weder mit den nun propagierten Markenwerten, noch mit dem Werte-Set der neu anvisierten Zielgruppe vereinbar waren. Die große Anzahl der Verballhornungen der ersten Kampagne zeugen heute noch vom Frust der Menschen, die eigentlich Kunden werden sollten.

Zielgruppen entstehen nicht am Reißbrett. Gerade etablierte Unternehmen, die sich auf dem Weg zu einem neuen Markenerscheinungsbild machen, widerstehen manchmal nicht der Verlockung, im Zuge dessen neue Wunschzielgruppen erschließen zu wollen. Erste Priorität sollte jedoch die intensive Analyse der bestehenden Zielgruppe haben. Mit einem tiefen Verständnis für deren Bedürfnisse, kann sich das Unternehmen dann schrittweise auf den Weg machen, weitere Zielgruppen zu erobern.

Fragen zur Beschreibung der Zielgruppe:

› Welche Werte, Motivation und Lebenseinstellung hat die Zielgruppe?
› Welche Rolle nimmt das Unternehmen/Produkt im Leben dieser Zielgruppe ein?
› Wie trifft die Zielgruppe Kaufentscheidungen?
› Welche Zielgruppen könnten in Zukunft noch angesprochen werden?
› Was ist der gemeinsame Nenner verschiedener Zielgruppen?

› Wo gibt es Überschneidungen mit den Werten des Unternehmens? Wo gibt es keine?
› Welche Erwartungshaltung hat die Zielgruppe an die Marke? An welchen Stellen werden diese erfüllt und an welchen nicht?
› Welche Ideen für weitere Schnittstellen zwischen Kunden und Unternehmen bzw. Produkt ergeben sich daraus?

BRANDING BASICS · BEAUFTRAGEN · VERSTEHEN

„Qualität beginnt damit, die Zufriedenheit des Kunden in das Zentrum des Denkens zu stellen."

John F. Akers, ehem. Manager IBM

Repräsentative Eigenschaften

DIE PERSONA-METHODE – Für die Festlegung der Tonalität eines Erscheinungsbildes ist es wichtig, sich ein realistisches und möglichst konkretes Bild von der Zielgruppe zu machen. Die Persona-Methode (lat. Maske) kommt ursprünglich aus dem Arbeitsbereich der Mensch-Computer-Interaktion. Die Persona steht stellvertretend für eine Gruppe von Nutzern und beschreibt diese ganz konkret mit ausgeprägten Eigenschaften und Nutzungsverhalten. Diese Arbeitsmethode eignet sich gut, um eine gemeinsame Vorstellung zu konkretisieren und die jeweiligen Gewohnheiten, Lebensumstände, Motivationen und Erwartungshaltungen besser zu verstehen. Dadurch soll verhindert werden, dass jeder Prozessbeteiligte eigene Vorstellungen verfolgt und eine gemeinsame Strategie erschwert wird.

Persona sollten auf realen Informationen über die Zielgruppe basieren, welche z. B. mit Hilfe von Interviews, Umfragen, gesammelten Nutzerdaten oder Benutzertests gesammelt wurden → *Zielgruppen S. 54*. Anschließend können die wichtigsten Zielgruppen identifiziert und die repräsentativen Eigenschaften dieser Gruppen in jeweils einer Persona zusammengefasst werden → *GetYourGuide S. 153*. Danach wird eine fiktive Person „geformt", die einen möglichen Vertreter der Zielgruppe repräsentiert. Ähnlich wie in einem Drehbuch, werden charakteristische Eigenschaften, Hintergrundinformationen und Vorlieben der Person beschrieben. Je plastischer diese Persona herausgearbeitet wird, um so greifbarer und nützlicher kann sie für Diskussionen sein. So kann es z. B. heißen „Jan Marius würde dieses Angebot nicht überzeugen, weil..." oder „Romina, plant ihre Urlaubsziele lange im Vorfeld..." Eine Person oder ein Mix aus mehreren realen Personen kann hier als Inspirationsquelle dienen.

Die Beschreibung der Persona kann sich aus diesen Datentypen bedienen: [17]

› Personalisierungsdaten, wie Name und Aussehen (beispielhaftes Foto)
› Soziodemografische Daten, wie Alter, Geschlecht, Beruf und Familienstand etc.
› Psychografische Daten, wie Wünsche, Werte, Ziele, Lebensstil, Hobbys etc.
› Technografische Daten, wie technische Ausstattung, Nutzungsverhalten etc.
› Geografische Daten, wie Wohnort, Kultur etc.

PLANEN   GESTALTEN   UMSETZEN

Um die Persona noch anschaulicher zu gestalten, kann mit Hilfe einer Ansammlung von Fotografien aus dem Lebensumfeld der Persona ein *Moodboard* → *S. 100*, erstellt werden.

WER NOCH – Wenn wir an Zielgruppen denken, denken wir meistens an Kunden. Ein Unternehmen hat jedoch weitere wichtige Ansprechpartner, wie *Mitarbeiter* → *S. 42*, Händler, Aktionäre, Banken und Medien. Hier ist es wichtig, auch immer wieder im Verlauf des Prozesses durch deren Augen auf die Ergebnisse zu sehen. Es macht natürlich keinen Sinn ein Markenerscheinungsbild nur auf Banken auszurichten. Es lohnt sich aber dennoch zu fragen: Wo könnten Missverständnisse entstehen? Fühlen sich auch unsere Mitarbeiter angesprochen?

6. CUSTOMER JOURNEY

ENTSCHEIDUNGS- UND KAUFVERHALTEN – Bis es zu einem Kauf kommt, durchlaufen wir meist, bewusst oder unbewusst, mehrere Entscheidungszyklen. Die Methode der Customer Journey betrachtet die unterschiedlichen Situationen, in denen wir mit der Marke, der Dienstleistung oder dem Produkt in Kontakt treten → *Touchpoints S. 55, 91*. So kann es sein, dass wir z. B. beim Stöbern auf einer Online-Shop-Seite auf ein interessantes Produkt aufmerksam werden, dann die positive Kundenbeurteilung lesen und uns anschließend näher auf der Unternehmensseite über das Produkt informieren.

Für den Reiseführeranbieter GETYOURGUIDE nahm die Agentur EDENSPIEKERMANN → *S. 154* die Customer Journey (Begriff passt hier nur zufällig auf den Begriff Reise) ihrer Zielgruppe genauer unter die Lupe. Die zentrale Frage war hier, welche Phasen der Entscheidungsfindung gehen einer finalen Buchung normalerweise voraus? Dabei stellte sich heraus, dass die Phase „Vorfreude und Träumen" bis dahin bei GETYOURGUIDE noch gar nicht im Fokus stand und von anderen Anbietern besser abgedeckt wurde. Die Webseite präsentierte sich hauptsächlich als eine komfortable Suchplattform für Reiseführer, aber sie bot keinen Zugang dafür, sich für Aktivitäten inspirieren zu lassen, wozu andere Wettbewerber-Plattformen gezielter einluden. So wurde als gemeinsames Ziel formuliert, dass der bisher sachliche Auftritt einem inspirierenderen Erscheinungsbild mit einem höheren Bildanteil weichen musste, der die Reisevorfreude als solches spürbarer machte.

High-Involvement-Produkte

Eine Customer Journey zu erarbeiten macht vor allem bei High-Involvement-Produkten Sinn, also bei all den Konsumgütern und Dienstleistungen, denen Käufer mit einem großen Interesse gegenüber stehen, da sie einen hohen emotionalen und/oder finanziellen Wert besitzen. Dazu gehören neben Reisen auch Autos, Uhren und Lebensversicherungen. Der Kaufentscheidung gehen hier in der Regel mehrere Phasen der Entscheidungsfindung voran. Klassische Low-Involvement-Produkte sind z. B. Salz, Zucker, Kugelschreiber etc. Der Kauf wird hier ohne intensive Vorlaufphase getätigt.

Low-Involvement-Produkte

> Eine Customer Journey kann aus folgenden fünf Phasen bestehen:
> 1. Inspiration: Das Bewusstsein für das Produkt wird geweckt
> 2. Favorisierung: Das Interesse für das Produkt wird verstärkt
> 3. Wunsch: Der Kaufwunsch wird erwogen
> 4. Absicht: Der Kaufwunsch wird konkret
> 5. Umsetzung: Das Produkt wird gekauft

7. MARKENARCHITEKTUR

Unternehmensstrukturen ähneln oft organischen Gewächsen, in denen sich die stärksten Triebe durchsetzen und dadurch ein Wildwuchs entstehen kann, in dem sich weder Kunden noch Mitarbeiter zurechtfinden. Eine eindeutige Struktur, in der der Absender deutlich zugeordnet werden kann, ist jedoch wichtig für eine klare und transparente Kommunikation nach innen und nach außen. Dabei geht es immer um das Verhältnis der Unternehmensmarke zu ihren Produktmarken und der Produktmarken zueinander. Oft kann das Phänomen beobachtet werden, dass Produktmarken in Folge ihres Erfolges und größerer Präsenz in der Öffentlichkeit ihre Unternehmensmarke „überstrahlen". Das ist an sich nicht verwerflich und wird nur dann problematisch, wenn die Verhältnisse zueinander nicht klar abgebildet werden. Design ist hier ein wesentliches Mittel, um die Struktur kommunizieren zu können, in dem es die Verhältnisse zueinander eindeutig ausweist. Im Wesentlichen unterscheidet man zwischen drei verschiedenen Markenarchitekturmodellen: der Dachmarkenstrategie, der Mehrmarkenstrategie sowie einer weiteren, die eine Mischform darstellt, der gestützten Markenstrategie.

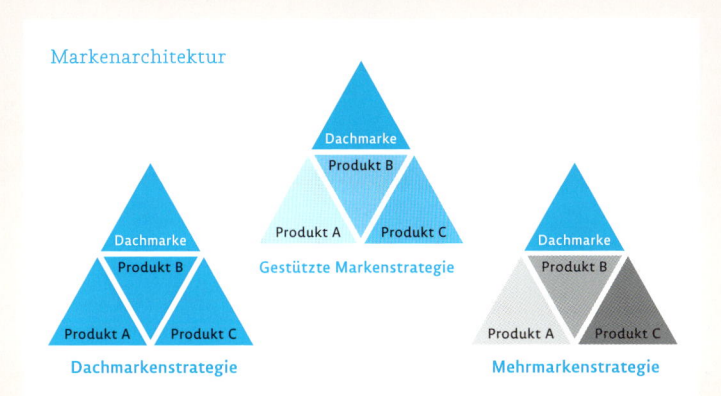

Markenarchitektur

Dachmarkenstrategie
(Dachmarke, Produkt A, Produkt B, Produkt C)

Gestützte Markenstrategie
(Dachmarke, Produkt A, Produkt B, Produkt C)

Mehrmarkenstrategie
(Dachmarke, Produkt A, Produkt B, Produkt C)

„Brands do not exist in isolation, but, rather, relate to other brands within the system."

David A. Aaker, Wirtschaftswissenschaftler

1. DACHMARKENSTRATEGIE – Stellen wir uns ein Mehrfamilienhaus vor. An der Tür finden wir mehrere Klingelschilder vor und sehen, hier wohnen verschiedene Familien, die alle den Nachnamen Krämer tragen: Annemarie Krämer, Jürgen Krämer, Kai Krämer und Sabine Krämer. Der gemeinsame Nachname macht klar, dass alle auf eine gemeinsame Familienhistorie blicken, mit gemeinsamen Erlebnissen, Werten und vielleicht sogar eine ähnliche Vorstellung für die Zukunft teilen. Im Dachgeschoss wohnt die Großmutter Annemarie Krämer, sie steht für die Dachmarke und repräsentiert die Familienmitglieder (Produktmarken) bei allen wichtigen Anlässen.

Bei der Dachmarkenstrategie, auch als monolithischen Markenarchitektur oder Branded House bezeichnet, richtet sich die gesamte Markenstruktur auf die Dachmarke, also die Konzernmarke aus. Die Produktmarken ordnen sich visuell der Dachmarke unter. Sie haben keine eigene visuelle Produktidentität. Hieraus ergeben sich mehrere Vorteile: Neueinführungen profitieren vom Bekanntheitsgrad und des positiven Images der Dachmarke. Die Dachmarke wiederum kann durch die Einführung eines Produktes eine neue Zielgruppe auf sich und die gesamte Produktpalette aufmerksam machen. Zudem sind die Kosten für die Produkteinführung geringer, da sie für eine komplette Markenentwicklung entfallen. Auf der anderen Seite können negative Ereignisse den gesamten Konzern belasten, weshalb z. B. Experimente mit Produktneuheiten generell weniger auf die leichte Schulter genommen werden.

Monolithischen Markenarchitektur

Branded House

> Beispiele für eine Dachmarkenstrategie:
>
> FedEx:
> FedEx Freight, FedEx Ground, FedEx Express etc.
> Google:
> Google Books, Google Groups, Google Analytics etc.
> General Electrics:
> GE Transportation, GE Healthcare, GE Appliances etc.

2. INDIVIDUELLE BZW. MEHRMARKENSTRATEGIE – Stellen wir uns nun wieder ein Mehrfamilienhaus vor. Dieses Mal stehen auf allen Türschildern unterschiedliche Namen: Beate Bauer, Steffi Hassel, Martine Gräfe und Ulrich Meyer. Alle Bewohner teilen sich zwar das gleiche Haus, treten aber jeweils als separate Individuen auf. Außerhalb dieses Hauses deutet nichts auf die Beziehung der einzelnen Bewohner untereinander hin.

House of Brands

Die Mehrmarkenstrategie, auch House of Brands genannt, findet man vor allem im Konsumgüterbereich vor, z. B. bei PROCTER & GAMBLE. Die gemeinsame Konzernwurzel wird bewusst nicht in den Vordergrund gerückt. Für diese Art der Markenstruktur spricht, dass negative Ereignisse nicht dem gesamten Konzern, sondern nur einer Produktmarke angelastet werden. Der „Entzündungsherd" kann also somit leichter eingedämmt werden. Konzerne mit dezentraler Markenstruktur sind gegenüber Experimenten mit Produktneueinführungen tendenziell offener eingestellt. Nachteil ist dagegen die Kraft, die diese Produktmarken aufwenden müssen, um sich am Markt zu etablieren. Sie starten als unbeschriebenes Blatt und müssen sich die Bekanntheit und das Kundenvertrauen von Grund auf selbst erarbeiten, was wiederum mit höheren finanziellen Investitionen verbunden ist.

> Beispiele für eine Mehrmarkenstrategie:
>
> Unilever:
> Dove, Axe, Knorr, Sun, Breeze etc.
> Volkswagen:
> VW, Audi, Skoda, Seat, Lamborghini, Bentley, Bugatti
> The Walt Disney Company:
> ABC, Disneyland, Touchstone Pictures, Miramax Film etc.

3. GESTÜTZTE MARKENARCHITEKTUR – Bei dieser Form der Markenarchitektur wollen die Bewohner eines Mehrfamilienhauses (Produktmarken) zwar eigenständig auftreten, aber auf ihr Haus (Dachmarke), aus dem sie kommen, klar verweisen. Dieser Zusammenhang lässt sich auf unterschiedliche Weise herstellen. So kann das Produkt einen schriftlichen Hinweis mit sich führen, der z. B. „powered by" oder „ein Unternehmen der XY-Gruppe" sagt. Zusätzlich kann es formale Gemeinsamkeiten im Erscheinungsbild geben, die den Zusammenhang auch visuell betonen. Der Grad der visuellen Zusammengehörigkeit wird dadurch bestimmt, wie dominant die Dachmarke in Erscheinung treten soll, oder anders formuliert, wie eigenständig die Produktmarken wahrgenommen werden sollen.

Beispiele für eine gestützte Markenarchitektur:

Armani:
Georgio Armani, Armani Jeans, Emporio Armani, Armani Exchange
Marriott International:
Residence (Marriott), Courtyard (Marriott), Fairfield (Marriott)
Hugo Boss:
Hugo Boss, Boss Orange, Boss Black, Boss Selection, Hugo – Hugo Boss

8. KOMMUNIKATIONSMASSNAHMEN UND -KANÄLE

Sobald ein klares Bild für die Markenmission und die Zielgruppe vorliegt, kann mit der Planung der Kommunikationsmaßnahmen begonnen werden. Das gemeinsame Ziel aller Maßnahmen ist es, die Markenwerte und Markenmission erlebbar zu machen und sehr genau auf die Bedürfnisse der Zielgruppe einzugehen. Sie müssen formal, inhaltlich und zeitlich aufeinander abgestimmt bzw. integriert werden. Für die folgende Phase „Gestalten" sind Kenntnisse über die anstehenden Kommunikationsmaßnahmen wichtig, um das Erscheinungsbild auf die Möglichkeiten und Bedürfnisse dieser Maßnahmen anpassen zu können. Das Denken in konkreten Inhalten und Geschichten gibt wertvolle kreative Impulse für den folgenden Designprozess.

„Wir erfinden die Geschichten nicht, wir finden sie in der Marke."

Rainer Burkhardt, Mitinhaber der Agentur Kircher-Burkhardt

CONTENT MARKETING – Lange Zeit galt die klassische Werbekampagne in verschiedenen Medienkanälen als die zentrale Kommunikationsform für Unternehmen. Über die Jahre litt die Werbung zunehmend unter einem schlechten Image. Kunden fühlen sich durch die rasant anschwellende Anzahl an Werbebotschaften bedrängt und entwickeln mehr oder weniger effektive Vermeidungstaktiken. Konsumenten sind derweil schon längst auf unterschiedlichen Online-Kanälen unterwegs, wenn sie den Wunsch verspüren, sich über Produkte zu informieren und auszutauschen. Lästige Online-Banner werden, wo es möglich ist, ignoriert oder schnell genervt weggeklickt. Immer mehr Marken reagieren auf die allgemeine Werbemüdigkeit, indem sie Inhalte zur Verfügung stellen, die keine Werbebotschaften sind, sondern die anvisierte Zielgruppe tatsächlich interessieren. Die Marke wird somit zur Content-Plattform, auf der sie nicht ständig laut nach Aufmerksamkeit schreit, sondern in der die Markenwerte und -Mission über die Inhalte und den Austausch transportiert werden.

FLÜGEL VERLEIHEN – Der Energy-Drink-Hersteller RED BULL gilt gemeinhin als Pionier im Bereich des Content Marketings. Die Markenmission lautet „Bis an den Rand des Möglichen zu gehen" und so unterstützt der Konzern die unterschiedlichsten Extremsportarten. So manche Sportart erfindet der Konzern auch selbst, wie RED BULL Crashed Ice, was im Prinzip eine Abfahrt auf Schlittschuhen ist. Mittlerweile stehen bei RED BULL über 600 Athleten unter Vertrag.

Allesamt Markenbotschafter, die bereit sind, ihre Leidenschaft in den Dienst der Marke zu stellen. Das bisher ungewöhnlichste Projekt war der Sprung von Felix Baumgartner aus der Stratosphäre. Dieser wurde bereits weit im Vorfeld von einem medialen Echo begleitet, das seinesgleichen sucht. Auf TWITTER beschäftigten sich zeitweise die Hälfte aller Tweets mit dem Rekordsprung. Statt Inhalte zu recherchieren und aufzubereiten, produziert RED BULL selbst Erfolgsgeschichten, Stars und Mega-Events.[18]

So manches Unternehmen orientiert sich an dem Erfolgsmodell von RED BULL. Das Online-Magazin COCA COLA JOURNEY bietet neben produktnahen Inhalten einen bunten Mix verschiedenster Themen an, wie Livestyle-Tipps und Geschenkideen für die Liebsten. Der Hersteller von Haarprodukten SCHWARZKOPF versammelt auf seiner Homepage Themen rund um Haartrends und -pflege.

BEGEGNUNGEN – Damit sind insbesondere Gelegenheiten und Orte gemeint, bei denen sich Zielgruppe und Marke begegnen und interagieren. Diese können Orte digitaler oder realer Natur sein.

Für jede Branche existieren allgemein übliche Touchpoints. Für ein Friseurgeschäft wird der Laden selbst der wichtigste Begegnungsort sein. Darüber hinaus gehören Webseiten, die Öffnungszeiten, Leistungen, Preise und Kontakt angeben, zum Standard. Mit dem Aufkommen von Online-Banken wurde die Möglichkeit einer persönlichen Begegnung und damit auch einer besonderen Art der Markenerfahrung, stark reduziert. Umso wichtiger war es hier, die bis dahin üblichen Bankfilialen, durch neue Touchpoints, wie digitale Services und besser geschulte Telefoncenter-Mitarbeiter zu ersetzen. Dabei können die Berührungspunkte unterschiedliche Ziele haben, wie z. B. eine Kundenbeziehung zu beginnen, eine bereits bestehende Kundenbeziehung zu festigen oder positive Mundpropaganda zu initiieren.

BESTÄTIGUNG – Mehrere aufeinanderfolgende Momente, in denen wir auf eine Marke treffen und dabei ein konsistentes Bild dieser Marke bestätigt wird, werden als „Moments of Truth" bezeichnet. Dabei handelt es sich nicht ausschließlich um Situationen, die das Unternehmen selbst mit Hilfe ihrer Touchpoints initiiert hat. Besonders nachhaltige Moment-of-Truth-Erlebnisse können gerade

---

Markenbotschafter

„Das Angebot muss im entsprechenden Kontext als natürlich empfunden werden."

Olaf Schröter,
Head of Creation,
MetaDesign

Touchpoints

Moments of Truth

die sein, in denen unser Bild von unabhängigen Dritten bestätigt wird. Dies können lobende Berichte über ein Produkt in Online-Foren sein oder der positive Kommentar eines Freundes.

„Das reale, analoge, räumliche, dramaturgisch gestaltete und kollektive Erlebnis wird nicht verdrängt. Im Gegenteil: In Reaktion auf die allgegenwärtige digitale Kommunikation erfährt es eine Aufwertung."

Johannes Milla, Kreativdirektor, Milla & Partner

Fragen zur Planung von Touchpoints:

Durch das Anlegen einer Matrix kann eine bessere Übersicht über die Gewichtung zukünftiger Touchpoints gewonnen werden. Je größer die Übereinstimmung der vier unten aufgeführten Kategorien ist, um so höher sollte die Priorität sein, diese Maßnahme umzusetzen.

Die horizontale Achse ist in vier Bereiche gegliedert

Zielgruppe
Welche Touchpoints lassen sich aus den besonderen Bedürfnissen der Zielgruppe generieren?

Markenmission
Welche Touchpoints eignen sich besonders dazu die Markenmission zu inszenieren?

Branche
Welche Touchpoints sind hier üblich?

Erfahrung
Welche Touchpoints haben sich in der Vergangenheit bewährt?

In der vertikalen Achse werden unterschiedliche Touchpoints aufgelistet

› Website
› Online-Shop
› Ladengeschäft
› Newsletter
› App
› You Tube Channel
› Messe

› Veranstaltung
› Service, z. B. telefonisches Kundencenter
› Informationsbroschüren
› Geschäftsberichte
› Verpackungen

PLANEN GESTALTEN UMSETZEN

GESTALTUNG NICHT KOSMET NICHT NUR VE HILFE, SONDE CHARAKTERDA (FALLS VORHA

Kurt Weidemann, Designer und Schriftgestalter

IST NETLATSEG
IK UND   94127
RKAUFS-
RN
RSTELLUNG
NDEN).

2.3 GESTALTEN
WIE STELLEN WIR UNS DAR?

IDEE
- MISSION (WHY)
- KREATIVE LEITIDEE
- TONALITÄT
- ELEMENTE

DESIGN

DAS ZIEL — Am Ende der Planen-Phase „Wofür stehen wir (ein)?" steht eine klare Formulierung der Markenmission des Unternehmens. Wir kennen zudem die Werte, für die das Unternehmen steht, welche besondere Relevanz die Produkte für die Nutzer und im Vergleich zum Marktumfeld haben. Nun steht es vor uns, das komplette Gerüst und wartet darauf in die nächste Phase überführt zu werden – die Gestaltung der Marke. Das Design muss die Mission und die zugrundeliegenden Werte auf unverwechselbare Art und Weise kommunizieren. Alle zur Verfügung stehenden Mittel, wie z. B. Typografie, Bildsprache, Farben, Klang und Materialität haben die Aufgabe, die Markenpersönlichkeit zu vermitteln und erfahrbar zu machen. Dabei gehen alle Designelemente eine Beziehung zueinander ein. Zusammen agieren sie wie ein Orchester, das die Begegnung mit der Marke zu einem unverwechselbaren Erlebnis macht.

„Derjenige, der einer Botschaft die visuelle Form geben soll, muss auch den Inhalt verantworten können."

Erik Spiekermann, Designer und Typograph

Tonalität

DIE METHODE — Der dritte Trichter im Modell „Wie stellen wir uns dar?" übernimmt die Markenmission aus dem vorhergehenden Trichter und legt so die Basis für das Markendesign. In der nächsten Ebene wird die Brücke von der Markenmission zur Gestaltung mit Hilfe der kreativen Leitidee gebildet. Durch Analogien, Bilder oder Geschichten entsteht so ein kreatives Fundament, an dem sich die noch zu entwickelnden Gestaltungselemente ausrichten können. Im nächsten Schritt besteht die Herausforderung darin, die gestalterischen Mittel so zu wählen, dass der Stil der Marke die beabsichtigte Atmosphäre, auch Tonalität genannt, trifft. Hier wird geprüft, ob die gestalterische Umsetzung der kreativen Leitidee auch die Kernwerte des Unternehmens widerspiegelt, die Chance auf eine unverwechselbare Positionierung im Markt nutzt und die anvisierte Zielgruppe erreichen kann. Zudem ist dies die entscheidende Phase, in der alle Prozessbeteiligten einen gemeinsamen ersten Eindruck des zukünftigen Markenerscheinungsbildes erhalten. Im letzten Schritt folgt die Ausformulierung der gestalterischen Elemente und deren medienübergreifendes Zusammenspiel. → *Marken-Trichtermodell S. 19*

1. VON DER MARKENMISSION ZUR KREATIVEN LEITIDEE

DIE AUSSICHT GENIESSEN — Für Designer ist dieser Moment der meistersehnte und der gefürchtetste zugleich. Wer sich Wochen und Monate hinweg intensiv mit einem Unternehmen beschäftigt hat, begibt sich in die Gefahr, alle gesammelten Erkenntnisse als gleich wichtig zu erachten. Der Wunsch, all diese in ein Erscheinungsbild einfließen lassen zu wollen, muss scheitern. Die große Kunst besteht nun darin, die Perspektive zu wechseln. Tauchte man zuvor mit dem Mikroskop in das „Objekt", ist es nun an der Zeit das Mikroskop wegzustellen und in den Hubschrauber zu steigen. Von oben bietet sich ein wunderbarer Ausblick auf das gesamte Geschehen. Das Wissen um die Details hilft dabei die Orientierung zu behalten und gleichzeitig fokussiert sich der Blick auf das Wesentliche: Das Einzigartige, das was es wert ist in eine visuelle Sprache übertragen zu werden.

„Mit dem Wissen wächst der Zweifel."

Johann Wolfgang von Goethe, Dichter

Jeder Designer muss seinen eigenen Weg finden, wie er es schaffen kann, vom Mikro- zum Makrokosmos umzuschalten. Manche versuchen tagelang Abstand von dem Thema zu nehmen, um sich ihm später wieder mit einem frischen Blick zuzuwenden. Leider (oder Gott sei Dank!) gibt es noch kein Tool und keine Methodik, die Designern die passgenaue Umsetzungsidee für einen Markenauftritt auf einem Tablett serviert. Es bleibt nach wie vor ein hoch anspruchsvoller, aber auch wunderbarer kreativer Akt.

ATME! – Als sich das Telekommunikationsunternehmen o2 zu Beginn des Jahrtausends als neue Marke mit seinem visuellen Auftritt präsentierte, blickte der Betrachter in eine Unterwasserwelt mit Luftblasen. Diese Luftblasen wurden seit dem immer wieder neu interpretiert und variiert. Noch heute sind sie, wenn auch stark reduziert, auf fast allen Kommunikationsmitteln zu finden und fester Bestandteil des Markenerscheinungsbildes. Als der Markt der Mobilfunkanbieter noch überschaubar war und jedes Telefonat in ein anderes Netz sich noch merkbar auf der Monatsabrechnung niederschlug, trat o2 mit dem Ziel an, (mobiles) Telefonieren so selbstverständlich wie das Atmen zu machen. Von da ist es nur noch ein kurzer Weg zur kreativen Leitidee: Was atmen wir? Sauerstoff! Und so wurde die chemische Formel O_2 zum Firmennamen. Das Design stand nun vor der Herausforderung, Sauerstoff sichtbar zu machen und addierte eine weiteres Element dazu: H_2O. Im Wasser wird Sauerstoff in Form von Luftblasen sichtbar. Diese Idee bildete den Grundstock für einen unverwechselbaren Bildstil, die Hausfarbe Blau und inspirierte die Entwicklung weiterer Designelemente. Auch im Storytelling der Werbekampagnen bildete der Sauerstoff in der Unterwasserwelt ein zentrales Motiv.

| BRANDING BASICS | BEAUFTRAGEN | VERSTEHEN |

THE MISSION IS THE MESSAGE – Eine kreative Leitidee kann vieles sein. Zu Beginn handelt es sich vielleicht nur um ein Gefühl, das man irgendwoher kennt. Geht man diesem weiter nach, tauchen vielleicht Bilder oder ganze Geschichten auf.

Kreativprozess

Die Konzentration auf die Mission hilft dabei, Analogien zu finden, die für eine sehr ähnliche Mission stehen. Dabei können Fragen helfen wie „Eine Person mit einer ähnlichen Mission ist...", „Mich erinnert dieses Unternehmen mit seiner Mission an..." Dieser Kreativprozess wird in der Praxis sehr unterschiedlich gehandhabt. In einigen Fällen ziehen sich der strategische Berater und der Creative Director zurück, brüten gemeinsam die kreative Leitidee aus und präsentieren sie anschließend dem gesamten Designteam. Vieles spricht jedoch dafür, einen größeren Kreis in die Findung der kreativen Leitidee einzubinden. Ein gemeinsames Brainstorming kann neben einem größeren Ideenpool auch helfen, eigene Ideen daraufhin zu testen, ob sie auch für andere verständlich sind. Beim Brainstorming kann man einen sanfteren Einstieg finden, indem nicht gleich fertig formulierte Ideen hervorgebracht werden müssen, sondern erste Assoziationen gesammelt werden. Das Team kann diese anschließend aufgreifen und zu Bildern und Geschichten ausformulieren.

Brainstorming

„Gestaltung ist nicht Kosmetik und nicht nur Verkaufshilfe, sondern Charakterdarstellung (falls vorhanden)."

Kurt Weidemann, Designer und Schriftgestalter

Mögliche Inspirationsquellen für kreative Leitideen:

Natürliche Räume
› Weltraum
› Wald
› Dschungel
› Unterwasserwelt
› Himmel

Von Menschen geschaffene Räume, Gebäude
› Kathedrale
› Konzerthalle
› Baumhaus
› Schiff
› Leuchtturm

Kunstwerke
› Bild
› Installation
› Happening
› Bauwerk
› Denkmal

Geschichten
› Märchen
› Romane
› Filme
› Bühnenstücke
› Musik
› Geschichtliche Ereignisse

Personen	*Tiere*
› Prominente	› Fabelwesen
› Bedeutende Personen der Zeitgeschichte	› Reale Tiere
	Sonstiges
Fiktive Figuren	› Naturgewalten
› Literarische Figur	› Phänomene
› Sagengestalten	› Länder
› Mythologische Wesen	› Redewendungen
› Comic- oder Trickfigur	› Rituale
› Computerspiel-Figur	› Feiertage
› Superhelden	› etc.

ZWISCHEN KONSTANZ UND VARIABILITÄT – Liegen erste Ansätze für eine kreative Leitidee auf dem Tisch, gilt es diese auf Umsetzbarkeit zu prüfen. Dafür sind erste ganz rohe Skizzen hilfreich, die zeigen, wie sich diese kreative Leitidee auf unterschiedliche Medien und Inhalte übertragen lässt. Durch diese Methode entwickelt das Team sehr schnell ein Gefühl dafür, ob sich die Leitidee dazu eignet, auf das zukünftige Design übertragen zu werden und inwiefern sich verschiedene Touchpoints damit bespielen lassen. In dieser Phase sollte man auch groß denken und überlegen, welche Touchpoints und Maßnahmen sich aus der Leitidee selbst ergeben können.

Umsetzbarkeit

Die perfekte kreative Leitidee gibt es nicht. Eine starke Leitidee, wie der Sauerstoff von o2, birgt die Gefahr des Sich-Satt-Sehens in sich. In diesen Fällen sollte frühzeitig über Varianten der Idee nachgedacht werden. Andere kreative Leitideen sind im Bereich der reinen grafischen Umsetzung eher leise, entfalten sich aber z. B. im Shop-Design zu ihrer vollen Größe. Wichtig ist es darauf zu achten, dass sich eine Leitidee in den wichtigsten Touchpoints umsetzen lässt. Durch eine Stärken- und Schwächen-Liste, können verschiedene Leitideen überprüft und miteinander verglichen werden.

> Woran man eine passende kreative Leitidee erkennt:
>
> › Transportiert die Mission der Marke
> › Ist universell verständlich
> › Verhilft dem Unternehmen, sich klar im Markt zu positionieren
> › Lässt sich mit der Produktkommunikation vereinbaren
> › Lässt sich so umsetzen, dass die Markenwerte transportiert werden
> › Spricht die anvisierte Zielgruppe an
> › Gibt Raum für spätere Variationen
> › Lässt sich auch, wo es nötig ist, nur zitieren, um Usability und Informationsarchitektur nicht zu beeinträchtigen

2. TONALITÄT – LOOK, LISTEN AND FEEL

ANSTIMMEN – Je nach dem, in welchem Tonfall, mit welcher Gestik und Mimik wir etwas sagen, wird unser Gegenüber das Gesagte unterschiedlich verstehen. Den richtigen Ton in der Markenkommunikation zu treffen, bedeutet auch eine visuelle Sprache zu wählen, die die Kernwerte des Unternehmens transportiert. Ähnlich wie in einem Chor oder Orchester, entscheidet das eingeübte Zusammenspiel der unterschiedlichen Akteure darüber, ob die Stimmung, die ein Musikstück ausdrücken soll, auch beim Zuhörer ankommt. Alle Kommunikationsmittel, ob sprachlich, inhaltlich oder visuell müssen an einem Strang ziehen, um bei der Zielgruppe ein einheitliches Bild der Marke zu erzeugen.

Zusammenspiel

„Telepathy would save a lot of time but sadly for most of us it's not an option. (...) Mood boards help others to ‚get inside our heads' in order to convey a thematic setting for a design. (...)"

Paul Wyatt and Tom May[19]

MOODBOARD – In der Praxis hat sich schon seit längerem die Arbeit mit Moodboards bewährt → *Konzerthaus Berlin S. 191*. Ziel ist es, gemeinsam mit dem Kunden eine Vorstellung über ein mögliches, zukünftiges Markenerscheinungsbild zu erhalten. Dafür werden verschiedene ausgewählte und aufeinander abgestimmte Gestaltungselemente, wie Typografie, Bilder, Farben, Formen, Materialien etc. miteinander kombiniert. Manchmal wird bereits eine Ansammlung verschiedener schnell anskizzierter Anwendungen gezeigt. Diese Collage zeigt erstmalig im gesamten Entwicklungsprozess, wie sich das Design zukünftig „anfühlen" könnte, also die Tonalität des Erscheinungsbildes. Dabei geht es noch nicht um die Festlegung auf bestimmte Schrifttypen und Farbcodes, sondern nur um eine erste Anmutung. Der unschätzbare Vorteil dieser Methode ist, dass der Kunde zu einem frühen Zeitpunkt der Gestalten-Phase mit einbezogen werden kann. Anhand dieses ersten Designeindrucks kann nun darüber diskutiert werden, ob die Wirkung des anskizzierten Designs zu allen wichtigen Aspekten, wie Markenwerte, Mission und Zielgruppe passt. Moodboards können in vielen verschiedenen Varianten und Medien erstellt werden: In Form eines Plakats, als kurze Animation, als Film oder als dreidimensionale Installation. Während zeitbasierte Medien sich sehr gut dazu eignen, Bewegung und Musik einzubinden, bleiben analoge Moodboards im Raum präsent, lassen sich auch so konzipieren, dass sich Elemente entfernen bzw. hinzufügen lassen und die veränderte Wirkung dadurch sofort für alle Beteiligten erfahrbar wird.

Anmutung

REIHENFOLGE – In der Praxis wird die Tonalität eines Erscheinungsbildes durchaus auch vor der Entwicklung einer kreativen Leitidee erarbeitet. Wird zuerst die Tonalität z. B. mit Hilfe eines Moodboards entwickelt, kann die anschließende Diskussion zu einer kreative Leitidee führen. Interessant ist jedoch auch die Variante, in der die Tonalität auf Basis einer Leitidee wiedergegeben wird. Hieran lassen sich verschiedene Ideen sehr gut prüfen und gegenüberstellen. Vorteil dieser Reihenfolge ist, dass man sich noch einen kreativen Spielraum für das anspruchsvolle Finden der kreativen Leitidee offen hält und erst später darauf aufbauend die Tonalität erarbeitet.

Worauf man bei der Erstellung von Moodboards achten sollte:

- Dem Moodboard einen Namen bzw. Titel geben
- Immer große Formate wählen, damit der Betrachter in die Stimmung eintauchen kann
- Ausgewählte Bilder sollten nicht nur formal, sondern auch inhaltlich passen
- Ein Moodboard ist eine Collage und kein Durcheinander
- Lieber weniger, aber ernstgemeinte Elemente einsetzen
- Zentrale Motive oder Elemente zentral und groß darstellen
- Plakativ gestalten: Elemente müssen ihre Wirkung entfalten können
- Multisensorische Elemente, wo es möglich ist mit einbeziehen
- Filmische oder animierte Moodboards mehrfach abspielen und eventuell ein paar Screens als Gedächtnisstütze zur Verfügung stellen

3. DESIGNKONZEPT

ORCHESTRIEREN – Nun geht es (so mancher mag meinen: endlich!) in die Vollen. Eine inspirierende und passende Leitidee gefunden zu haben, kann oft schon die halbe Miete sein. Das gesamte Team kann sich nun wie an einer Leitplanke daran entlang hangeln. Schriftbibliotheken werden auf den Kopf gestellt, Adobe Color spuckt die ersten Farbklimata aus und an vielen Stellen entstehen die ersten Logos. Hier ist nun der Kreativchef gefragt, den kommenden Designprozess zu gestalten und zu führen. Manchmal macht es noch keinen Sinn, sich gleich auf das Logo zu stürzen, da eventuell zunächst die Möglichkeiten der kreativen Leitidee tiefer ausgelotet werden müssen. Die Entscheidung für einzelne Designelemente muss immer wieder im Zusammenspiel mit anderen in Frage kommenden Elementen geprüft werden und zwar über alle zentralen Medien und Touchpoints hinweg. Dafür ist ein Team, das sich aus unterschiedlichen Disziplinen zusammensetzt und im engen, wertschätzenden Austausch miteinander steht, unersetzbar.

„Ein gutes Corporate Design hat nur einen Helden: Es kann das Logo sein, die Farbe, Typografie, eine prägnante Bildsprache oder andere graphische Elemente – aber nicht alle sollten auf einmal schreien: Ich! Ich! Ich!"

Stefanie Diers, Creative Director, MetaDesign

Empfehlungen für den Prozess der Designkonzeption:

› Alle wichtigen Medien und Touchpoints im Blick behalten und jede neue Designentscheidung medienübergreifend anskizzieren
› In einem interdisziplinären Team arbeiten
› Regelmäßige Teammeetings einführen
› Ideen und Entwürfe möglichst für alle sichtbar anbringen, so dass sich Gespräche zwischen den Meetings ergeben können
› Sich den Luxus gönnen und spinnen: Welche Art von Services und Touchpoints passen zu der Leitidee?
› Anfangs nicht zu viel Zeit mit Details vertrödeln, denn erst muss das große „Bild" stimmen.
› Anwendungsbeispiele auch mit realen Headlines ausprobieren, um zu testen, ob visuelle und sprachliche Tonalität Hand in Hand gehen
› Entwurfsvarianten aufheben und immer wieder hervorholen, oft findet man interessante Ansätze, die man erst später als solche erkennt
› Flexibilität des Erscheinungsbildes für unterschiedliche Kontexte berücksichtigen
› Man kann mit dem Logo beginnen, aber es gibt kein Gesetz dazu
› Sich in Frustrationstoleranz üben: Es ist völlig normal, dass Entscheidungen immer wieder verworfen werden

PLANEN   GESTALTEN   UMSETZEN

Übersicht möglicher beteiligter Disziplinen:

› Kommunikationsdesign
› Typedesign
› Interface Design
› Interaction Design
› Architektur
› Produktdesign
› Motiondesign
› Text/PR
› Sound Design
› Duft Design

› Animation
› Film
› Fotografie
› Illustration
› Event
› Gamedesign
› Servicedesign
› Design Research
› etc.

4. ANFORDERUNG AN EIN ERSCHEINUNGSBILD

IDENTITÄT STIFTEN – Im Moodboard ist die Markenwelt bereits erkennbar. Die Tonalität erzählt uns etwas über die Markenwerte und die Mission, für die das Unternehmen steht. Die Zielgruppe soll zukünftig die Möglichkeit haben, sich in der Markenwelt zu Hause zu fühlen und sich mit ihr zu identifizieren. Wir sind von Identitätswelten umgeben, die uns mit Hilfe visueller Codes signalisieren: Dafür stehen wir! Oder: Das lehnen wir ab! Jedes Erscheinungsbild bedient sich visueller Elemente, die sehr wahrscheinlich bereits in der Tradition von etwas anderem stehen und von vielen Menschen gelernt sind. Dessen sollten sich Gestalter immer bewusst sein.

Visuelle Codes

WIEDERERKENNBARKEIT– Im Verlauf des Gestaltungsprozesses geht es immer wieder darum, die Spiel- und Standbeine des Erscheinungsbildes zu definieren. Das Standbein sind Designelemente und Ideen, die auf fast allen Medien funktionieren (Kugelschreiber und Heißluftballons einmal ausgenommen) und das Spielbein sind Umsetzungsvarianten der kreativen Leitidee, die nur in bestimmten Medien funktionieren. Dabei muss sichergestellt werden, dass Markentonalität und Wiedererkennbarkeit durchgängig gewährleistet werden. Doch ist es umstritten, welche Konstanten eine Marke benötigt, um eine durchgängige Wiedererkennbarkeit zu haben. War man vor einigen Jahren vor allem darauf bedacht, die richtige Wiedergabe des Logos, der Schriften und der Farbproportionen zu treffen, geht man heute davon aus, dass weitaus mehr Faktoren,

Spiel- und Standbein

„Eine starke Marke erkennt man auch ohne Logo."

Tammo F. Bruns, Geschäftsführer Kleiner&Bold

103

wie Inhalte, Sprachduktus, Services und die Haltung, die sich darin widerspiegelt, zu einer Wiedererkennung beitragen.

Digitale Ökosysteme — Digitale Ökosysteme, wie AMAZON oder GOOGLE, bieten vor allem den schnellen Zugang zu Produkten. Hier müssen sich Marken dem Diktat der Verkaufsplattformen anpassen. Die eigene Wiedererkennbarkeit wird stark eingeschränkt. Nur eine prägnante Form- und Farbsprache des Produkts bietet die Möglichkeit, den Absender visuell zu kommunizieren und zu identifizieren.

VARIABEL SEIN — Ähnlich wie bei Menschen, gibt es auch bei Marken Gelegenheiten, wo sie sich einmal „edler" und ein andermal „legerer" zeigen wollen. Die Flexibilität sollte von Anfang an berücksichtigt und geprüft werden. Wie weit kann diese Flexibilität gehen und ab welchem Punkt wird die Wiedererkennbarkeit nicht mehr gewährleistet?

BRANCHENZUGEHÖRIGKEIT ZEIGEN — Ein Reiseanbieter, der auf den ersten Blick die Assoziation an eine Bank weckt, sorgt bei Konsumenten für Irritation. Bei der immer größer werdenden Flut an Informationen und Werbebotschaften, kann dies eine Irritation zu viel sein und einen potenziellen Kunden abschrecken. Marken sollten sich über ihre visuellen Codes einer Branche zuordnen lassen.

> „Design is more than just a few tricks to the eye. It's a few tricks to the brain."
> Neville Brody, Designer

SICH INNERHALB DER BRANCHE ABHEBEN — Hierin besteht das Kunststück: Das Erscheinungsbild lässt sich einer Branche zuordnen und muss sich gleichzeitig innerhalb dieser klar abgrenzen. Es verhilft der Marke zu einer eindeutigen und unverwechselbaren Positionierung.

ORIENTIERUNG BIETEN — Gestaltungselemente haben nicht nur den Sinn Identität zu stiften, sondern sind gleichzeitig auch Vermittler von Informationen. Schrift will nicht nur einer Marke zur Wiedererkennbarkeit verhelfen, sondern auch gelesen werden. Farben übernehmen nicht nur einen Part im Farbklima, sondern sollen auf einer Website auch auf Verlinkungen und Informationshierarchien hinweisen. Gestaltungselemente ohne jeglichen Informationsauftrag werden schnell als „Designmüll" empfunden.

> „Design setzt Inhalt voraus. Design ohne Inhalt ist kein Design, sondern Dekoration."
> Jeffrey Zeldman, Webdesigner

SICH AUF ALLE RELEVANTEN MEDIEN ÜBERTRAGEN LASSEN — Es gibt sehr schöne Ideen, wie sich eine kreative Leitidee z. B. für einen Broschürentitel oder einen Messestand umsetzen lässt. Leider kann diese Idee anschließend weder auf die Homepage des Unternehmens übertragen werden und schon gar nicht auf ihre mobile Version. Sogar der Raum für die Einbindung eines Logos gelingt bei mobilen Seiten meist nur auf den Ladescreens. Bei allen weiteren Seiten lässt sich eine Marke visuell oft nur anhand von Farbe und Schrift erkennen. Die Essenz eines Markenerscheinungsbildes sollte sich zwar über die allermeisten Medien hinweg anwenden lassen, aber päpstliche Strenge ist hier unangebracht. Adaptionen der kreativen Leitidee, die sich nur auf bestimmte Anwendungen übertragen lassen, machen das Erscheinungsbild lebendig, solange die Tonalität und die Wiedererkennbarkeit der Marke bewahrt bleiben.

SICH ORGANISATORISCH UMSETZEN LASSEN – Ein Erscheinungsbild benötigt permanente Pflege, damit es auch Jahre nach seiner Erstellung in gleichbleibend hoher Qualität sichtbar ist. Es muss dokumentiert werden, an veränderte Bedürfnisse angepasst und Sorge getragen werden, dass es auch in der vorgesehenen Art und Weise umgesetzt wird. Je simpler ein Erscheinungsbild ist, desto einfacher lässt es sich kommunizieren und umsetzen. Aufwendige Erscheinungsbilder brauchen in der Regel mehr Pflege. Das Unternehmen muss auch personell in der Lage sein, die Qualität seines Erscheinungsbildes langfristig zu erhalten.

SICH FINANZIELL UMSETZEN LASSEN – Viele Designentscheidungen ziehen auch langfristig finanzielle Folgen mit sich. Designer sollten immer wieder darauf hinweisen, wenn bspw. die Einführung einer Hausschrift mit hohen *Lizenzkosten → S. 116* für das Unternehmen verbunden ist oder sich das ausgewählte Farbklima im Printbereich nur im teuren 6-Farbdruckverfahren umsetzen lässt.

SICH NACHHALTIG UMSETZEN LASSEN – Markenerscheinungsbilder sollten so angelegt werden, dass sie schonend mit Ressourcen umgehen. Hierzu gehören die Auswahl von zertifiziertem, umweltfreundlichem Material und die Möglichkeit seiner Wiederverwertbarkeit (Papier, Messebau, Dekoration). Auch wenn es schwer fallen mag: Der Verzicht auf Anwendungen, die zwar schön im Portfolio sind, aber nicht unbedingt nötig sind, gehört zu einem nachhaltigen Erscheinungsbild.

„In vielen Bereichen müssen die Designer das Umgestalten lernen. So können wir noch eine Chance auf Überleben durch Design haben."

Victor Papanek, Designphilosoph [20]

5. GESTALTUNGSELEMENTE

Basiselemente

INSTRUMENTE STIMMEN – Im Folgenden werden einige Designelemente, auch Basiselemente genannt, vorgestellt, die ein Erscheinungsbild medienübergreifend prägen. Es handelt sich hier nur um eine Auswahl, da eine vollständige Auflistung den Rahmen dieses Buches sprengen würde. Aus dem Bereich der Multisensorik wird hier nur ein prominenter Vertreter vorgestellt: der Klang, denn sein strategischer Einsatz in der Markenkommunikation gewinnt mehr und mehr an Bedeutung.

Multisensorik

„The details are not the details. They make the design."

Charles Eames, Designer

CHECKLISTEN – Sie helfen dabei die Übersicht zu behalten und sich in seiner Arbeit und Argumentation zu strukturieren. Viele gute Erscheinungsbilder sind vor allem deshalb so merkfähig, weil sie sich bewusst über bestimmte Regeln hinwegsetzen.

Übersicht stilprägender Designelemente:

- Bildsprache ⟶ S. 106
- Icons
- Illustration
- Animation
- Film
- Farbe ⟶ S. 110
- Typografie ⟶ S. 114
- Form/Muster ⟶ S. 117
- Markenzeichen ⟶ S. 120
- Raum
- Interaktion
- Duft
- Material
- Klang ⟶ S. 124

6. BILDSPRACHE (FOTOGRAFIE) Co-Autor Fabian Lefelmann

„I can't believe we are using the same stock images as our biggest competitors."

Unbekannt

OHNE WORTE – Bilder erzählen uns Geschichten, vermitteln Emotionen und haben die Kraft, Markenwerte auf intuitive Weise über Sprachgrenzen hinweg zu transportieren. Bildwelten können uns informelle Zugänge zur Mission der Marke verschaffen und abstrakten Produkten oder Dienstleistungen ein „Gesicht" geben. Viele Marken lassen diese Chance jedoch ungenutzt verstreichen. Bilder unterschiedlichster Stilistik aus verschiedenen Bildquellen hinterlassen einen uneinheitlichen und somit wirren Gesamteindruck. Personeller und finanzieller Aufwand erscheint Unternehmen oft zu hoch, um einen markentypischen Bildstil einzusetzen. Der Kauf austauschbaren Bildmaterials, den Bilddatenbanken anbieten, scheint hier näher zu liegen. Aber gerade mit Hilfe unverwechselbarer Bildwelten können Marken sich im Marktumfeld eindeutig positionieren und eine emotionale Beziehung zu ihrer Zielgruppe herstellen.

Bilddatenbanken

Fragen vor der Konzeption einer Bildsprache:

Gibt es einen typischen Bildstil in der Branche?

› Welchen Bildstil setzen die nächsten Mitbewerber ein?
› Welche spannenden Inhalte und Geschichten (Storytelling) bieten sich an?
› Welche Art von Inhalten müssen Bilder in der Markenkommunikation transportieren:
  • Werbliche Botschaften
  • Portraits
• Gruppenbilder
• Atmosphärische oder metaphorische Bilder
• Erklärende Bilder
• Architekturbilder
• Sachliche Produktabbildungen
• Inszenierte Produkte
• Historische Bilder
• etc.

In welchen Medien bzw. Anwendungen werden die Bilder eingesetzt?

› Werbung
› Social Media
› Web
› Apps
› Mitarbeiterzeitschrift
› Newsletter
› Geschäftsberichte, Umweltberichte, Imagebroschüren etc.
› Recruitement
› Messe
› Präsentationen
› Packaging

STORYTELLING – Logistik ist langweilig? Die DHL tritt in ihrer Bildwelt den Gegenbeweis an. Als internationaler Logistikkonzern kommt die DHL viel herum. Die DHL, Mitarbeiter und Fahrzeuge an entlegenen und exotischen Orten zu zeigen war die Grundidee eines weltweiten Shootings in sieben Ländern und 17 Destinationen. In den letzten Jahren wurde so ein stattlicher Bildpool aufgebaut, auf den Mitarbeiter und Dienstleister zugreifen können. Aber nicht nur Exotisches ist dort zu finden, viele Bildmotive zeigen die Welt hinter dem ausgelieferten Paket: Wir sehen DHL-Mitarbeiter beim Ausladen eines DHL-Jumbojets oder -Frachters oder beim alltäglichen Ausliefern.

„Wir müssen den Konzern (DHL) nicht neu erfinden, sondern mehr aus dem machen, was wir haben."

Dr. Frank Appel, Vorstandsvorsitzender

| BRANDING BASICS | BEAUFTRAGEN | VERSTEHEN |

Unternehmens-Bildstil

Alle Motive sind auf eine natürliche, zwischenmenschliche Kommunikation hin ausgerichtet und stellen reale DHL-Momente dar. Um diesen Eindruck zu erzeugen folgt die Bildwelt vier inhaltlichen Aspekten, die den Unternehmens-Bildstil erzeugen:

Lebendigkeit: Es sollen nach Möglichkeit realistisch anmutende Szenen und aktive Situationen gezeigt werden. Vitalität und Dynamik spielen in der Bildkomposition eine große Rolle.

Entgegenkommendes Miteinander: Personen sollen bildbestimmend sein und den Betrachter über eine freundliche Offenheit mit in das Geschehen einbeziehen.

Internationalität: Die internationale Ausrichtung des Unternehmens soll sowohl bei der Wahl der Location als auch bei den abgebildeten Personen eine Rolle spielen und nach Möglichkeit sichtbar gemacht werden.

Natürlichkeit: Nähe zum Kunden soll durch warme, natürliche Farbigkeit, sowie natürlich wirkendes Licht erzeugt werden. Die Lichtstimmung sollte einem sonnigen Tag entsprechen.

Corporate Fashion

Eine wichtige visuelle Klammer ist die immer deutliche Positionierung des DHL-Logos bzw. der DHL-Hausfarben Gelb und Rot, die oftmals durch die gezeigten Mitarbeiter in DHL-Kleidung, auch Corporate Fashion genannt, ins Bildmotiv eingebracht werden.

STILPRÄGEND – Neben der Körnung, der Farbigkeit, dem Einsatz von Licht, dem Kontrast, der Schärfe, dem Bildaufbau, der Tonalität, der Komposition, dem Kamerastandpunkt oder der Perspektive, um einige Parameter der Bildgestaltung zu nennen, gibt es über die digitale Bildbearbeitung weitere Möglichkeiten, eine individuelle Bildsprache und eine eigene Bildwelt zu erzeugen. So kann man z. B. in 3D-Programmen erstellte und gerenderte Bilder als Freisteller einsetzen oder diese bei Bedarf mit Fotografiertem verbinden.

Immer wieder stehen Designer vor der Herausforderung, aus budgetären Gründen auf einen bereits vorhandenen Bildpool mit den unterschiedlichsten Bildstilen zurückgreifen zu müssen. Hier können Möglichkeiten der Bildbearbeitung geprüft werden, mit deren Hilfe eine Vereinheitlichung des formalen Bildausdrucks ein Stück weit erreicht werden kann. Einheitliche Farbräume, die Wahl von Ausschnitt und Anschnitt oder der Einsatz von Freistellern können ein visuell einheitliches Auftreten ermöglichen. Eine der Marke entsprechende Bildsprache kann diese Vorgehensweise aber nicht ersetzen.

KULTURELLE UNTERSCHIEDE – Trotz der sprachübergreifenden Verständlichkeit von Bildern werden Bildinhalte in unterschiedlichen Kulturkreisen oder Religionen verschieden gedeutet, weshalb es zu interkulturell missverständlichen Bildaussagen kommen kann. In Deutschland wird Hochwertigkeit und technische Perfektion z. B. in der Automobilbranche oftmals durch eine desaturierte Bildsprache kommuniziert. Das gleiche Bild wird in Amerika wiederum ganz anders wahrgenommen. Ein desaturiertes Bild wirkt dort eher weniger wertig und wird mit technischer Rückständigkeit assoziiert.

Die unterschiedliche Stellung, die Frauen, Männer, Kinder und ethnische Minderheiten in der Gesellschaft einnehmen, spiegelt sich ebenfalls in Bildmotiven wieder. In den USA wird seit vielen Jahren streng darauf geachtet, dass sich auf einem Gruppenbild Vertreter verschiedener Geschlechter und Ethnien befinden. Für Saudi Arabien dagegen musste ein Bildmotiv eines IKEA-Kataloges nachträglich retuschiert werden. Es zeigte ursprünglich eine vierköpfige Familie in einem Badezimmer. Die Mutter, bekleidet mit einem Schlafanzug, wurde heraus retuschiert.

„Wir hätten reagieren und erkennen müssen, dass der Ausschluss von Frauen aus der Saudi-Arabien-Version des Kataloges in Konflikt steht zu den Werten der Ikea-Gruppe."

Ylva Magnusson, Ikea-Sprecherin

Fragen zur Überprüfung der ausgewählten Bildsprache:

Identität
- Passen Bildstil und Storytelling zu den Markenkernwerten und zur Mission?
- Unterstützen Bildstil und Motive die kreative Leitidee sinnvoll?

Branche
- Unterscheidet sich der Bildstil deutlich genug von den Mitbewerbern in der Branche?
- Passt der Bildstil zur Branche oder setzt er hier bewusst ein Signal der Abgrenzung?
- Wird der Bildstil mit einer Marke außerhalb der Branche in Verbindung gebracht?

Kultur
- Wie wird der Bildstil in anderen Kulturkontexten gedeutet? Welche Irritationen können auftreten?
- Inwiefern entspricht der Bildstil einem aktuellen Trend? Funktioniert er auch langfristig?

Fragen zur Überprüfung der ausgewählten Bildsprache (Fortsetzung):

Gestaltung, Technik
› Funktionieren die Bildformate in den unterschiedlichen Medien (Auflösung, Quer-Hochformat etc.)?
› Harmonieren die Farbwelten der Bilder mit dem Farbklima?
› Sind, falls gewünscht, Freisteller möglich, bzw. bereits fertig vorbereitet?

Finanzieller und organisatorischer Aufwand
› Ist der technische und finanzielle Aufwand, den Bildstil zu erzeugen, gerechtfertigt und auch zeitlich angemessen?
› Ist das Bildkonzept leicht verständlich und einfach zu kommunizieren?
› Ist die Überprüfung einer durchgängigen Bildqualität mit einem hohen Aufwand verbunden?

7. FARBE

FARBEN FÜHLEN – Von allen Elementen, die ein Erscheinungsbild einsetzt, ist die Farbe das mit der größten Fernwirkung und Wiedererkennbarkeit. Wir assoziieren mit Farben z. B. bestimmte Epochen, Landschaften, politische Haltungen oder Festlichkeiten. Farben wecken Emotionen, so wird ein Sonnenblumen-Gelb allgemein als warme und sympathische Farbe wahrgenommen, während ein dunkles Blau als seriös und distanziert empfunden werden kann.[21] So wie wir in einem kulturellen Kontext bestimmten Themen, wie Tod oder Liebe Farben zuordnen, neigen wir auch dazu, Branchen und Produkten automatisch bestimmte Farbwelten zuzuweisen. Bei der Farbauswahl für ein Markenerscheinungsbild gilt es sowohl emotionale, kulturelle und funktionale Ebenen zu bedenken. Dabei wird man meist nicht allen Anforderungen gerecht werden können. Trifft eine bestimmte Farbauswahl z. B. sehr gut den Markenkern, kann diese Auswahl in Konkurrenz mit der seit Jahrzehnten verwendeten und mittlerweile gelernten Farbe des Unternehmens stehen. Hier gilt es gemeinsam mit dem Unternehmen gut abzuwägen, welche Entscheidung langfristig für die Marke am Besten funktionieren kann.

ROLLEN ZUWEISEN – Farben nehmen in einem Erscheinungsbild unterschiedliche Funktionen ein. Die Farbe oder Farben, die allgemein mit einer Marke assoziiert werden, werden als Haus- oder Primärfarbe

Haus- oder Primärfarbe

bezeichnet und sind immer auch Bestandteil des Logos. Unter Sekundärfarben versteht man all die Farben, die zusätzlich eingesetzt werden, um ein markenspezifisches Farbklima zu erreichen. Vor der Auswahl ist es wichtig festzustellen, welche Aufgaben diese erfüllen sollen. So können Farben entscheidend dazu beitragen, Produktgruppen voneinander zu unterscheiden oder durch ein Firmengebäude zu leiten. Auffällige Farben, die die Aufgabe haben z. B. gezielt auf Informationen oder Aktionen hinzuweisen, werden Akzentfarben genannt.

Sekundärfarbe

Farbklima

Akzentfarben

Fragen vor der Erstellung eines Farbkonzeptes:

› Identifiziert sich das Unternehmen sehr stark mit einer Farbe?
› Gibt es eine typische Branchenfarbe?
› Welche Farben verwenden die Mitbewerber?

› Welche Aufgaben müssen Farben für die Markenkommunikation erfüllen: z. B. für Navigation, Hintergründe, Diagramme, Leitsystem, Verpackungshinweise etc.

„Kleine Farbtupfer machen es bunter, als das Ganze in Farbe zu tauchen."

Dieter Rams, Produktdesigner

Sollen Differenzierungen mit Hilfe von Farben vorgenommen werden?

› Produkte / Services
› Informationen
› Abteilungen
› Subunternehmen

THINK PINK – UPS-Braun, MILKA-Lila und TELEKOM-Magenta. Nur sehr wenige Marken werden mit einer ganz bestimmten, unverwechselbaren Farbe assoziiert. Als die DEUTSCHE TELEKOM Ende der 90er Jahre ihr Erscheinungsbild präsentierte, schwankte das öffentliche Urteil vor allem über die Farbwahl zwischen Unverständnis und Entsetzen. Magenta, wird allgemein mit Rosa und Pink gleichgesetzt – Farbtöne, die eher mit Weichheit, Verspieltheit, Unschuld und Weiblichkeit gleichgesetzt werden, weit entfernt also von der Assoziation mit einem seriösen, technisch orientierten Konzern. Wichtiger als eine Branchenzuordnung war dem Konzern, ein klares und starkes Signal zu setzen, das für einen radikalen Wechsel von der damaligen Bundespost zu einem wettbewerbsfähigen Konzern stand. Unterstützt wurde die zunehmende Akzeptanz mit Hilfe eines immensen Marketingbudgets und der dadurch möglichen Omnipräsenz der Marke

Hausfarbe

TELEKOM. So gelang es der Marke, sich mit seiner Hausfarbe über die üblichen Farbassoziationen hinwegzusetzen. Mit der Zeit wurde der Farbton in der Kommunikation immer mehr in den Hintergrund gedrängt. Vom großflächigen Auftritt der Farbe blieb zwischendurch kaum mehr als die farbliche Akzentuierung von Überschriften und Web-Buttons übrig. Durch die Notwendigkeit heutzutage auch mit anderen Marken zu kooperieren, musste sich die DEUTSCHE TELEKOM wieder mehr auf ihre Elemente mit hohem Wiedererkennungswert fokussieren, um sich visuell klarer von den Partnern unterscheiden zu können. Die Hausfarbe erlebt deshalb nun ein „Revival" und darf sich z. B. in Werbung, Messeauftritt, Sponsoring und der Bekleidung der Mitarbeiter dominanter präsentieren.

BENÖTIGEN FARBEN SCHUTZ? – Die DEUTSCHE TELEKOM ist ein prominentes Beispiel für ein Unternehmen, das vehement für den rechtlichen Schutz seiner Markenelemente eintritt. Die Hausfarbe wurde als Farbton RAL 2040 eingetragen und weicht geringfügig vom Standard-Magenta ab. Unternehmen aus dem Branchenumfeld riskieren eine Abmahnung, wenn sie diesen Farbton einsetzen. Es ist nachvollziehbar, dass Marken großes Interesse daran haben, dass andere Anbieter mit dem Einsatz einer signifikanten Hausfarbe eine Markenzugehörigkeit suggerieren, die nicht existiert. Seit Jahren schwelt der Rechtsstreit zwischen der Sparkasse und der ebenfalls roten spanischen SANTANDER BANK, welche versucht, sich auf dem deutschen Markt zu etablieren. Laut Bundespatentgericht darf ein Unternehmen eine Farbe für sich beanspruchen, wenn 70 Prozent der Verbraucher sie ihm zuordnen. Im Extremfall hätte dies zur Folge, dass international agierende Marken mit unterschiedlichen Farben auftreten müssten. Auch Branchen-Neueinsteiger könnten nur noch die Farben verwenden, die bereits agierende Akteure „übrig" gelassen haben.

Bundespatentgericht

GLOBALER GLEICHSCHRITT – Weltweit agierende Marken wie VOLKSWAGEN oder APPLE gehen nicht auf kulturell unterschiedliches Farbverständnis ein, ihr Farbklima ist weltweit das Gleiche. Mit ihrer Omnipräsenz und der ihnen pauschal oft noch zugestandenen Attraktivität als westliche Marke sind sie in der Lage, sich über die bestehende Farbsymbolik hinwegzusetzen. So entstehen parallel existierende Farbcodes, die zwar nicht überall gleich gedeutet werden, aber auch wesentlich weniger zu irritieren scheinen, als man dies noch vor einigen Jahren befürchtete.

PLANEN GESTALTEN UMSETZEN

Fragen zur Überprüfung eines Farbkonzeptes:

Identität
› Passen die Farben zu den Markenkernwerten und zur Mission?
› Unterstützen die Farben die kreative Leitidee sinnvoll?

Branche
› Unterscheiden sich die Farben deutlich von den Mitbewerbern in der Branche?
› Passen die Farben zur Branche? Sind sie dort positiv belegt?
› Werden die Farben mit einer Marke außerhalb der Branche in Verbindung gebracht?
› Sind bestimmte Farbtöne innerhalb der Branche geschützt? Unter Umständen den Farbmarkenschutz beim Deutschen Patent- und Markenamt prüfen
› Soll die Markenfarbe für die Branche geschützt werden?

Kultur
› Wie werden die Farben in anderen Kulturkontexten gedeutet? Welche Irritationen können auftreten?
› Inwiefern entsprechen die Farben einem aktuellen Farbtrend? Funktionieren sie auch langfristig?

Gestaltung, Technik
› Funktionieren die Farben Medien- und Farbsystemübergreifend?
  - PC
  - Mac
  - RAL
  - Web
  - Pantone
  - Coated
  - Uncoated
› Funktionieren die Farben sowohl auf dunklem, wie auf hellem Hintergrund?
› Sind Farbproportionen variabel oder festgelegt?
› Funktionieren die Farben auch in einem Leitsystem?

Finanzieller und organisatorischer Aufwand
› Sind mit der Farbauswahl besondere Kosten z. B. im Druck verbunden?
› Ist das Farbkonzept leicht verständlich und einfach zu kommunizieren?
› Ist die Überprüfung einer durchgängigen Farbkonsistenz mit einem hohen Aufwand verbunden?

„Farbe tragen heißt Farbe bekennen!"

Carl Rabl, Arzt

8. TYPOGRAFIE

ZWISCHEN WERKZEUG UND IDENTITÄTSSTIFTER – „Schrift ist wie ein Löffel, wenn ich mich am Abend an die Form des Löffels erinnere, mit dem ich am Mittag meine Suppe gegessen habe, dann war es eine schlechte Löffelform", meinte der Typograf Adrian Frutiger. Schriften für Erscheinungsbilder stehen jedoch vor der Herausforderung, nicht nur als Informationsübermittler zu agieren, sondern auch identifizierbar und dadurch wiedererkennbar zu sein. Die Hausschriften (Corporate Typefaces) von Marken wie MERCEDES-BENZ, NIVEA und WELEDA haben sich mittlerweile im kollektiven Gedächtnis so sehr verankert, dass allein anhand der Typografie der Absender erkannt werden kann. Addiert man dann noch das Element Farbe hinzu, erhöht sich die Trefferquote zusätzlich. Die genannten Hausschriften schaffen den Spagat, sie zeichnen sich durch eine einzigartige Formensprache aus und sind zugleich als Headline-Schriften gut lesbar.

Seitdem die Schriftbarriere auch im Internet durch die Einführung von Webfonts gefallen ist, wird eine charakteristische Hausschrift eine wichtige visuellen Markenkonstante über alle Medien hinweg. Umso wichtiger ist es, die Möglichkeiten dieses Standbeins in der visuellen Kommunikation zu nutzen. Mit dem Satz „Schrift ist sichtbare Sprache" fasst der Gestalter Erik Spiekermann die Wirkung von Typografie zusammen. Sie kann uns sachlich informieren, umgarnen, verwarnen oder auffordern uns zu beteiligen. Eine sorgfältig ausgewählte Hausschrift ist deshalb ein wichtiger Bestandteil einer Markentonalität.

Hausschriften

„Wer die Form beherrscht, darf in die Suppe spucken."

Hans-Peter Willberg, Typograph

Webfonts

Fragen vor der Auswahl von Schriften:

› Welche Schriften verwendet das Unternehmen bisher und warum?
› Welche Schrift wird im Logo eingesetzt?
› Gibt es für die Branche typische Schriftarten?
› Welche Schriften verwenden die nächsten Mitbewerber?

› Welche Aufgaben muss die Schrift für die Markenkommunikation erfüllen: z. B. für Navigation, Diagramme, Leitsystem, Verpackung, Mengentext, werbliche Headlines, rechtliche Hinweise etc.
› Werden Schriften für Sprachen mit anderen Alphabeten benötigt?

> Welche typografischen Auszeichnungen werden voraussichtlich benötigt?
> - Headlines
> - Subheadlines
> - Links
> - Lesetexte, werblich, informativ
> - Bildunterschriften
> - Störer
>
> Welche Open-Type-Features werden benötigt?
> - Kapitälchen
> - Ligaturen
> - Schwungbuchstaben
> - Mediävalziffern für den Fließtext und / oder Tabellensatz

HIER SPRICHT DIE BUNDESREGIERUNG — Das Erscheinungsbild der Bundesregierung war in die Jahre gekommen und hatte mit der Zeit seine klare Formensprache zugunsten einer unüberschaubaren Fülle an formalen Interpretationen verloren. Das Erscheinungsbild sollte nun moderner, leichter und offener wirken und geprägt durch die Erfahrungen in der Vergangenheit, einfacher in der Vermittlung und Handhabung sein. Schnell wurde klar, dass die Hausschrift dabei eine zentrale Rolle spielen würde. Die vielen unterschiedlichen Informationen in den unterschiedlichsten Medien benötigten eine gut ausgebaute Schrift, die alle Anforderungen erfüllen konnte. Die Type-Agentur SUPERTYPE entwickelte in Zusammenarbeit mit METADESIGN eine Schriftfamilie, die zum einen das Ziel hatte, die modernere und offenere Wirkung zu unterstützen und gleichzeitig auch Nahbarkeit und Freundlichkeit mit Staatlichkeit und Eleganz verbinden konnte.

Am Ende entstanden sechs Schnitte einer serifenlosen BUNDESSANS und weitere sechs der Antiquaschrift BUNDESSERIF. Verschiedene Wünsche des Kunden und seiner Dienstleister konnten nun in den Entwurf einfließen: Mehr Strichstärken und Stile, verbesserte Sprachunterstützung (europäisch-lateinisch) und feintypografische Extras wie Kapitälchen sowie Tabellen- und Minuskelziffern in allen Schnitten. Durch eine eigene Hausschrift sparte die Bundesregierung nicht nur fortlaufend anfallende Lizenzkosten, sondern hatte durch die exklusive Nutzung auch die Gewissheit, dass sich das Schriftbild in Zukunft visuell nicht abnutzt oder sich mit anderen Assoziationen aufladen kann.

„Type is magical. It not only communicates a word's information, but it conveys a subliminimal message."

Erik Spiekermann, Designer und Typograph

Heute wird die BUNDESSERIF sowohl für Überschriften als auch für Fließtexte verwendet. Die BUNDESSANS findet vor allem in Zwischenüberschriften und Fließtexten auf dem Bildschirm Verwendung und wird für Tabellen und Grafiken eingesetzt.[22]

SONDERANFERTIGUNG – Gestalter sehen sich einer Flut von verschiedenen Schriftschnitten gegenüber. An Auswahl mangelt es demnach nicht und doch entscheiden sich immer mehr Unternehmen für eine eigene Hausschrift. Die Charakteristik und damit die Wirkung einer Corporate Typeface wird von verschiedenen Faktoren beeinflusst, wie Proportion, Kontrastverlauf und Serifenform. Die Haltung, die eine Schrift in der Markenkommunikation einnimmt, kann somit sehr fein justiert werden. Eine eigene Hausschrift kann auch auf individuelle Bedürfnisse, wie andere Sprachen und Alphabete außerhalb der lateinischen Schrift eingehen oder besondere Zeichen und Icons wiedergeben. Ob sich Unternehmen letztendlich für eine exklusiv angefertigte Hausschrift entscheiden, ist am Ende oft ein Rechenspiel und zeigt, dass große Unternehmen, die viele Schriftlizenzen benötigen, von einer Spezialanfertigung finanziell am meisten profitieren.

Corporate Typeface

„Helvetica ist wie Toastbrot. Schmeckt nach nix, aber man kann alles drauflegen."

Erik Spiekermann

Fragen zur Überprüfung der ausgewählten Schriften:

Identität
› Passen die ausgewählten Schriften zu den Markenkernwerten und zur Mission?
› Unterstützen die Schriften die kreative Leitidee sinnvoll?

Branche
› Unterscheiden sich die Schriften deutlich von denen der Mitbewerber in der Branche?
› Passen die Schriften zur Branche? Sind sie dort positiv belegt?
› Werden die Schriften mit einer Marke außerhalb der Branche in Verbindung gebracht?

Kultur
› Inwiefern entspricht die Schriftauswahl einem aktuellen Trend? Funktioniert sie auch langfristig?

Gestaltung, Technik
› Gibt es zu den Schriften passende Webfonts?
› Welche Ersatzschriften können für Anwendungen definiert werden, bei denen die Hausschriften nicht zum Einsatz kommen können
› Funktioniert die Schrift auf allen gängigen (auch älteren) Computersystemen?

Gestaltung, Technik (Fortsetzung)
› Verfügen die Schriften über genügend Schriftschnitte, um alle anstehenden Bedürfnisse erfüllen zu können (s.o.)?
› Funktionieren die Schriften für unterschiedliche Bedürfnisse, z. B. für seriöse Lesetexte?
› Funktionieren die Schriften auch in Farbe und negativ?
› Welche Systemschriften (z. B. für Powerpoint) können alternativ definiert werden?

Finanzieller und organisatorischer Aufwand
› Sind die ausgewählten Schriften charakteristisch genug, dass es auch für Nichtdesigner nachvollziehbar ist, warum eine kostenlose Systemschrift nicht in Frage kommt?
› Welche Kosten sind mit der Schriftwahl verbunden?
› Ist das Schriftkonzept leicht verständlich und einfach zu kommunizieren?
› Ist die Überprüfung des Schriftkonzeptes mit einem hohen Aufwand verbunden?

9. FORM/MUSTER

IM TANDEM MIT DER FARBE – Die Beziehungen zwischen Farbe und Form beschäftigte die Lehrer der Bauhaus-Schule in den 20er Jahren sehr intensiv. Johannes Itten und Wassily Kandinsky ordneten Farbe und Form bestimmte Eigenschaften und Charaktere zu und verbanden diese miteinander. So stellte für Itten die Farbe Rot die körperhafte Materie dar. Sie wirkte auf ihn statisch und schwer. Er ordnete deshalb der Farbe die statische Form des Quadrates zu. Heute wirken diese Farb-Formzuweisungen auf uns fremd und schon fast esoterisch. Aber Form ohne Farbe kann nicht existieren, sie gehen eine Beziehung zueinander ein, die jedoch stark vom Kontext ihres visuellen Umfeldes abhängig ist, weshalb Wechselbeziehungen im Gestaltungsprozess immer wieder überprüft werden müssen.

Bauhaus

FORM IM DIENST – Formen können im Rahmen eines Erscheinungsbildes wichtige Aufgaben erfüllen, indem sie für Struktur und Übersicht sorgen. Sie heben eine Headline hervor, unterstützen die Lesbarkeit vor allem bei Text-Bild-Kombinationen und helfen, besondere von allgemeinen Informationen zu unterscheiden. Formen können aber auch Hintergründe klar strukturieren oder eine Rolle als narratives Element in einem Bildmotiv übernehmen.

Mobile first

„Die Form ist aggresiv weiblich. Eine Qualität im Handel wie im Leben, die über den reinen Funktionalismus hinausgeht."

Raymond Loewy, Produktdesigner über Coca-Cola Flaschen

FORMENSPRACHE IST TOT? – Der Gestaltungsansatz „Mobile first" nimmt bei der Designkonzeption die mobilen Endgeräte als Ausgangsbasis und arbeitet sich von dort zu den gestalterisch flexibleren Desktop-Anwendungen vor. Bereits heute werden Webseiten primär von mobilen Endgeräten angesteuert und es gibt keinen Grund anzunehmen, dass sich dieser Trend nicht fortsetzen wird. Für eine medienübergreifende und prägnante Formensprache ist da nicht viel Platz. Im wahrsten Sinne des Wortes, denn nichts funktioniert auf kleinen Bildschirmen besser als platzsparende Rechtecke. Ist eine durchgängige Formensprache deshalb heute noch ein Thema?

Fragestellungen vor der Gestaltung der Formensprache:

› Hat das Unternehmen zu bestimmten Formen und Mustern eine besondere Beziehung?
› Zeichnen sich Produkte durch eine Formensprache aus?
› Verbinden die Kunden das Unternehmen mit cincr bestimmten Formensprache?
› Ist in der Branche eine übliche Formensprache erkennbar?
› Bietet sich eine besondere Formensprache an? Z. B. für Störer, Hintergrundflächen für Headlines, Hinweise etc.

DREI STREIFEN – Was der stringente Einsatz einer Formensprache „anrichten" kann, zeigt der Fall mit dem sich das Internationale Olympische Komitee beschäftigen musste. NIKE, PUMA und REEBOK hatten unter anderem darauf beharrt, dass die Kleidung der Sportler, wie sonst oft üblich nicht mit den typischen drei Streifen versehen werden dürfe, da der übliche Platz für Markenlogos damit deutlich überschritten würde. Damit wurde die grundsätzliche Frage aufgeworfen, ob es sich bei den drei Streifen um ein Markenlogo (in allen Produktlogos werden die drei Streifen zitiert) oder ein Gestaltungselement handelt. ADIDAS unterlag in diesem Streit genauso, wie in dem lange schwelenden Rechtsstreit, indem geklärt werden sollte, ob andere Marken zwei Streifen als Designelement einsetzen dürfen. Der Einsatz von drei Streifen ist dagegen in ganz Europa nur der ADIDAS-Marke vorbehalten.

Die drei Streifen stellen eine clevere Bereicherung des Erscheinungsbildes im Sinne einer plakativen Formensprache mit hohem Wiedererkennungswert dar. Ob ein Fußballteam von ADIDAS gesponsert ist, erkennt man auf dem ersten Blick nicht am Logo, sondern an den markanten Streifen rechts und links des Trikots. In den Bildmotiven von Werbekampagnen durchzieht dieses Gestaltungselement ganze Straßenzüge und durchstreicht das Wort „Superstar". Das Gestaltungselement ist trotz aller Flexibilität so prägnant, dass es das Logo bereits überflüssig macht.

QUADRAT UND KARO – Prägnante Formensprachen, die aus dem Produkt- bzw. Modedesign ihren Weg in die visuelle Kommunikation finden, gibt es auch bei anderen Marken → *Vorwerk S. 224*. Der Schokoladenhersteller RITTER SPORT macht seine typische Quadratform über alle Medien hinweg immer wieder zum Thema und lässt sie in seinem Flagshipstore auf ganz besondere Weise inszenieren.

Das bekannte Muster, auch „Nova Check" genannt, der traditionellen, britischen Modemarke BURBERRY, entwickelte sich zum kulturellen Symbol einer neuen Käuferschicht. Ursprünglich zierte das Karomuster nur als Futtermuster die Innenseite der Trenchcoats. Das Karo, welches die Webmuster schottischer Clans zitiert, löste bei seinen Trägern ein Gefühl von kultureller Zugehörigkeit aus. Heute ist BURBERRY durch die Renaissance des „Nova Check" auch bei einer weniger gut betuchten Zielgruppe eine begehrenswerte Marke. Interessant ist die Tatsache, dass sich Kontext und Produkt stets ändern und weiterentwickeln, das Muster aber immer noch exakt genauso aussieht wie zu den Zeiten seines Erfinders Thomas Burberry.[23]

Fragen zur Überprüfung der gewählten Formensprache:

Identität
› Passt die ausgewählte Formensprache zu den Markenkernwerten und zur Mission?
› Unterstützt die Formensprache die kreative Leitidee sinnvoll?

Kultur
› Inwiefern entspricht die Formensprache einem aktuellen Trend? Wird sie auch langfristig funktionieren?

Branche
› Unterscheidet sich die Formensprache deutlich von den Mitbewerbern in der Branche?
› Passt die Formensprache zur Branche? Ist sie positiv belegt?
› Wird die Formensprache mit einer Marke außerhalb der Branche assoziiert?

BRANDING BASICS · BEAUFTRAGEN · VERSTEHEN

> Fragen zur Überprüfung der gewählten Formensprache (Fortsetzung):

Gestaltung, Technik
> In welchen Medien lässt sich die Formensprache einsetzen, in welchen muss man darauf verzichten?
> Kann ein konsistentes Erscheinungsbild gewährleistet werden, wenn die Formensprache nicht zum Einsatz kommt?
> Lassen sich alle weiteren Gestaltungselemente mit der Formensprache schlüssig kombinieren?

Finanzieller und organisatorischer Aufwand
> Ist der Umgang mit der Formensprache leicht verständlich und einfach zu kommunizieren?
> Ist die Überprüfung des Formkonzepts mit einem hohen Aufwand verbunden?

10. MARKENZEICHEN

AH UND OH! – Ein gutes Markenzeichen funktioniert wie ein guter Witz. Es ehrt die Intelligenz seines Betrachters, indem es ihn herausfordert und am Schluss eine Pointe bereithält, die der Betrachter auch zu entschlüsseln weiß. Wer schon einmal selbst versucht hat einen eigenen Witz zu erfinden, weiß wie schwer das ist. Auch die Gestaltung von guten Markenzeichen (im alltäglichen Sprachgebrauch hat sich der Begriff Logo etabliert) gehört für Designer zur Königsdisziplin. Verstand man früher unter Corporate Design den Soloauftritt eines Logos, teilt es sich heute die Bühne mit anderen prägnanten Gestaltungselementen.

„Der Design-Prozess ist im Wesentlichen ein Prozess aus Weglassen, Organisation und dem Setzen von Schwerpunkten."

Leon Paternoster, Webdesigner

Logo

> Kriterien, die ein Markenzeichen (größtenteils) erfüllen sollte:

> Auffallen und sich im Marktumfeld behaupten können
> Einzigartig in Idee und Umsetzung
> Teil der kreativen Leitidee
> Einfach in Idee und Umsetzung
> Erkennbar/lesbar

> Zeitlos im formalen Ausdruck
> Hohes handwerkliches Niveau aufweisen
> Markenwerte widerspiegeln
> Flexibel im Einsatz
> Reduzierbar (z. B. Favicons)

TEAMPLAYER — Von Kurt Weidemann stammt das berühmte Zitat: „Ein Logo ist dann gut, wenn man es mit dem großen Zeh in den Sand kratzen kann." Leider sind die Zeiten einfacher Grundformen vorbei, es gibt einfach zu wenige Grundformen für so viele Marken. Und doch ist Einfachheit immer noch ein wichtiges Prinzip in der Logogestaltung. Auch wenn manchen die Einsicht schwer fällt, ein Logo kann nicht die gesamte Markenmission, den Markenkern und die kreative Leitidee transportieren. Das Logo ist Teil einer kreativen Leitidee, übernimmt dort seinen Part und muss nicht mehr als Brühwürfel der gesamten Markenkommunikation herhalten. So kann sich das Logo auf einen Aspekt konzentrieren, den es konsequent zu Ende erzählt. Aber trotz der Verteilung der Aufgabe auf mehrere Schultern ist das Logo immer noch das identifikationsstärkste Element in der Markenkommunikation, denn als Namensträger repräsentiert es in seiner einzigartigen Gestalt das Unternehmen als Ganzes.

MARKENSTRUKTUR ABBILDEN — Innerhalb einer Unternehmenskommunikation nimmt ein Markenzeichen den Platz ein, der ihm aufgrund der *Unternehmensstruktur* ⟶ *S. 46* zugewiesen wird. Wie man im Fallbeispiel von VORWERK ⟶ *S. 218* sehr schön sehen kann, löst erst die formale Umsetzung den Spagat, zwischen Einheit und Eigenständigkeit, den Produktidentitäten in einer komplexen Unternehmensstruktur einnehmen. Mit den Mitteln von Gestaltung wird das Maß an Zusammengehörigkeit zwischen Dachmarke und Produktmarken für Außenstehende nachvollziehbar und transparent.

DAS MARKENZEICHEN IN BEWEGUNG — Logos lebten lange Zeit ein sehr statisches und zweidimensionales Leben. Da die heutigen Begegnungen zwischen Marke und Konsumenten überwiegend im Digitalen stattfinden, eröffnen sich nun auch mehr Möglichkeiten für eine Inszenierung des Logos. Die bis dahin statischen Zeichen werden zu Leben erweckt, haben einen ganz eigenen Gang, eine Stimme, eine Rückseite und werden dadurch eine dreidimensionale Persönlichkeit. Digitale Touchpoints bieten aber auch die Möglichkeit des ständigen Veränderns, so wie GOOGLE mit veränderten Versionen seines Logos, den sog. Doodles an besondere Feiertage, Jahrestage und berühmte Persönlichkeiten erinnern möchte.

Doodles

BRANDING BASICS | BEAUFTRAGEN | VERSTEHEN

> Fragen vor der Gestaltung eines Markenzeichens:

- › Möchte das Unternehmen an seinem Markenzeichen festhalten und warum?
- › Warum möchte das Unternehmen ein neues Markenzeichen? Was funktioniert beim bisherigen Markenzeichen nicht (mehr)?
- › Lassen sich in der Branche bestimmte Vorlieben für Markenzeichen-Stile erkennen?
- › Wurde die Markenarchitektur hinreichend geklärt?
- › Welche Art von Markenzeichen wird präferiert, bzw. macht für die Marke Sinn?
  - Bildmarke (Nur sehr wenige, sehr bekannte Marken können auf eine Wortmarke verzichten, z. B. Apple und Nike)
  - Bild-/Wortmarke
  - Reine Wortmarke
- › Welche Rolle soll das Markenzeichen innerhalb der kreativen Leitidee einnehmen?
- › Welchen Aspekt der Markenmission gilt es besonders zu berücksichtigen?
- › Macht es Sinn, Traditionen in die Gestaltung einzubinden?
- › Welche besonderen Herausforderungen soll das Markenzeichen erfüllen?
  - Verschiedene Hintergründe
  - Animation
  - Kooperation mit anderen Logos
  - Besonders kleine Anwendungen, wie App-Icons oder Favicons?

Kernidee
Prägnanz

DARF'S NOCH ETWAS ANDERS SEIN – Manchmal entgleitet Designern beim Ringen um Konsens die ursprüngliche Idee. Viele Mitarbeiter unterschiedlicher Abteilungen sollen einen Blick auf den Logoentwurf werfen und fühlen sich verständlicherweise dazu aufgefordert, gut gemeinte Änderungswünsche mitzuteilen. Feedback ist wichtig! Aber ein Logo kann kein Auffangbecken unterschiedlicher Vorstellungen sein. Kernidee und Prägnanz würden dadurch verloren gehen. Nie, wirklich nie finden alle Mitarbeiter eines Unternehmens ein neues Logo toll. Eine neue Identität fühlt sich meistens fremd und unbehaglich an. Deshalb ist es auf Unternehmens- und Agenturseite wichtig, ein offenes Ohr zu haben, aber nicht gleich beim ersten Gegenwind umzukippen. Wäre der Designer Rob Janoff 1977 mit seinem Logoentwurf für das junge Unternehmen APPLE auf die Straße gerannt und hätte 100 Passanten nach ihrer Meinung gefragt, hätten sehr wahrscheinlich 100 das Logo als branchenuntauglich beurteilt.

SCHWARMINTELLIGENZ – Viele Unternehmen verstehen unter der Entwicklung eines Markenerscheinungsbildes nur den Entwurf eines Logos. Anders ist es nicht zu erklären, dass auch große Unternehmen Logoaufträge an Crowdsourcing-Plattformen vergeben. Die Vermittlung von unternehmerischen Zielen und die strategische Ausrichtung einer Marke kann hier nur am Rande behandelt werden. Die finale Entscheidung kann so nur aus dem hoffentlich gut gefüllten Bauch heraus getroffen werden.

Crowdsourcing-Plattform

ZUKUNFT – Wie schon im Thema Bildsprache erwähnt, geben digitale Ökosysteme die Regeln vor und lassen innerhalb ihrer eigenen Markenwelt keine anderen visuellen Markenspuren zu. Prangt das Logo im Desktop-Bereich noch auf den Webseiten, erscheint das Logo in mobilen Anwendungen nur noch auf den App-Buttons und den Ladescreens. Und dennoch werden Logos weiterhin eine wichtige Rolle übernehmen, da sie den merkfähigsten, visuellen Anker in der gesamten Kommunikation darstellen.

Fragen zur Überprüfung des Markenzeichen-Entwurfs:

Identität
› Passt das Markenzeichen zu den Markenkernwerten und der Markenmission?
› Greift das Markenzeichen die kreative Leitidee auf?

Branche
› Unterscheidet sich das Markenzeichen deutlich von den Mitbewerbern der Branche? Lässt es sich rechtlich schützen?
› Verweist das Markenzeichen auf die Branche?
› Kann sich das Markenzeichen im Kontext der Mitbewerber-Logos „behaupten"? Unbedingt ausprobieren!

Kultur
› Inwiefern entspricht die Formensprache des Markenzeichens einem Trend? Wird es auch langfristig funktionieren?
› Werden in anderen Kulturen Formen und Zeichen anders gedeutet als beabsichtigt und sind diese Deutungen sogar kontraproduktiv?

Gestaltung, Technik
› Erfüllt das Logo die meisten der oben beschriebenen formalen Anforderungen?
› Funktioniert das Markenzeichen in der Verkleinerung, medienübergreifend, bzw. sind für einzelne Medien Adaptionen erforderlich?

Finanzieller und organisatorischer Aufwand
› Ist der Umgang mit der Formensprache leicht verständlich und einfach zu kommunizieren?
› Ist die Überprüfung des Schriftkonzeptes mit einem hohen Aufwand verbunden?

11. KLANG Co-Autor Alexander Wodrich

AUGEN KANN MAN SCHLIESSEN, OHREN NICHT — Marken werden nicht nur visuell wahrgenommen. In TV-Spots und Imagefilmen ergänzt der Ton das Bild. Und in Telefonwarteschleifen und Radio-Spots bleibt uns nur der Ton, um eine Marke zu erfahren. Je mehr Sinne wir bei einem Markenauftritt bespielen können, desto mehr formt sich eine echte Persönlichkeit heraus. Eine Studie des Marktforschungsinstituts MILWARD BROWN zeigte, dass sich die Markenloyalität mit der Anzahl der angesprochenen Sinne erhöhte. Eben weil wir das Gefühl haben mit einer ganzheitlichen „Persönlichkeit" konfrontiert zu sein.

Limbisches System

Unternehmen haben die emotionale Kraft von Klang für ihre Marken schon früh erkannt. Klang erreicht den Menschen direkt über das limbische System, das für unsere Emotionsverarbeitung zuständig ist. Das heißt, dass wir, bevor wir ein akustisches Signal rational begreifen, emotional erreicht werden. Bekannte Klänge verknüpfen wir sofort mit Erinnerungen, Emotionen und Situationen, in denen wir mit ihnen in der Vergangenheit konfrontiert waren.

> Fragen vor der Entwicklung eines Markenklangs:
> - Wie klingt das Unternehmen aktuell und warum?
> - Gibt es für die Branche typische Musikgenres und Klänge?
> - Welche Klänge, Musiken verwenden die nächsten Mitbewerber?
> - Gibt es spezifische Funktionen, die ein Klang hinsichtlich der Marke oder Produktmarke erfüllen muss?
> - Sind kulturspezifische Gegebenheiten zu berücksichtigen?
> - Welche Funktionsklänge werden voraussichtlich benötigt?
>   - Interfaces
>   - Produktfeatures
>   - Warnklänge
>   - etc.
> - Welche „Sound-Touchpoints" mit der Zielgruppe gibt es?
>   - Werbespots
>   - Telefonwarteschleife
>   - Produktklang
>   - Messen/Events
>   - Handy-Klingeltöne

VOM JINGLE ZUM AUDIO BRANDING — Wenn Marken es schaffen, einen bestimmten Klang konsequent über einen langen Zeitraum für sich zu besetzen, so verknüpfen die Rezipienten den Klang mit dieser Marke. Am Ende reicht ein kurzer akustischer Reiz aus, um die gesamte Markenerlebniswelt im Kopf des Menschen hervorzurufen. Schon mit der Geburtsstunde des Radios hat man erkannt, dass sich musikalische Werbebotschaften viel besser in den Köpfen der Zuhörer festsetzten als rein gesprochene Werbetexte. In den 50er und 60er Jahren hatte man das Gefühl, dass mehr als die Hälfte aller Radiospots aus fröhlich gesungenen Werbejingles bestand. Bekannte Jingles wie „HARIBO mach Kinder froh." oder „MILKA – die zarteste Versuchung seit es Schokolade gibt." sind für die entsprechenden Unternehmen zu unschätzbaren Identifikationsmerkmalen geworden.

„Über Musik zu sprechen, ist wie Architektur zu tanzen."

Steve Martin, Schauspieler

Klassische Jingles gelten heute jedoch eher als kitschig und große, „seriöse" Marken, deren Zielgruppe nicht primär aus Kindern (bzw. deren Eltern) besteht, sehen von ihrem Einsatz ab. Dennoch wollen Unternehmen nicht auf die emotionale Kraft von Musik und Klang in ihrer Kommunikation verzichten. Das Thema Audio Branding (oft auch Sound Branding, Sonic Branding oder Corporate Sound genannt) ist für viele Unternehmen mehr und mehr ein wichtiges Thema. Aber was ist Audio Branding nun genau? Beim Audio Branding wird versucht, eine auditive Entsprechung einer Markenpersönlichkeit zu konzipieren. Wie bei der visuellen Gestaltung eines Markenauftritts nähert man sich dem Ergebnis über die Markenmission, Markenwerte, -tonalitäten und -leitideen. Das Ziel ist die eindeutige, klangliche Positionierung einer Marke, die Stärkung ihrer Wiedererkennung und ihre Differenzierung gegenüber dem Wettbewerb.[24]

Sonic Branding

Im besten Fall schlagen sich die Ergebnisse eines Audio-Branding-Prozesses in einer ganzheitlichen Klangwelt für eine Marke nieder. Es geht also – genau wie im Markenerscheinungsbild – nicht nur um die Entwicklung eines Soundlogos. Ein Markenklang kann aus Musik, Geräuschen, Sound-Design und Stimmen bestehen. Durch ein flexibles Wechselspiel dieser Elemente entsteht eine Marken-Klangwelt. Ein Soundlogo kann sodann einzelne, mehrere oder alle dieser Elemente in sich vereinen.

Klangwelt

Soundlogo

VORSPRUNG DURCH KLANG – AUDI gehörte 1994 zu den Pionieren als sie ein Soundlogo entwickelten und es als Abbinder für TV-, Kino- und Radio-Spots einsetzten. Es gab keinen Gesang, keine Melodie und nicht einmal eine gesprochene Stimme. Das Soundlogo folgte der Idee des „Heartbeat Final". Eine pulsierende Bass-Drum symbolisiert den Herzschlag, ein zischendes Crash-Becken gibt die

Geschwindigkeit vor und eine chorähnliche Klangfläche steht für das wohlige Brummen des Motors. AUDI besetzte hiermit den Adrenalin-Kick des Autofahrens durch Sounddesign für sich.

Erst 15 Jahre später entwickelte AUDI, basierend auf Audio-Branding-Workshops einen ganzheitlichen Klang für seine Marke. Insbesondere in der Automobilbranche geht es stets um eine scharfe Abgrenzung zu den Wettbewerbsmarken wie in diesem Fall MERCEDES-BENZ und BMW. Hierfür wurden sämtliche Klänge aller Fahrzeugreihen von AUDI aufgenommen und in einer AUDI-Klangbibliothek („AUDI-Soundstudio") gesammelt. Diese beinhaltet natürlich Motoren- und Fahrgeräusche, aber auch die Klänge der Türen, der Scheibenwischer oder der Handschuhfachklappen. Sounddesigner und Musikproduzenten, die Klangstrecken für AUDI-Spots, Events, Messen usw. entwickeln sollen, greifen auf die AUDI-Sound-Bibliothek zu. Die Hochwertigkeit und Einzigartigkeit der Marke wird in diesen Klängen besonders unterstrichen.

Klangbibliothek

Neben den Produktklängen gibt es ausgewählte, gesampelte Instrumente, die mit spezifischen AUDI-Sound-Effekten versehen sind. So soll sichergestellt werden, dass alle Musikstücke, die für AUDI produziert werden, so klingen, als wären sie alle vom gleichen Produzententeam entwickelt worden. Die eindeutige Markenzuordnung steht hierbei im Vordergrund. Die Auswahl der Instrumente und ihre Darbietung folgt streng den drei Kernmarkenwerten „sportlich, progressiv und hochwertig". An ihnen sollen sich alle Klangergebnisse messen lassen.

„Marken brauchen eine Stimme, sonst werden sie nur gesehen, aber nicht gehört."

Alexander Wodrich, Geschäftsführer, why do birds

Ein Unternehmen, das im Claim „Vorsprung durch Technik" und die oben genannten Markenwerte für sich beansprucht, kann einen einmal entwickelten Klang natürlich nicht über Jahre hinweg unverändert lassen. Die Markenwerte müssen immer wieder – gemäß des Zeitgeistes – neu interpretiert werden. So hat das AUDI-Soundlogo seit seiner Einführung bereits zwei Re-Designs erfahren. 2006 zur Fußball-Weltmeisterschaft in Deutschland wurde es ein erstes Mal modernisiert. Die aktuell bekannte, dritte Fassung stammt aus dem Jahr 2010. Bei den Re-Designs sollte jeweils die DNA des ursprünglichen Soundlogos beibehalten werden. So hat die Zielgruppe die Veränderung im besten Fall nicht bewusst wahrgenommen.

Im Eins-zu-Eins-Vergleich sind die Unterschiede jedoch sehr deutlich hörbar. Einen Einblick in die AUDI Klangwelt erhält man beispielsweise auf YOUTUBE unter dem Titel „AUDI Sound Studio - What is the AUDI sound?"

Fragen zur Überprüfung des entwickelten Klangs:

Identität
› Passt der Sound zu den Markenkernwerten und zur -mission?
› Unterstützt der Sound die kreative Leitidee sinnvoll?
› Hat der Sound Wiedererkennungspotenzial (Einprägsamkeit)?

Branche
› Unterscheidet sich der Sound deutlich von den Mitbewerbern in der Branche?
› Passt der Sound zur Branche?
› Wird der Sound mit einer Marke außerhalb der Branche in Verbindung gebracht?

Kultur
› Inwiefern entspricht der Sound einem aktuellen Trend? Funktioniert er auch langfristig?

Implementierung
› Ist der Sound flexibel einsetzbar?
› Funktioniert der Sound bzgl. seines Frequenzspektrums auf verschiedenen Wiedergabemedien?
› Ist der Einsatz des Sounds für Dritte leicht handhabbar?

GROSSE GEDAN
BRAUCHEN NIC
FLÜGEL, SOND
AUCH EIN FAH
ZUM LANDEN.

Neil Armstrong, Astronaut

KEN **UMSETZEN**
HT NUR **128141**
ERN
RGESTELL

2.4 UMSETZEN
WIE KOMMUNIZIEREN WIR?

DESIGN
- ELEMENTE
- CORPORATE IDENTITY
- MARKEN-IMAGE

WAHRNEHMUNG

DAS ZIEL — Am Ende der Gestalten-Phase „Wie stellen wir uns dar?" stehen die Gestaltungselemente fest, die auf Basis der Markenmission, der kreativen Leitidee und der Tonalität entwickelt wurden. Während dieser Entwicklungsphase hat sich das Designteam bereits Gedanken gemacht, nach welchen „Spielregeln" die Elemente eingesetzt werden und miteinander in Beziehung treten. In der Umsetzen-Phase werden diese Regeln nun verbindlich festgelegt und in Form einer Design-Guideline den Mitarbeitern des Unternehmens und allen zukünftigen Dienstleistern zur Verfügung gestellt. Dabei kann eine Design-Richtlinie über das visuelle Erscheinungsbild hinausgehen und Aussagen über die inhaltliche Kommunikation treffen, die langfristig das gesamte Markenimage eines Unternehmens beeinflussen werden.

DIE METHODE — Der vierte Trichter im Modell „Wie kommunizieren wir?" übernimmt den Bereich Design-Elemente aus dem vorhergehenden. Diese Elemente fließen nun in die unterschiedlichen Bereiche ein, in denen ein Unternehmen sich darstellt: Das Erscheinungsbild, das Verhalten und die Kommunikation. Dabei ist das Themenfeld „Verhalten" eher eines, das nur mittelbar von den Gestaltungselementen profitiert. Die Erwartungshaltung, die durch das Design geweckt wird, muss jedoch in allen Bereich der Corporate Identity eingelöst werden. Erst dann, wenn eine Marke stringent über das gesamte Auftreten eines Unternehmens hinweg für den Konsumenten erfahrbar ist, wird es möglich sein, ein starkes Markenimage aufzubauen.
→ *Marken-Trichtermodell S. 19*

„We're committed to bringing our brand to life each day, and ensuring its continued growth."

Melissa Hendicks, Corporate Positioning, Cerner

1. MARKE INTERN UND EXTERN VORSTELLEN

MITARBEITER UND KOLLEGEN — Am Ende entscheidet oft nicht die Qualität des Designs über den Erfolg eines Markenerscheinungsbildes, sondern seine Akzeptanz innerhalb des Unternehmens. Dabei spielt es auch eine große Rolle, auf welche Art und Weise das neue Erscheinungsbild präsentiert wird. Grundsätzlich gilt die Regel: Intern vor Extern! Kein Mitarbeiter sollte erst aus der Presse von solch wichtigen Veränderungen erfahren! Eine (Re-)Launch-Strategie, also die Art und Weise, wie das neue oder veränderte Markenerscheinungsbild verkündet wird, sollte rechtzeitig und gewissenhaft geplant werden. Auch dafür sind Ressourcen und Budget erforderlich, die zu Beginn eines Markenentwicklungsprozesses oft vergessen werden.

(Re-)Launch-Strategie

Für Mitarbeiter bringt ein neues Erscheinungsbild erst einmal eine Umstellung und Arbeit mit sich. Für den Arbeitsalltag bedeutet dies, dass sie z. B. mit neuen Word-Vorlagen (Templates) arbeiten und sich mit neuen Design-Richtlinien vertraut machen müssen. Für so manchen Mitarbeiter mag sich der Sinn des Themas „Marke" auf den ersten Blick nicht erschließen. Es ist daher bei der Vorstellung eines neuen Markenerscheinungsbildes besonders wichtig, die Gründe dafür möglichst klar zu kommunizieren und die Ziele, die damit verbunden sind, plastisch zu machen.

Viele Mitarbeiter fragen sich „Und was hat dies alles mit mir zu tun?". Eine so einschneidende Entwicklung eines Unternehmens, wie die Einführung einer neuen Markenstrategie mit all seinen Auswirkungen, muss auch aus der Perspektive der Mitarbeiter nachvollziehbar sein. Was bringt es ihm persönlich? Wie wird die Veränderung seinen Alltag beeinflussen? Bekommt er Unterstützung, um sich in der neuen Markenstrategie zurecht zu finden? Unternehmen mit einer sehr hierarchischen Struktur stellen ihre Mitarbeiter gewöhnlich vor vollendete Tatsachen. Unternehmen mit flacheren Hierarchien und einem partizipativem Klima werden eher darauf achten, ihre Mitarbeiter in den Entwicklungsprozess mit einzubeziehen. Wie bereits beschrieben, gibt es durchaus Möglichkeiten, Mitarbeiter sinnvoll am Prozess zu beteiligen → *Prozessplanung S. 16*. Ist die Einbindung der Mitarbeiter im Vorfeld geschehen, dann ist die Präsentation eines neuen Markenerscheinungsbildes keine unangenehme Überraschung mehr, da Mitarbeiter bereits punktuell involviert und über das Vorhaben informiert sind.

WARUM NOCH MAL? – Fehlt ein nachvollziehbarer unternehmensstrategischer Grund, kann die Neueinführung eines neuen Markenerscheinungsbildes auch großen Unmut bei Mitarbeitern und Kunden nach sich ziehen. So musste SAP sein neues Markenzeichen nach nur wenigen Wochen wieder zurücknehmen. Hatte SAP bereits wenige Jahre zuvor eine Überarbeitung seines Markenzeichens vorgenommen, wurde nun der Schriftzug SAP leicht verändert und auf ein orangefarbenes Quadrat gesetzt. Dabei scheiterte die plötzliche Neueinführung vor allem am Unmut der Mitarbeiter, die sich über die mangelnde Informationspolitik beschwerten und die Finanzausgaben in Zeiten einschneidender Sparprogramme nicht nachvollziehen konnten. Die Begründung der Unternehmensleitung, das Logo würde

„Design is not a democratic process. The more people involved the worse it gets. We only discuss design-sketches in small groups on the executive-board level."

Gorden Wagener, Head of Design, Daimler

die neue Strategie der Vereinfachung widerspiegeln, intern auch als „Run simple"-Programm benannt, leuchtete den Mitarbeitern nicht ein. Letztendlich blieb es beim bekannten SAP-Markenzeichen mit rechtsseitig angeschrägter blauer Farbfläche.

KUNDEN UND ÖFFENTLICHKEIT – Im Falle der Modemarke GAP kam der Druck, der zu der Rücknahme eines neuen Logos führte, von Seiten der Social Community. Das neue Markenzeichen wurde auf FACEBOOK und TWITTER heftig kritisiert, in dem es unter anderem als langweilig, uninspiriert und unprofessionell beschrieben wurde. Das Unternehmen ließ diesen Shitstorm tagelang unkommentiert, bis es den nächsten Unmut hervorrief, indem es dazu aufforderte, man möge doch bessere Entwürfe einreichen. Kurze Zeit darauf beendete das Unternehmen die Diskussion, in dem es eine Pressemeldung herausgab und wieder zum alten Markenzeichen zurückkehrte.

DIE FORM ZÄHLT – Mitarbeiter und Kunden wollen nachvollziehen können, warum sich „ihre" Marke verändert und sie sich in Folge dessen umgewöhnen müssen, schließlich existiert zwischen bisheriger Marke, Mitarbeitern und Kunden ein festes Band. Durch die Möglichkeiten des Austausches über soziale Medien sind Menschen mittlerweile daran gewohnt, gehört und in ihrer Kritik ernst genommen zu werden. Dies ist ein Balanceakt für jedes Unternehmen. Eine solch ablehnende Reaktion, wie im Falle des neu eingeführten GAP-Logos, ist jedoch eine große Ausnahme. Versteht ein Unternehmen sein Markenerscheinungsbild nicht als bloße Kosmetik, sondern als Ausdruck seiner Mission und Strategie, kann es in der Regel auch stichhaltige Argumente für diese Veränderung liefern. Während große Konzerne die Möglichkeit haben, ihren Marken-Re-Launch in Form einer Kampagne zu kommunizieren, wählen kleinere Unternehmen als Medium z. B. ihre FACEBOOK-Seite, Newsletter und die eigene Webseite. Als die DEUTSCHE BAHN einen neuen Corporate Sound einführt, wurde die zugrundeliegende Strategie und Konzeption mit Hilfe eines Erklärfilms präsentiert. Durch die klare und verständliche Aufbereitung des Themas warb die Corporate-Design-Abteilung so für interne und externe Akzeptanz für das für viele noch unbekannte Thema Sound-Branding.

Bei der internen Vermittlung sollte die Art der Kommunikation auch zur Unternehmenskultur passen. So kann eine opulente Präsentationsveranstaltung in einer ansonsten legeren Unternehmenskultur deplatziert wirken und allein schon deshalb weniger Akzeptanz finden. Neben der richtigen Präsentationsform, ist auch die Auswahl der Redner ein wichtiger Punkt. „In jedem Fall", so Stefanie Diers von META-DESIGN „ist hier Management-Attention gefragt. Da muss der Vorstand selbst ran!" In der Praxis haben sich auch Face-to-face-Präsentationen in kleineren Gruppen bewährt, auch Road-Shows genannt. Hier sind die Mitarbeiter unter sich, die Inhalte können speziell auf die Bedürfnisse der Gruppe angepasst werden und die Teilnehmer fühlen sich freier, Fragen und Verbesserungsvorschläge zu äußern.

Management-Attention

Road-Show

Trotz aller gut geplanter Kommunikationsmaßnahmen zur Einführung eines neuen Erscheinungsbildes gibt es immer auch Kritik und Zweifel an der Neueinführung. Hier zahlt es sich aus, wenn alle wichtigen Keyplayer im Unternehmen in den Entwicklungsprozess involviert wurden ⟶ *Prozessplanung S. 16*. In persönlichen Gesprächen oder kleineren Runden können Zweifel ausgeräumt werden oder umsetzbare Ideen aufgegriffen werden.

Fragestellungen vor einem Marken (Re)-Launch:

Inhalte
› Welches Ziel will das Unternehmen mit dem neuen Markenauftritt erreichen?
› Welche Erkenntnisse aus der Vergangenheit haben zu dem Entschluss geführt?
› Inwiefern steht der neue Markenauftritt für die Unternehmensidentität?

› Inwiefern spiegelt der Markenauftritt die Mission des Unternehmens wieder?
› Wie sieht der neue Markenauftritt aus?
› Warum ist es wichtig, dass die Markenstrategie von allen mitgetragen wird und wie kann das konkret im Alltag aussehen?

Zielgruppen
› Wer muss alles informiert werden?
› Welche Aspekte interessieren die jeweiligen Gruppen (Abteilungen, Partner, Kunden, Öffentlichkeit)?

› Inwiefern wird sich der neue Markenauftritt auf die jeweilige Person/Gruppe auswirken?

Fragestellungen vor einem Marken (Re)-Launch (Fortsetzung):

Form

› Gibt es einen besonderen Anlass (Jahresfeiern, Sommerfest etc.) der sich anbietet, um einen Marken-(Re)-Launch vorzustellen?
› In welchem Format soll das neue Markenerscheinungsbild präsentiert werden? Sie können miteinander kombiniert werden:
  • Präsentation für alle
  • „Road-Show"
• Event
• Intranet
• Kundenzeitschrift
• Plakate
• Brandbook ⟶ S. 140, 235
• Besondere Aktionen: Schnitzeljagd, Ratespiel etc.
• Ausstellung
• Giveaways, wie T-Shirts, Poster, Taschen etc.
• Erklärfilm

Formate für Kunden und Öffentlichkeit

› Webseite
› Social Media
› Newsletter
› Pressemeldung
› Pressekonferenz
› Erklärfilm
› Markeneinführungs-Kampagne

2. KOMMUNIKATIONSMASSNAHMEN

Design-Richtlinie, Guideline

Design-Spielregeln

PARALLEL DENKEN – Wenn das Designgerüst auf sicheren Beinen steht, ist meist nicht die Zeit sich erst einmal in Ruhe um die Konzeption der Design-Richtlinie (Guideline) zu kümmern. Parallel dazu müssen nun die elementarsten Anwendungen eines Unternehmens, wie Webseite, Geschäftsausstattung und Informationsmaterialien mit dem neuen Markenerscheinungsbild umgesetzt werden. Was bisher nur als skizzenhafte Adaption existiert, muss sich nun in der Realität bewähren. Erst hier zeigt sich, welche „Design-Spielregeln" tatsächlich funktionieren und welche noch einmal angepasst werden müssen. Auf keinen Fall jedoch sollte das Unternehmen mit halbfertigen Lösungen an die Öffentlichkeit treten, bevor nicht das gesamte Designkonzept steht und kommuniziert wurde. Anfragen wie „Können wir wenigstens schon einmal den Logoentwurf haben?" müssen klare Absagen erteilt werden.

PLANEN   GESTALTEN   **UMSETZEN**

PRIORITÄTEN SETZEN – Sieht man sich die Vielfalt von Kommunikationsmedien an, wird schnell klar, dass es nicht möglich sein wird, alle auf einmal umzusetzen. Mit einer Phase des Übergangs wird man auch im Sinne der Nachhaltigkeit leben müssen. Alle alten Drucksachen in den Müll zu werfen, wäre das Gegenteil davon. In der Planen-Phase wurden bereits die wichtigsten nun anstehenden Kommunikationsmaßnahmen festgelegt. Auf diese gilt es sich zu konzentrieren. Die sichtbarsten Maßnahmen sollten Priorität haben.

Nachhaltigkeit

INHALTE UND STRUKTUREN – Immer wieder hört man Auftraggeber sagen: „Unsere Webseite ist eigentlich noch recht aktuell, können wir nicht oben einfach den Header mit dem Logo austauschen?" Technisch spricht hier nichts dagegen, aber im Sinne der Einführung einer Marke ist dies kontraproduktiv. Es ist ratsam, sich zu Beginn lieber nur einige wenige Design-Anwendungen vorzunehmen und diese im Sinne der Markenstrategie umzusetzen, als viele und nur halb ausgegorene. Wenige sehr gute Beispiele helfen dem Brandmanagement in Zukunft, sich auf diese „Leuchttürme" zu beziehen. Bevor das Unternehmen also inhaltlich wie strukturell zum „Business as usual" zurückkehrt, sollten sich alle Beteiligten noch einmal genau die Markenmission vergegenwärtigen und daraufhin das Briefing für die weiteren Anwendungen erstellen. Was bedeutet die Markenmission für die Nutzererfahrung (User Experience) einer Webseite oder App im Detail? Wie muss eine Pressemeldung formuliert werden und wie melden sich in Zukunft die Mitarbeiter bei der Telefonhotline?

Mögliche Kommunikationsmedien:

Geschäftsausstattung
› Briefbögen, Seite 1 und 2
› Visitenkarten
› Faxbogen (falls nötig)
› Protokoll, Memo
› Formulare
› Aufkleber
› Versandumschläge
› Stempel, Freistempler
› Gruß- und Glückwunschkarten
› Urkunden
› Verträge

Digital
› Webseite
› Soziale Medien
› Online-Magazin
› Blog
› Intranet
› E-Mail
› Newsletter
› Apps
› Präsentationen (PowerPoint, Keynote etc.)

Mögliche Kommunikationsmedien (Fortsetzung):

Literatur
› Geschäftsbericht
› Imagebroschüren
› Produktinformationen
› Kataloge
› Flyer

Werbung
› Imagekampagne
› Produktkampagne
› Online-Banner
› Personalanzeige
› Zeitungsbeilage
› Direct-Mailings
› Sponsoring

Architektur
› Gebäude
› Gebäudekennzeichnung
› Weg- und Leitsystem
› Piktogramme
› Shop Design / Point-of-Sale
› Displays
› Messestand
› Event
› Gebäudeeinrichtung

Verpackungsdesign
› Verpackungen
› Etiketten
› Gebrauchsanleitung / Beipackzettel
› Tragetaschen
› Transportkartons
› Geschenkpapier
› Klebeband

Service
› Telefonwarteschleife
› Kontaktanfragen
› Feedback-Bogen
› Angebotsmappen
› Preislisten
› Gebrauchsanweisungen
› Rechnungsbögen
› Geschäftsbedingungen
› Bekleidung
› Fahrzeuge

Werbeartikel
› Notizbücher
› Haftnotiz-Blöcke
› Stifte
› Schirme
› T-Shirts

3. DOKUMENTATION

VOM MÜSSEN UND WOLLEN – Design-Guidelines, auch Styleguides oder Design-Richtlinien genannt, definieren das Zusammenspiel der unterschiedlichen Designelemente eines Markenerscheinungsbildes. Sie haben bei Designern einen schweren Stand, sowohl für die Macher wie auch für deren Nutzer. Sie zu konzipieren ist sehr aufwendig und es bedarf großen Einfühlungsvermögens in unterschiedliche Nutzergruppen, wie Mitarbeiter des Unternehmens (z. B. der Marketingabteilung), Zulieferern und externen Designern. Designer in der Rolle des Anwenders fühlen sich meist in ihrem schöpferischen Handeln

„Große Gedanken brauchen nicht nur Flügel, sondern auch ein Fahrgestell zum Landen."

Neil Armstrong, Astronaut

von Design-Guidelines zu stark eingeschränkt. Gestalten nach Rezept entspricht nicht dem Selbstbild der Kreativen. Marketingabteilungen sind dagegen erleichtert, wenn Regeln klar formuliert sind und einfach ohne großen Kommunikationsaufwand schnell ausgeführt werden können. Hier ist es wichtig, vor der Konzeption einer Design-Richtlinie zu klären, welche Freiheiten in Zukunft gewährt werden sollen bzw. sogar erwünscht sind und welche Regeln unumstößlich sind, weil der Markenauftritt sonst Gefahr läuft, nicht mehr konsistent zu sein. Hier hat sich glücklicherweise in den letzten Jahren die Einstellung bei Agenturen und Unternehmen stark gewandelt. Die dicken Aktenordner mit mehreren hundert Seiten Designregeln gehören der Vergangenheit an. Durch die Darstellung im Web können Inhalte für unterschiedliche Zielgruppen angeboten werden und viel gezielter gesucht und gefunden werden. Mit Hilfe von Gestaltungsvorlagen (Templates) werden bereits vorbereitete Dokumente zur Verfügung gestellt, in denen z. B. das Raster, die Stilvorlagen und die Farbpalette bereits angelegt sind. Regelungen, die in der Praxis nicht funktionieren, können schneller angepasst werden und der Austausch aller Beteiligten untereinander kann mit der Bereitstellung von Foren, Fachartikeln und Best-Practice-Beispielen unterstützt werden.

WISSEN WARUM – Mittlerweile hat sich die Tonalität von Design-Guidelines von einer trockenen Gebrauchsanleitung hin zu einem unterstützenden Tool verändert. Positive Designbeispiele ersetzen nun die mit dicken, roten Balken durchgestrichenen Negativbeispiele mit der Überschrift „So nicht!". Der beste Weg, eine höhere Akzeptanz für eine Design-Guideline zu erzielen, ist wie so oft, den Weg über das Verständnis zu wählen. Wenn Menschen wissen, warum sie etwas tun sollen, sind sie eher dazu bereit als einer nicht nachvollziehbaren Regel zu folgen. Markenmission und kreative Leitidee sollten also nicht nur in Nebensätzen abgehandelt werden, sondern für alle Zielgruppen verständlich aufbereitet werden. Beim inhaltlichen Aufbau einer Design-Richtinie gilt das Prinzip vom „Großen ins Kleine", also von der Idee zum Prinzip und vom Prinzip ins Detail.

WISSEN MIT WEM – Gerade für die Zielgruppe der internen und externen Designer von Unternehmen, bieten gut ausgewählte Best-Practice-Beispiele gleich zu Beginn eine hilfreiche Orientierung, wohin die Reise gehen soll. Designer mit einem gut geschulten Auge

„Brand-leadership is not a democratic exercise. You cannot vote on how to lead a brand. In this mindset, design development processes are far away form the employee level."

Tina Müller, Marketingchefin, Opel

Best-Practice-Beispiele

verstehen sehr schnell, worauf es beim Markenerscheinungsbild ankommt. Von der Qualität der in Zukunft ausgewählten Designer wird ein noch so aufwendig dokumentiertes Erscheinungsbild immer abhängen. Eine Design-Guideline kann keine Designausbildung und mangelnde Designqualität ersetzen, auch wenn das Designkonzept noch so einfach angelegt sein mag.

„Die zentrale Aufgabe von Styleguides ist (...) implizites Wissen zu dokumentieren, um es teilbar zu machen. Hier liegt der Schlüssel für Konsistenz, und nicht in der Pixel-genauen Vermaßung eines Icons."

Felix Guder, Geschäftsführender Gesellschafter, Iconstorm

Immer wieder wird es Anwendungen geben, die in der Richtlinie noch nicht dokumentiert wurden. Oder man hat es mit inhaltlichen Abweichungen zu tun, die eine eigene Form verlangen. In diesen Fällen müssen Designer intelligente Lösungen im Sinne der Marke entwickeln. Das Design für eine Marke ist ein lebendiger Kosmos, der nie abgeschlossen sein wird und sich auch ständig weiterentwickeln muss. Hier ist es wichtig, dass der Kern der Marke immer beibehalten wird. Darüber hinaus muss diese immer wieder mit dem Alltag abgeglichen werden. Die permanente Kommunikation mit allen Beteiligten ist dabei eine weitere wichtige Komponente, um die Akzeptanz des Markenauftritts zu gewährleisten. Nichts ist frustrierender als eine Design-Richtlinie, die nicht mehr aktuell ist und die Bedürfnisse der Beteiligten aus den Augen verloren hat.

SPIELERISCH VERMITTELN – Gut gemachte Spielanleitungen für Brettspiele sind eine hilfreiche Inspiration für die Entwicklung von Design-Guidelines. Eigentlich möchte man gleich los spielen, muss aber erst noch einmal eine halbe Stunde aufwenden, um das Spiel mit Hilfe der Spielanleitung zu verstehen. Da man das Spiel noch nicht gespielt hat, verliert man sich in neu eingeführten Begrifflichkeiten und irgendwann kommt dem zukünftigen Spieler das Ziel des Spiels abhanden und die Runde der Mitspieler löst sich bei fortschreitender Zeit und wachsender Unsicherheit auf. Dies ist der Grund, warum so viele kaum gespielte Spiele ihr Dasein in Regalen fristen. Viele Design-Guidelines erleiden ein ähnliches Schicksal. Spielemacher, die dies erkannt haben, bieten z. B. eine Schnellspielrunde zum Einstieg an. Hier können die Nutzer das Spiel und sein Ziel in aller Kürze beim Spielen selbst erkunden, ohne sich im Vorfeld nur theoretisch damit zu befassen.

Ebenfalls können Design-Guidelines schnelle, spielerische Einstiege bieten. Das kann ein Erklärfilm sein, der in aller Kürze zeigt, was die wesentlichen Merkmale des visuellen Markenauftritts sind und wie ihr Zusammenspiel funktioniert. Der Teehersteller LIPTON TEE hat sich etwas ganz besonderes für seine Führungskräfte überlegt. Für sie wurde das Quizspiel LIPTON MILLIONAIRE für den IPod entwickelt. Ähnlich wie beim Spiel WER WIRD MILLIONÄR wird nach jeder richtig beantworteten Frage das Spielgeld von Runde zu Runde aufgestockt. Auf diesem Wege konnten Themen wie Farbeinsatz oder Platzierung des Logos unter anderem durch das Einspielen von Videos und interaktiven Elementen sehr spielerisch und humorvoll vermittelt werden.[25]

Fragen für die Konzeption einer Design-Guideline:

› An wen richtet sich die Design-Guideline hauptsächlich?
› Welche Bedürfnisse haben die Zielgruppen?
› Welche Regeln sind unbedingt einzuhalten?
› Worin liegen gestalterische Freiräume?
› Wie kann ein spielerischer, schneller Einstieg in das Markendesign gelingen?
› Welche Möglichkeiten gibt es, um einen fachlichen Austausch zu fördern?
› Wie können Nutzer regelmäßig auf die Guideline-Plattform geholt werden, um sich über Neuigkeiten zu informieren?
› Kann man Anreize schaffen, indem besonders gelungene Anwendungen prominent platziert werden?
› Wie kann Feedback von Nutzern eingeholt werden?

Beispiel eines üblichen Inhalts von Design-Guidelines:
⟶ Konzerthaus Berlin S. 204

Wer sind wir?
› Kurze Beschreibung des Unternehmens

Wofür stehen wir ein?
› Kernwerte
› Markenmission

Corporate Behavior und Corporate Communication
› Verhalten
› Sprache

Wie stellen wir uns dar?
› Kreative Leitidee
› Tonalität, Überblick über das Markenerscheinungsbild, verschiedene Anwendungen
› Design-Elemente:
  • Logo(s) für Dachmarke und Produktmarken
  • Signaturen
  • Claim
  • Farbklima und Farbeinsatz
  • Schrift und Schrifteinsatz
  • Bildsprache und Bildeinsatz
  • Material
  • Klang

> Beispiel eines üblichen Inhalts von Design-Guidelines (Fortsetzung):

Verschiedene Anwendungen

> Webseite
> - Architektur
> - Style Guides
> - Interface
> - Content
> - Schrift
> - Farbe
> - Bild
> - Sprache

> Werbung, Print
> - Sprache
> - Raster
> - Headline
> - Copytext
> - Logoplatzierung
> - Störer
> - Bild
> - Farben

4. BRANDBOOK

MARKE ZUM ANFASSEN – Markenbücher, auch Brandbooks genannt, haben die Aufgabe, die Marke sinnlich erlebbar zu machen. Design-Guidelines im Internet können dies nur in einem beschränkten Maße leisten. Brandbooks sind mitunter sehr aufwendig gestaltet. Der Einsatz von hochwertigem Papier, Stanzungen, Prägungen etc. machen die Marke dreidimensional erfahrbar. Statt detaillierter Erläuterungen von Regeln, steht hier die Tonalität des Markenauftritts im Vordergrund. Da diese Brandbooks in der Produktion oft sehr teuer sind, werden sie einem engeren Kreis von Mitarbeitern überreicht, die in Zukunft im Unternehmen eine Rolle als Markenbotschafter einnehmen sollen. Diese Mitarbeiter können aus unterschiedlichen Bereichen kommen, wie dem Marketing, aber auch der Produktentwicklung, Geschäftsführung, Personalabteilung etc. Ihre Aufgabe ist es, darauf zu achten, dass in ihren Abteilungen die gesamte Kommunikation, intern wie extern, im Sinne der Markenstrategie erfolgt. ⟶ *Vorwerk S. 235*

„A spirit book is a compelling way to express the essence of a brand."

Ken Carbone, Geschäftsführer Carbone, Smolan Agency

5. HOTLINE

DIREKTVERBINDUNG – In den letzten Jahren haben einige große Konzerne, wie die TELEKOM oder die DHL ihr Brand-Management mit der Einrichtung einer Corporate-Design-Hotline ergänzt. Hier können sich Anwender mit ihren Fragestellungen direkt an einen Spezialisten wenden. Im Falle der DHL verbindet die Hotline sogar direkt zu ihrer

Leitagentur METADESIGN. Die Nutzer dieses Services sind zum einen externe Designer, aber auch Marketingverantwortliche aus über 100 Fachabteilungen. Das Agentur-Team stellt z. B. benötigte Logos bereit, erläutert Richtlinien und unterstützt bei der markenadäquaten Erstellung von Anwendungen. Durch die enge Zusammenarbeit und den intensiven Dialog haben Agentur und Unternehmen die Bedürfnisse ihrer Nutzer genau im Blick und können schnell darauf reagieren.

Leitagentur

6. MITARBEITERSCHULUNG

Schulungen können da ansetzen, wo die alltägliche Arbeit mit dem neuen Markenauftritt beginnt: Der Umgang mit den Templates für die neue Geschäftsausstattung, die Gestaltung der neuen Präsentionscharts oder die Installation der neuen Hausschriften. Das Themenspektrum ist vielfältig und sollte immer genau auf die jeweilige Schulungsgruppe zugeschnitten sein. Am Besten ist es, wenn man sich vorher über das Aufgabenspektrum der Teilnehmer und ihren jeweiligen Berührungspunkten mit der Markenkommunikation erkundigt. Mitarbeiterschulungen bieten, neben den rein praktischen Inhalten, die Chance, für den neuen Markenauftritt zu werben, Vorbehalte aufzunehmen oder sie zu entkräften.

Die Einführung von E-Learning-Tools bieten zusätzlich eine gute Möglichkeit, Mitarbeiter zu informieren, die an den Schulungen nicht teilnehmen konnten oder einfach noch nicht ganz sicher im Umgang mit dem neuen Erscheinungsbild sind.[24]

Fragen für die Planung einer Mitarbeiterschulung:

› Wer nimmt an der Schulung teil? Kennen sich diese untereinander gut oder sollte ein gegenseitiges Kennenlernen unterstützt werden?
› Wie hoch ist die Anzahl der Teilnehmer?
› Welche unterschiedlichen Bedürfnisse und Erwartungen hat die Schulungsgruppe? Vorher unbedingt erfragen!
› Wie viel Zeit steht den Teilnehmern zur Verfügung?
› Sind IT-Kenntnisse vorhanden?
› Welche technische und räumliche Ausstattung wird benötigt?
› Wie kann das Feedback der Teilnehmer eingeholt werden?
› An wen können sich die Teilnehmer wenden, wenn sie anschließend noch Fragen haben?

„Hinterher ist man immer schlauer."

Redensart

EDEN
142177

SPIEKERMANN
GETYOURGUIDE

Inhaltliche Recherche: Johanna Braun,
David Jacob und Romina Poschadel

EDENSPIEKERMANN
GETYOURGUIDE

RESSOURCEN

AGENTURAUSWAHL
BRIEFING
REBRIEFING
WORKSHOP

BEAUFTRAGEN

VERSTEHEN
Workshopvorbereitung
Unternehmensidentität
Zielgruppenanalyse
Marktumfeld

PLANEN
Markenpositionierung
Zielgruppenbestimmung
Persona
Customer Journey
Zielsetzung
Markenwerte
Kernwerte

1
2
3

ZEIT IN MONATEN 1 2

SCHULTERBLICK

ENDPRÄSENTATION

GESTALTEN
Tonalität
Kreative Leitidee
Markenzeichen
Designkonzept
Bildsprache
Icons
Farben
Typografie
Marken-Claim

UMSETZEN
Kommunikations-
maßnahmen
Dokumentation

EDENSPIEKERMANN
GETYOURGUIDE   BEAUFTRAGEN   VERSTEHEN

EDENSPIEKERMANN

EDENSPIEKERMANN ist eine der führenden Agenturen für Markenentwicklung, Service Design und digitale Produkte & Services in Deutschland.

Im Berliner Büro der Agentur arbeiten 60 Denker, Designer, Berater, Konzeptentwickler, Programmierer, Texter, Visualisierer und Realisierer aus 15 Nationen. 2009 aus der Fusion von EDEN DESIGN & COMMUNICATION AMSTERDAM und SPIEKERMANNPARTNERS BERLIN hervorgegangen, verwirklicht EDENSPIEKERMANN internationale Projekte für Marken wie die RED BULL MUSIC ACADEMY, die CITY OF AMSTERDAM oder das ZEIT MAGAZIN ONLINE.

Neben den Hauptniederlassungen in Berlin und Amsterdam betreibt EDENSPIEKERMANN weitere Agentur-Büros in Singapur, Stuttgart, San Francisco.

GRÜNDUNG
2000

STANDORTE
Berlin, Amsterdam,
Los Angeles, San Francisco

MITARBEITER
86

PROJEKTTEAM
Pia Betton *Partnerin/Strategie*
Christian Hanke
Partner/Creative Director
Manfred Blattner
Projekt-/Accountmanager
Paul Woods *Senior Designer*
Ricardo Carlet *Designer*
Shelly Peng *Praktikantin Strategie*
Ben Siero *Praktikant Design*

GETYOURGUIDE

GETYOURGUIDE ist das weltweit größte Portal zum Entdecken, Vergleichen und Buchen von Touren, Attraktionen und Ausflügen am Urlaubsort. Das Angebot erstreckt sich von Sightseeing-Touren über sportliche Aktivitäten, Museumseintritte bis hin zu Shows und Events. Im Jahr 2010 lanciert das Unternehmen erstmals seine Webseite.

HISTORIE – Johannes Reck, heute CEO von GETYOURGUIDE, suchte auf einer Peking-Reise im Internet vergeblich nach einer nachmittäglichen Sightseeing-Tour. Dieses frustrierende Erlebnis hatte aber auch sein Gutes: Die Idee für das Start-up war geboren. Zurück im Studium an der EIDGENÖSSISCHEN TECHNISCHEN HOCHSCHULE (ETH ZÜRICH), stellte Reck seine Idee für eine Online-Reise-Plattform in einem seiner Kurse vor. Hier überzeugte die Geschäftsidee vier weitere Kommilitonen, die später zu Mitbegründern wurden.

GRÜNDUNG
2010

STANDORTE
Zürich, Berlin, Las Vegas

PRODUKT
Erlebnisbuchungsportal

MITARBEITER
ca. 100

PROJEKTTEAM
Johannes Reck *Gründer*
Pascal Mathis *Gründer*
Tao Tao *Gründer*
Martin Sieber *Gründer*
Tobias Rein *Gründer*
Dominic Thimm *Produktmanager*
Caitlin Schiller *Head of Content*

EDENSPIEKERMANN BEAUFTRAGEN VERSTEHEN
GETYOURGUIDE Agenturauswahl
             Briefing

AGENTURAUSWAHL

PROJEKTSTART
August 2012

DEADLINE
Keine

Zwei Jahre nach der Gründung stößt GETYOURGUIDE mit seinem Erscheinungsbild zunehmend an seine Grenzen. So fokussiert die Bildmarke in Form der Weltkugel den europäischen Raum und schließt z. B. den amerikanischen Markt aus. Der visuelle Gesamteindruck assoziiert nur ungenügend eine junge und emotionale Marke.

Um den richtigen Partner zu finden orientiert sich das Unternehmen an Agentur-Rankings, wovon fünf Agenturen mit dem Briefing (siehe Abbildung rechts) angeschrieben werden. Daraufhin haben diese Zeit, sich mit der Aufgabenstellung inhaltlich zu beschäftigen, um sich beim anschließenden Agenturbesuch darüber auszutauschen.

Vor allem die umfangreiche Erfahrung von EDENSPIEKERMANN im digitalen Bereich schien ausschlaggebend dafür zu sein, dass die Wahl schließlich auf das Berliner Büro fiel. Die technische Umsetzung der digitalen Medien wie auch die Gestaltung von Print-Anwendungen will GETYOURGUIDE zukünftig inhouse bewältigen.

Der Ist-Zustand
der Webseite
zu Beginn des
Projektes

BRIEFING

AUFTRAG – GETYOURGUIDE ist auf der Suche nach einem neuen Logo sowie einer neuen Farb- und Typografiepalette, welche die Zielgruppe ansprechen soll, ohne dabei jedoch andere Gruppen abzuschrecken. Zusätzlich soll die Persönlichkeit der gereiften Marke repräsentiert werden.

Neben diesem Hauptaugenmerk besteht auch ein Interesse daran, über die Entwicklung anderer Elemente einer visuellen Identität zu diskutieren, inklusive, jedoch nicht begrenzt auf: PowerPoint- und Visitenkartenvorlagen sowie Briefpapieren.

DAS BISHERIGE LOGO

› ist nicht für alle internationalen Kunden geeignet, da es einen eurozentrischen Globus darstellt
› ist zu breit, woraus eine sehr kleine Darstellung in den meisten Anwendungsfällen resultiert
› weist in Graustufen eine schlechte Lesbarkeit auf
› besteht aus zu vielen Farben

ANFORDERUNGEN AN DIE NEUE IDENTITÄT

› transportiert den Wunsch zu Reisen und das Verlangen nach aufregenden lokalen Reiseerlebnissen
› strahlt aus, dass GYG ein freundliches, menschliches und soziales Unternehmen ist
› unterstreicht Frische und Aktualität des Angebots
› Kunden sollen sich im Zusammenhang mit der Marke gut, cool und clever fühlen
› Vertrauenswürdigkeit, Professionalität, Verlässlichkeit verkörpern
› wenn möglich, die bisherigen Hausfarben aufgreifen (grün und blau)
› Logo sollte frisch, aber direkt als GETYOURGUIDE erkennbar sein

ANFORDERUNGEN AN DIE AGENTUR – Als internationales Unternehmen mit einer weltweiten Reichweite, welches einen guten Mittelweg zwischen etablierter Marke und sich ändernden Bedürfnissen finden muss, sucht GETYOURGUIDE eine Agentur, die folgende Qualitäten vereint:

› internationaler Background
› starke Ausrichtung auf Branding
› Erfahrung beim Ausführen von stimmigen Rebrandings
› Kenntnis der Reisebranche

TECHNISCHE & FUNKTIONALE ANFORDERUNGEN

› gute Lesbarkeit des Logos in Graustufen
› die Markenwiedererkennung soll relativ intuitiv bleiben
› das Logo muss internationale Kunden ansprechen (nicht nur Deutsche; der eurozentrische Globus im derzeitigen Logo ist nicht ideal für amerikanische Kunden)
› weniger als 3 Farben, sofern möglich
› Farben und Typografie müssen in Web und Print funktionieren
› Logo, Farben und Schriftauswahl müssen am Ende des Projektes für den hausinternen Gebrauch an GETYOURGUIDE übergeben werden

EDENSPIEKERMANN	BEAUFTRAGEN	VERSTEHEN
GETYOURGUIDE	Rebriefing	Workshopvorbereitung
		Unternehmensidentität
		Zielgruppenanalyse
		Marktumfeld

REBRIEFING

VORBEREITUNG – Um das Rebriefing vorzubereiten, sichtet und kommentiert das Projektteam von EDENSPIEKERMANN den Ist-Zustand der Webseite. So beschreibt z. B. ein Teammitglied seinen Eindruck folgendermaßen: „Ich fühle mich mit Informationen bombardiert, es wirkt billig und vermittelt hauptsächlich die Botschaft KAUF MICH!"

REBRIEFING – Eingeleitet wird das Rebriefing auf emotionale Weise. Mit einer Beschreibung der Situation, in der sich potentielle Kunden von GETYOURGUIDE bei ihrer Reiseplanung befinden. Der Auftraggeber soll sich dadurch besser in die Situation seiner Kunden hineinversetzen können:

„Urlaubsortsdiskussionsabende. Usedom oder Umbrien, Pittsburgh oder Pisa. Berge-Strand-Grabenkämpfe. Städtetrip-Natur-Diskussionen. Und am Ende siegt die Vorfreude, wenn dann das gemeinsame Ziel gewählt ist. […]"

Bisher gelingt es dem Unternehmen kaum, dieses schöne Urlaubsgefühl mit der Marke in Verbindung zu bringen. Um diese Problematik zu beheben, schlägt EDENSPIEKERMANN den folgenden Projektablauf vor:

SCHRITT 1 DISCOVER – Zunächst will die Agentur das Unternehmen und seine Kunden besser verstehen. Zu diesem Zweck soll ein Workshop durchgeführt werden. Hier wird die Perspektive von Kunden, Anbietern und Partnern eingenommen, um deren Motivation, Handlungsabläufe und Berührungspunkte mit GETYOURGUIDE zu untersuchen. Als Ergebnis wird der Markenkern bzw. die Markenaussage definiert: Welche Rolle spielt die Marke im Leben der Menschen?

SCHRITT 2 DEFINE – Im nächsten Schritt wird die erarbeitete Markenaussage verdichtet und ein Markengefühl entwickelt. Ziel ist es, den Kern der gemeinsamen Unternehmensidentität greifbar werden zu lassen.

SCHRITT 3 DESIGN – Aus dieser Basis heraus wird eine visuelle Sprache entwickelt, die zukünftig Kunden anspricht, beeindruckt und eine Bindung zum Unternehmen aufbaut. Die Elemente Markenzeichen, Farben, Schrift, Visitenkarten, Look & Feel für GETYOURGUIDE.COM sowie Anwendungen (PowerPoint Vorlagen, Merchandising etc.) spielen hierbei eine besondere Rolle.

SCHRITT 4 DEVELOP (BEHAVIOURS & CONCEPTS) – In einem weiteren Schritt wird empfohlen, Konzepte zu entwickeln, welche eine Marke lebendig halten. Dies können beispielsweise Ansätze für weitere digitale Begegnungen sein, wie Produkte, Services oder Tools, welche im Leben der Kunden, Partner oder Mitarbeiter einen echten Mehrwert bieten können.

SCHRITT 5 DELIVER – Zum Schluss entsteht eine Dokumentation in gewünschtem Umfang. Dies kann ein kurzes und knappes Basisdokument oder eine lebendige Online Brand Documentation sein. Aufwand und Nutzen müssen im Laufe des Prozesses entschieden werden, wie auch der Bedarf an einer Mitarbeiterschulung.

WORKSHOPVORBEREITUNG

UNTERNEHMENSIDENTITÄT – „People don't buy what you do. They buy why you do it."[26] Das Zitat des Briten Simon Sinek verweist auf das Bedürfnis vieler Kunden, sich mit der Haltung und den Werten der Unternehmen identifizieren zu können. Immer dann, wenn im Alltag diese Wertewelten aufeinandertreffen, entsteht ein echtes Markenerlebnis. Mit diesem werte- und nutzerzentrierten Blick begibt sich EDENSPIEKERMANN in die Vorbereitung des Workshops. Es geht folglich nicht nur darum, im Vorfeld ein Verständnis für Produkte, Service und Marktumfeld zu erlangen, sondern eine Gesprächsgrundlage zu erarbeiten, mit deren Hilfe die Werte und Motive des Startups greifbar gemacht werden können.

ZIELGRUPPENANALYSE – Um die Bedürfnisse der Nutzer besser zu verstehen, beginnt EDENSPIEKERMANN zuerst damit, qualitative Interviews mit Mitarbeitern (mit/ohne Kundenkontakt), Kunden (Reisenden) und Partnern (Touranbietern) von GETYOURGUIDE zu führen. Dies stellt eine gute Vorbereitung, um die Erlebniskette einer Reisebuchung ⟶ *Customer Journey S. 85* besser zu verstehen und gezielt Mitbewerber und das Umfeld zu recherchieren.

Die Skizze von EDENSPIEKERMANN zeigt, wie sich in unterschiedlichen Momenten die Wertewelten („why") von Marke und Konsumenten treffen. An diesen Kontaktpunkten wird Marke zum nachhaltigen Erlebnis.

WORKSHOP

IDENTITÄTSSUCHE IST CHEFSACHE – Der Workshop findet mit allen fünf Unternehmens-Gründern, sowie der leitenden Beraterin und dem verantwortlichen Creative Director bei EDENSPIEKERMANN in Berlin statt. Der ganztägige Workshop soll allen Beteiligten verstehen helfen, was das Unternehmen ausmacht.

MARKENPOSITIONIERUNG – Zum Auftakt wird ein Bild vom zukünftigen Markt gezeichnet. Im Anschluss wird mit Hilfe des *Markenpositionierungskreuzes* → *S. 80* die Konkurrenz eingeordnet und die Positionierung von GETYOURGUIDE erarbeitet. Derzeit sieht sich das Unternehmen im Umfeld von Anbietern mit einem breiten Angebot und einer funktionalen Darbietung. Zukünftig möchte das Unternehmen jedoch in ein Umfeld, das den Kunden individueller und emotionaler anspricht. So visualisieren die Teilnehmer ihre Vorstellungen von der Wirkungsweise der zukünftigen Marke.

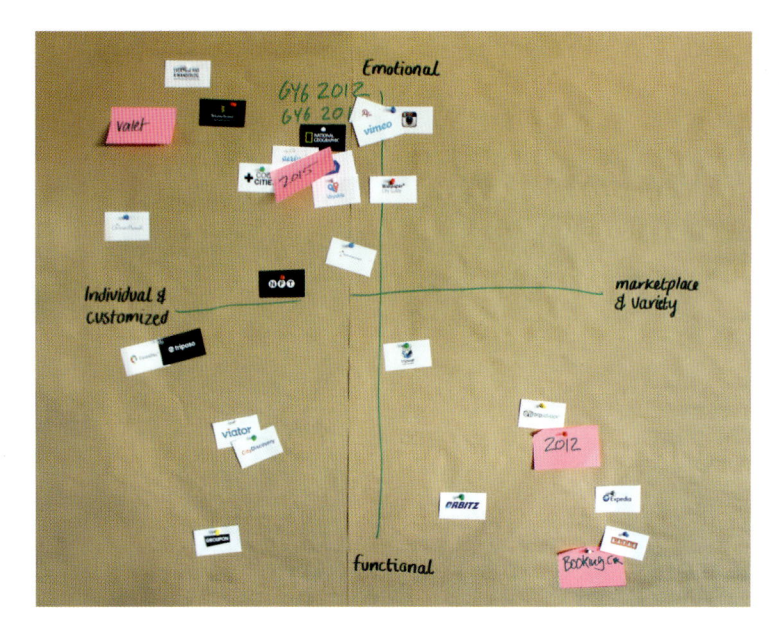

Traum (Postit 2015) und Wirklichkeit (2012) sind zum Zeitpunkt des Workshops noch weit voneinander entfernt.

PLANEN	GESTALTEN	UMSETZEN
Workshop	Tonalität	
Markenpositionierung		
Zielgruppenbestimmung		
Persona		

ZIELGRUPPENBESTIMMUNG – Um die Marke aus den Perspektiven verschiedener Akteure zu erkunden, wird die Rolle, die GETYOURGUIDE in deren Leben spielt, bestimmt. Insgesamt werden hierfür 13 *Personas* → S. 84 erstellt. Vom Rentnerpaar, das schon alles gesehen hat und nun etwas ganz besonderes erleben will, über eine junge Familie, die im Urlaub spannende Erlebnisse für ihre Kinder aber auch romantische Zeiten für sich selbst möchte, bis hin zum jungen Single, der durch seinen Job viel auf Reisen ist und diese in der privaten Zeit mit spannenden Erlebnissen füllen will, die er dann per Smartphone teilt. Durch diesen Austausch gewinnt die Agentur neue Erkenntnisse, wie z. B. dass die Zielgruppe im Durchschnitt wesentlich älter ist als gedacht, nämlich über 40 Jahre. Außerdem wird der große Einfluss der sozialen Plattformen auf die Reisezielentscheidungen erkannt.

TONALITÄT – Abschließend wird die Rolle im Leben der Menschen in visuelle Attribute übersetzt. Dazu hat die Agentur ein großes *Moodboard* → S. 100 vorbereitet, aus dem im ersten Schritt alles, was nicht zur neuen verdichteten Rolle passte, entfernt wird. Dann werden die verbleibenden Elemente begründet. So visualisieren die Teilnehmer ihre Vorstellungen, wie die Marke künftig wirken soll und wie nicht. In diesem Zusammenhang fallen Metaphern und Sätze, die die zukünftige Marke gut beschreiben:

„Window to the World."
„I am not a tourist."
„We want to make tours cool again."

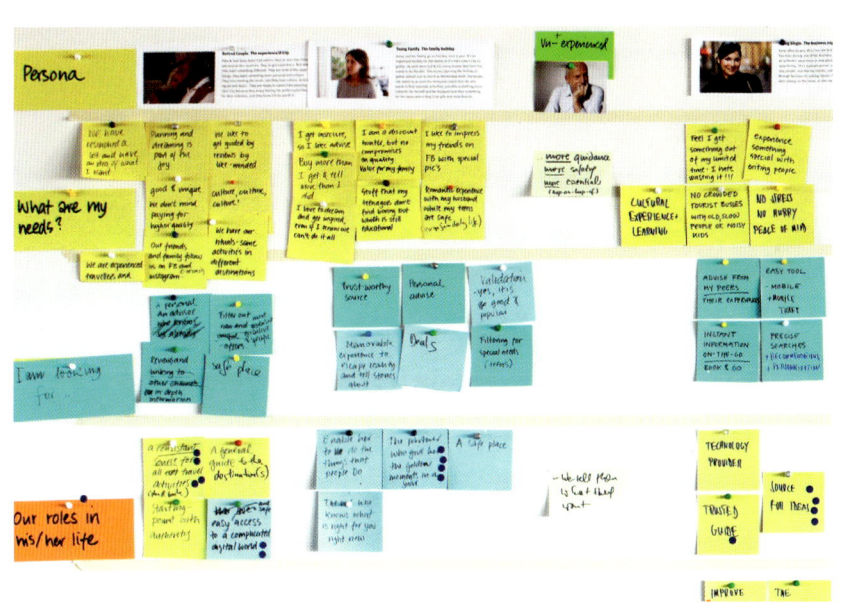

Mit Hilfe verschiedener Fragestellung gehen die Workshopteilnehmer den Bedürfnissen verschiedener Personengruppen auf den Grund.

CUSTOMER JOURNEY

DIE 5 SCHRITTE DES REISENS – Mit Hilfe der im Vorfeld geführten Interviews kann die Agentur das Verhaltens- und Entscheidungsmuster im Bereich Reisebuchung skizzieren und gemeinsam mit dem Kunden diskutieren. Als zentrale Stationen können die Phasen „Dream", „Plan", „Book", „Go", „Share" benannt werden. In jedem dieser Schritte findet sich ein anderes Umfeld von Mitbewerbern wieder, wodurch jedes Mal andere Qualitäten für erfolgreiche Markenerlebnisse gefragt sind.

REISEN HEISST TRÄUMEN – Bisher war GETYOURGUIDE nur auf seine Buchungsplattform als Produkt fokussiert und damit einzig im Schritt „Book" des Reisekreislaufs erlebbar. In diesem Aktionsschritt steht allgemein der Preis im Vordergrund, weshalb sich GETYOURGUIDE schwer tat, sich bei seiner Zielgruppe über das Attribut Preis hinaus, fest zu verankern. Erst mit Hilfe einer *Customer Journey* → S. 85 wurde das Potential aller fünf Schritte erkannt, sodass bei GETYOURGUIDE nun ein für alle Schritte sinnvolles Markenerlebnis angestrebt wird. Ein Schritt, um beispielsweise in der „Dream"-Phase erfolgreich zu sein, ist der Aufbau eines Fotografenpools, um inspirierende und emotionale Bilder und Videos zu entwickeln. Der Creative Director Christian Hanke meint rückblickend: „Diese Erkenntnis war das zentrale Aha-Erlebnis des Workshops."

Gemeinsam mit dem Kunden werden die verschiedenen Wettbewerber in den einzelnen Entscheidungsphasen einer Reisebuchung gesichtet.

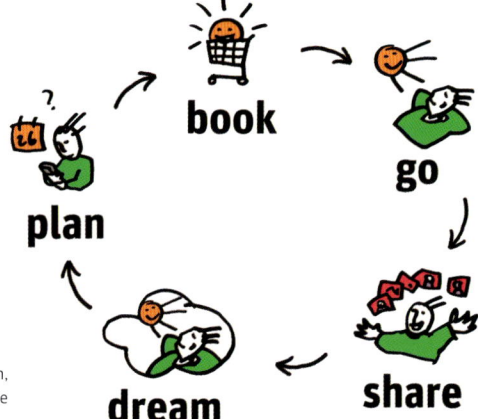

Der Entscheidungszyklus von Nutzern, die eine Reise buchen, wurde in dieser Skizze zusammengefasst.

PLANEN
Customer Journey
Zielsetzung

GESTALTEN

UMSETZEN

ZIELSETZUNG AUS DEM WORKSHOP

DIE 5 WICHTIGSTEN TRENDS	DAS NUTZUNGSVER-SPRECHEN AN DIE KUNDEN	DIE ROLLE IM LEBEN DER MENSCHEN
1 **PERSONALISIERUNG** – Das richtige Produkt für die richtige Person	Keine Angabe	Keine Angabe
2 **MOBIL** – Am richtigen Ort zur richtigen Zeit	Keine Angabe	Keine Angabe
3 **VOR ORT** – Ich bin kein Tourist	Wir bringen ihn zum ‚leuchten'. | Ein beständiger Reisebegleiter (Schwiegersohn).	Reiseversicherung | Vertrauenswürdige Planungs-Ressource
4 **VERTRAUEN/SOZIAL/INTERAKTION** – Vertrauen in das Produkt, speziell in intransparenter Reiseindustrie wichtig	Wir reduzieren Stress und Ungewissheit bei der Planung | Vertrauenswürdige Zwischenebene | Verbesserung meiner Freizeit | Fenster zur Welt!	Quelle für Ideen | Der Partner, der für die goldenen Momente im Leben sorgt | Eine stetige Quelle für alle Reiseaktivitäten
5 **TRÄUMEN & PLANEN** – Den Fokus erweitern, um auch das Träumen und Planen zu fördern	Wir zeigen dir die richtige Tour, damit du eine geschichtsträchtige Erfahrung machen kannst.	Entdeckungswerkzeug

KERNWERTE – Ganz im Sinne des Ansatzes „Marken sind Begegnungen" wird abschließend die gewünschte Wahrnehmung bei den Kunden folgendermaßen auf den Punkt gebracht: „Mit GETYOURGUIDE kann ich die Welt entdecken, erleben und mit anderen teilen!"

WAS MACHT DAS UNTERNEHMEN EINZIGARTIG?
Als digitaler Marktplatz für Touren und Aktivitäten bietet GETYOURGUIDE:

› das richtige Produkt für die richtige Person
› die Möglichkeit authentische, lokale und individuelle Erfahrungen zu sammeln
› ein schnelles, flexibles und transparentes Buchungssystem
› eine hochqualitative und intuitive Plattform für unsere Partner

WIE SOLL DIE MARKE WAHRGENOMMEN WERDEN?

› vertrauenswürdig
› persönlich
› inspirierend

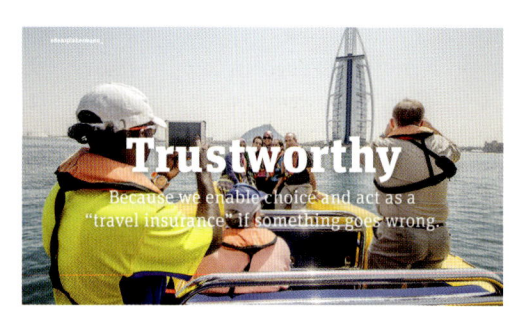

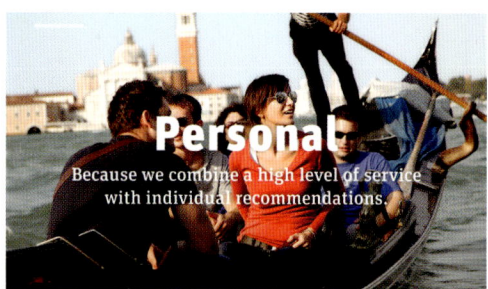

Die Markenattribute werden mit Hilfe von Bildmotiven inszeniert.

PLANEN
Markenwerte
Kernwerte

GESTALTEN
Kreative Leitidee

UMSETZEN

KREATIVE LEITIDEEN ENTWICKELN

MIT STIFT UND PAPIER – Nach der Formulierung der strategischen Leitidee beginnt die gestalterische Arbeit. Zuerst werden mit Stift und Papier alle Ideen und Ansätze festgehalten, seien sie Bildsprache, Markenzeichen oder das Gesamtprodukt betreffend. Ausgehend von Schlagworten oder Metaphern aus Workshop und der Markendefinition entstehen Schritt für Schritt erste konzeptionelle und visuelle Leitideen. Im Folgenden werden Formen erforscht, inhaltliche und formale Zusammenhänge durchgespielt und erste Skizzen angefertigt.

DIGITALE WEITERENTWICKLUNG – Die gesammelten Ideen werden im nächsten Schritt digitalisiert. Nach einer Vorauswahl geht es darum, die Leitideen am Computer weiterzuentwickeln und zu verfeinern. Auch hierbei findet wiederum eine umfangreiche Variantenbildung statt. Häufig werden Ansätze in verschiedenen Farb-, Typografie-, Form- und Kompositionskombinationen getestet. Eine handvoll der entwickelten Leitideen wird im Anschluss intensiv weiterentwickelt, während andere den Schritt nicht machen und ausgesiebt werden.

Die erste Skizze, welche kurz nach dem Workshop entsteht: Sie zeigt erste Ideen für ein Bildkonzept, das die Perspektive des Reisenden einnimmt und den größeren Stellenwert von emotionalen Inhalten.

SEARCH

DREAM

TIME DOESN'T EXIST

Brandon Grotesk tabach

one word & an image → makes me think, wonder, inspires me, challenges me

YOUR STORY

TO BE HAPPY

ȯ-o ȯo
ȯ-o ȯo

questions me

SHARING STORIES

Monday
Tuesday
Wednesday → is lost

TRAVEL IS EMOTIONAL

TWO LANGUAGES
1 • Inspirational, dream
2 • Credible, knowledgable

why am i doing
what i am now
when i can do
this.

TRAVEL
•
SOUND
TASTE
SEE

think it leads
itself to something
more subtle.

↓
type based
↓
a abstract
emotional icon

Connect

capt me

the story
is meaning
is dream

share

the book is old/guide

ambiguous shape

look

Discover

open but needs a person
↓
Capture moments
Not too professional
Capture the Atmosphere.
Various travel locations

get your guide

get your guide

get your guide

friendly?
is an actual
↓ character
any good?

:)

discover — search
experience — me.o
share — ted to

path
track
route

Window gateway

Story

tool   Discover
       telescope
       compass
       source

porta

door

handle

Something by your side
Personal

g g

golden
Retriever

guide
dog

Connecting
you to the
right things

g oo

get your

gyg

LANGUAGE
PHOTOGRAPHY

Photographs
open
friendly
travel locations
Atmosphere
landscapes

WORDS

GUIDE YOU → FRIEND → COMPANION
STORY   COOL   DISCOVERY TOOL
TRUST   GOLDEN MOMENT   HAPPY
ENHANCE   SOURCE   INSURANCE
WINDOW TO THE WORLD   TRAVEL
RELIABILITY   EXCLUSIVITY → MY CHOICE
              PERSONAL / LOCAL

a frame photograph

Stop time
a-time doesn't exist

technological

feel experience

get your guide

3 Subdivision

gyg

Before

Search → Find

guides you where to go

ribbon

Direction

get your guide
get your guide
focus

GET YOUR GUIDE

share an Experience   Discovery tool
trip   Find & Experience → experience
travel   an experience
holiday

get your guide
get your guide

action — get your
person — guide
↓
we are your guide
↓
giving them a face

GET YOUR GUIDE

MARKER

Best Friend
knowledgeable

Suggestions
guide

guide
get your guide

Not → too sightseeing
    → snap shot holiday → bad quality
    → cliché, pose, set up, fake
    → Perfection

MARKENZEICHEN

RUNDE FÜR RUNDE – Aus den digitalisierten Ideen werden im folgenden Schritt einzelne Konzepte herausgearbeitet. Mit wenigen Sätzen wird in einem Kurzprofil beschrieben, was das jeweilige Konzept ausmacht.

In der ersten Runde werden alle Entwürfe in schwarz/weiß angelegt. Sie dient dazu die Ideen leichter anzugestalten um eine erste Visualisierung vorzunehmen. In der zweiten Runde werden dann Farben ausprobiert und die Entwürfe auf passenden Stimmungsbildern oder Mockups getestet. In der dritten Runde schließlich werden Farben ausgewählt, Icons werden den Konzepten zur Seite gestellt und die Ansätze ausgearbeitet.

1. DAS FÜHRENDE G – „Ein emotionalerer Ansatz. Dieses g ist freundlicher. Konzeptionell geht es um die Führung. Das g führt einen zur passenden Tour, es nimmt einen mit auf die Reise."

2. DAS KLEINGESCHRIEBENE G – „Das Beste aus beiden Welten. Ein freundliches, quirliges kleingeschriebenes g, das trotzdem einen ausgeprägten Charakter aufweist. Die Farbigkeit des g könnte hier eine wichtige Rolle spielen um mehr Emotionalität zu erzeugen."

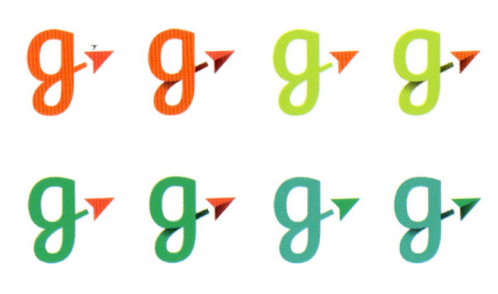

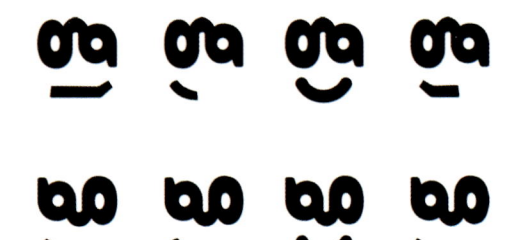

PLANEN GESTALTEN UMSETZEN
Markenzeichen

3. DER DACKEL – „Gibt den Kunden etwas, zu dem sie einen Bezug haben. Dackel sind Begleiter, Freunde und sind dafür bekannt, Dinge zu suchen und zu finden."

4. DAS QUALITÄTSABZEICHEN – „Freundliche und persönliche Wortmarke. Stellt ein vertrauenswürdiges Siegel für Qualität dar. Kann außerdem zusätzlich eine visuelle Orientierung auf einer Karte bieten und zeigen, wo man hingehen sollte."

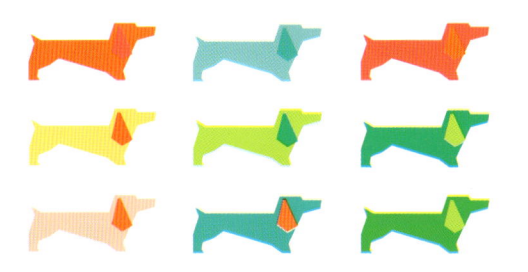

MARKENZEICHEN – TEIL 2

DER TREUE BEGLEITER – Bei der grafischen Ausarbeitung steht zu Beginn noch die Idee, nur den Kopf des Hundes zu zeigen, bevor sich später die seitliche Ansicht des gesamten Dackels durchsetzt. Einige Zeit verbringen die Gestalter bei der Detailausarbeitung der Haltung des Dackels. Er soll weder zu traurig gen Boden gucken, noch arrogant seine Schnauze in die Luft heben.

Nachdem der Dackel beim Schulterblick als zu verspielt und abstrakt für das Markenzeichen empfunden wird, soll er seine Anwendung in der „Dog Tab" genannten Suchmaske finden. Diese Idee wird jedoch nicht umgesetzt und der Dackel daher nur in tieferen Ebenen des Produkts angewendet.

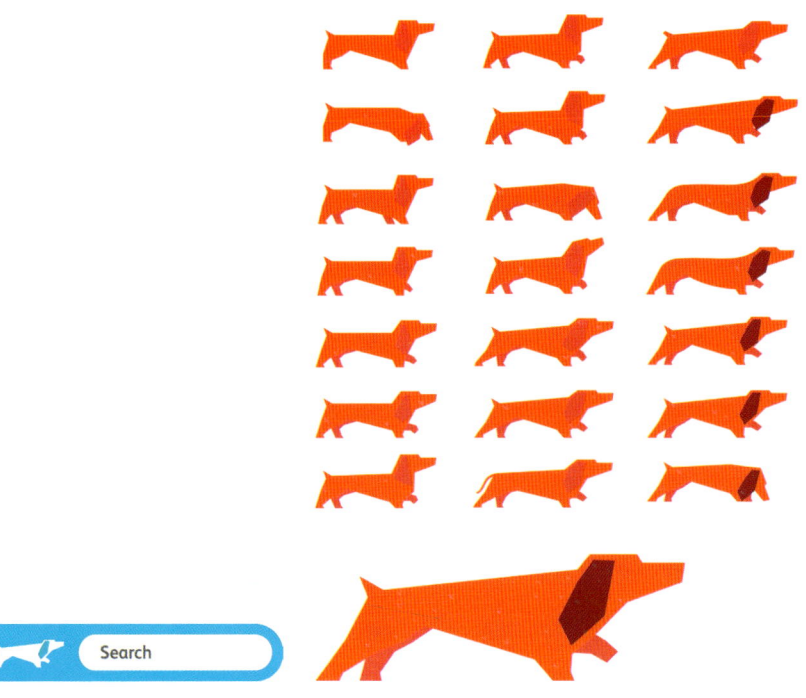

Das DogTab

Der finale Dackel in der „Hab-Acht-Haltung"

GESTALTEN
Markenzeichen

VON DER ORTSMARKIERUNG ... – Das zweite entwickelte Markenzeichen ist das als „Badge of Approval" bezeichnete Qualitätsabzeichen. Seinen Ursprung hat dieses in einer Ortsmarkierung. Mithilfe eines Markers, wie man ihn beispielsweise aus Online-Kartendiensten kennt, können z. B. Touren oder Aktivitäten markiert werden, die für Benutzer von Interesse sind.

... ZUM QUALITÄTSSIEGEL – Als eine der wichtigsten Eigenschaften wurde im Workshop die Vertrauenswürdigkeit der Marke GETYOURGUIDE definiert. Das Angebot soll einen handverlesenen Charakter haben, um sicherzustellen, dass die Touren und Aktivitäten einem hohen Qualitätsanspruch genügen. Eben jene Vertrauenswürdigkeit soll das „Badge of Approval" ausstrahlen und Kunden versichern, dass eine Tour, die sie buchen, auch ein voller Erfolg werden wird.

Bei der Ausarbeitung des Qualitätsabzeichens werden zahlreiche Varianten durchprobiert. Am Ende fällt die Entscheidung auf die plakativste Version.

Das finale Markenzeichen

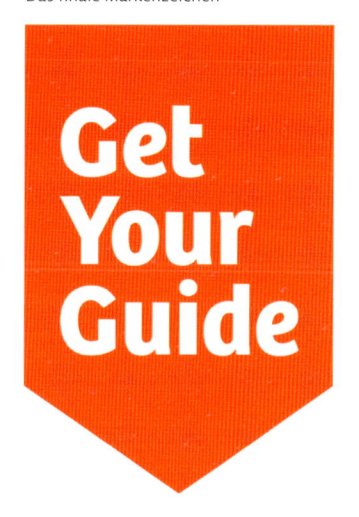

BILDSPRACHE

Mit Hilfe des Workshops wird zu Beginn des Prozesses festgehalten → *Tonalität S. 100*, dass Kunden in Zukunft emotionaler und individueller angesprochen werden sollen. Die Definition eines Bildstils ist hierfür ein zentraler Schritt. Werden bisher eher austauschbare Bilder verwendet, wird nun eine einzigartige Bildsprache das Profil des Unternehmens schärfen und die Marke emotionalisieren. Eine Gruppe an qualitativ hochwertigen Fotografen wird nun einen Bildpool für das Unternehmen aufbauen. Dafür werden auf Facebook und Twitter Fotografenjobs ausgeschrieben, um von so vielen Touren wie möglich authentische Bilder zu erhalten.

TOUREN UND AKTIVITÄTEN — Stilistisch soll der Betrachter in die Rolle eines Beteiligten versetzt werden, der diese Szene mit den eigenen Augen sieht und die gezeigte Person begleitet. Die Anmutung soll genau zwischen professionellem Foto und Schnappschuss liegen, auf keinen Fall jedoch generische Sightseeing-Fotografie sein. Der gezielte Einsatz von Licht und Schatten schafft eine stimmungsvolle Atmosphäre. Im Fokus befindet sich stets nur eine Person, ein Objekt oder Detail. Inhaltlich soll der goldene Moment einer Reise eingefangen werden. Dieser muss nicht notwendigerweise im Detail zeigen, wo eine Person in diesem Moment genau ist. Viel wichtiger ist es, was die Person auf den Bildern tut, als wo sie es tut. Das Alter der Personen kann von einer jungen Familie bis hin zu Rentnern variieren, wobei der primäre Fokus auf 25 bis 40-Jährigen liegen sollte. Ein isländischer Fotograf bereiste beispielsweise sein Heimatland und dokumentierte dort auf Grundlage der entwickelten Bildsprache die angebotenen Touren.

DESTINATIONEN — Reiseziele sollen am Morgen oder späten Nachmittag mit viel Sonnenlicht und einem spielerischen Umgang mit diesem eingefangen werden. In der Nacht dagegen kann mit Bewegung, Unschärfe und Farben gearbeitet werden. Ziel dabei ist es, ein starkes atmosphärisches Gefühl entstehen zu lassen. Der Fokus liegt hierbei auf der Perspektive. Dies kann z. B. durch gekippte Winkel, angeschnittene Objekte oder Fotos aus Menschengruppen heraus erreicht werden. Es müssen nicht unbedingt Personen zu sehen sein, aber man sollte das Gefühl haben, selbst vor Ort zu sein. Inhaltlich sollen die Bilder wiedererkennbare Merkmale oder Wahrzeichen zeigen, ohne aber offensichtliche generische Klischees zu bedienen. Hierfür werden bewusst Fotografen beauftragt, welche die Orte noch nicht kennen und so frische Perspektiven einfangen können.

PLANEN **GESTALTEN** UMSETZEN
Designkonzept
Bildsprache

ICONS

ZEICHENSPRACHE – Um die freundliche und einladende Anmutung von Markenzeichen und Bildsprache zu unterstützen, wird parallel eine eigene Iconfamilie entwickelt. Im Laufe des Prozesses werden die Icons immer wieder zusammen mit anderen, sich in der Entwicklung befindlichen, Bestandteilen des Erscheinungsbildes getestet, um einen visuellen Gesamteindruck, auch „Look and Feel" genannt, zu erhalten.

Der Dackel als zentrales Markenzeichen wurde zwar verworfen, aber mit Hilfe von verschiedenen Icons wurde das Konzept des persönlichen Begleiters aufgegriffen. So wird der Kunde beispielsweise bei den verschiedenen Buchungsschritten durch den Dackel begleitet.

Insgesamt entstanden so drei verschiedene Iconsets, welche verschiedene für GETYOURGUIDE relevante Themengebiete abdecken: „Allgemeine-Icons", „Begleiter-Icons" und „Wetter-Icons".

Allgemein

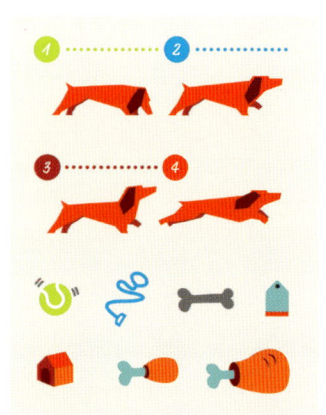

Begleiter

Wetter

PLANEN   **GESTALTEN**   UMSETZEN
Designkonzept
Icons
Farben

FARBEN

WARUM ROT? – Die Wettbewerbsanalyse zu Beginn des Prozesses zeigte, dass sich viele Mitbewerber im blauen und grünen Bereich angesiedelt haben. Aus diesem Grund entschied man sich schon recht früh im Prozess für die Farbe Rot als Hausfarbe.

DIE PRIMÄRFARBEN – Sonnenuntergangsorange und Chiantirot finden ausschließlich im Logo, in Hervorhebungen und Call-to-actions Verwendung. Wie schon die Titel vermuten lassen, wurde sich bei der Auswahl an emotionalen Urlaubsmomenten orientiert.

WEISSRAUM – Ein großzügiger Umgang mit Weißräumen wird empfohlen, um eine frische und offene Atmosphäre zu transportieren.

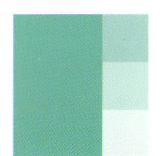

SEKUNDÄRFARBEN – Die Sekundärfarben sollen für Hervorhebungen zweitrangiger Objekte, Fließtext und Icons verwendet werden. Auch sie tragen illustre Namen. Himmelblau, Ozeanblau, Inselgrün, Morgengrau, Elefantengrau und Autobahnschwarz.

TYPOGRAFIE

VERTRAUENSWÜRDIG, OFFEN UND HAND-VERLESEN – Oberste Priorität bei der Schriftwahl ist die Ausstattung einer Schrift mit einem Webfont. So sollten spätere Probleme mit dem Schrift-Rendering im Browser von vornherein vermieden werden.

Neben der Einsatzfähigkeit auf Websites zeichnet sich die ALBERT FS durch ihre visuelle Stabilität aus, welche Vertrauen schafft und gleichzeitig durch ihre weichen Formen eine sympathische Offenheit verkörpert. Sie wird in verschiedenen Schnitten und Größen für den überwiegenden Teil der Texte eingesetzt.

Ergänzend wird außerdem die Skript-Schrift MARKET REGULAR verwendet. Mit ihr soll der handverlesene Charakter der Touren und Aktivitäten transportiert werden.

Punchline 5

Heading	**2.5**
Subheading	2.5
Intro	1.5
Quote	*1.5*
Navigation	**1**
Copy	1
Captions	0,85

Albert Regular

Albert Italic

Albert ExtraBold

Market Regular

Für einen optimalen Einsatz der verschiedenen Schriftgrößen wurde ein System entwickelt. Dieses gewährleistet ein einheitliches medienübergreifendes Größenverhältnis der verschiedenen Textarten.

MARKEN-CLAIM

AUF DEN PUNKT GEBRACHT – Nach der Entwicklung der visuellen Sprache scheint noch etwas zu fehlen, das der Identität von GETYOURGUIDE in seiner Expansionsphase nach Innen und Außen einen Zusammenhalt gibt, die Marke bereichert und zusätzlich emotionalisiert. Die Suche nach einem Marken-Claim beginnt.

Bei der Entwicklung des Marken-Claims stehen drei mögliche Ansätze zur Auswahl:

1. Die Hervorhebung des Produktes und seiner Funktionalität bei der Reiseplanung

2. Die Hervorhebung des emotionalen Wertes des Produktes

3. Die Hervorhebung der emotionalen Erlebnisse vor Ort

Die Entscheidung fällt auf die dritte Option. Für die Entwicklung des Claims engagiert EDENSPIEKERMANN einen externen Texter. Die in der Zusammenarbeit entstandenen Vorschläge treffen erst in der zweiten Runde die Vorstellung von GETYOURGUIDE und heißen schließlich: „More to explore", „Away from everyday" und „Stay curious". Hiervon trifft „Stay curious" am meisten den Nerv der Gründer. Die Aufforderung neugierig zu bleiben, unterstreicht das vom Unternehmen angestrebte Reiseverständnis. Nicht das stumpfe abarbeiten von Reisezielen, sondern das individuelle Kennenlernen der bereisten Länder und Orte soll im Fokus stehen.

Auch nach Innen kommt dem Marken-Claim eine wichtige Funktion zu. Sie ist als Anspruch an die eigene Belegschaft zu verstehen. Mit dem Ziel, als gereiftes Start-up frisch und innovativ zu bleiben.

#STAYCURIOUS – Der Claim wird in sozialen Medien auch als Hashtag verwendet und bietet so eine Möglichkeit, die Kunden an der Vision des Unternehmens teilhaben zu lassen.

PLANEN   **GESTALTEN**   UMSETZEN
Marken-Claim

Die verschiedenen Claim-Varianten werden dem Kunden gleich auf den jeweils passenden GETYOUR-GUIDE-Motiven vorgestellt.

KOMMUNIKATIONS-MASSNAHMEN

Bereits neun Wochen nach Auftakt des Branding-Prozesses findet die vorläufige Endpräsentation statt, bei der neben der Vorstellung der einzelnen visuellen Elemente und Anwendungen noch einmal der gesamte Prozess zusammengefasst wird. Anhand der drei Markenwerte vertrauenswürdig, persönlich und inspirierend wird aufgezeigt, mit welchen Elementen die zu Beginn herausgearbeiteten Werte zukünftig vermittelt werden sollen.

DIE WEBSITE – Das Herzstück des Unternehmens wird als Desktop-, Tablet- und Smartphone-Version vorgestellt. Für jedes Endgerät gestaltet EDENSPIEKERMANN drei bis vier Seiten, mit dem Ziel, ein Grundgefühl zu vermitteln, wie die Umsetzung aussehen soll. Für die weitere gestalterische und technische Umsetzung der Webseite ist GETYOURGUIDE, wie von Beginn an geplant, selbst verantwortlich.

Besonders die hervorgehobene Rolle der Bildsprache wird in den Entwürfen deutlich. Sie ist sehr wichtig für das Produkt, um die gewünschte Emotionalität bei den Menschen hervorzurufen und in ihnen Reisesehnsucht zu wecken.

Der Relaunch erfolgt in zwei Schritten. Zuerst gibt es einen sogenannten „Rebrush", das heißt einen neuen Anstrich, bei dem das Logo und erste visuelle Elemente in den Webauftritt integriert werden. In einem zweiten Schritt findet dann die vollständige Umsetzung der neuen Identität statt.

PLANEN GESTALTEN **UMSETZEN**
Kommunikationsmaßnahmen

Skizze einer Website um eine visuelle Anmutung zu vermitteln

173

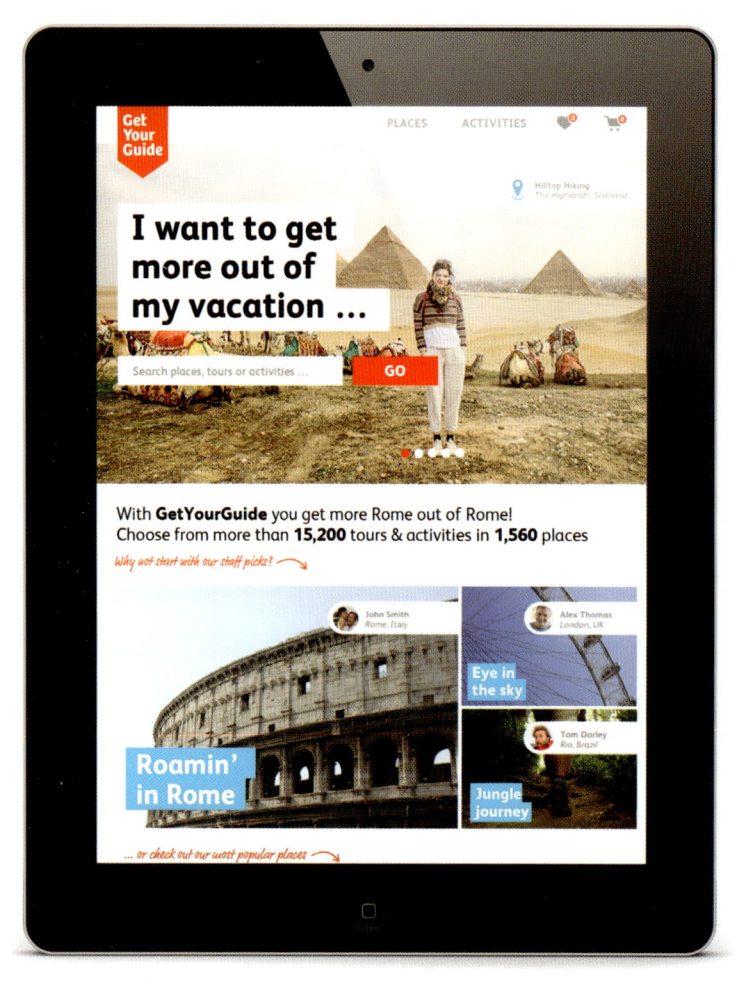

EDENSPIEKERMANN BEAUFTRAGEN VERSTEHEN
GETYOURGUIDE

Anmutung mobiler Anwendungen, welche von GETYOURGUIDE eigenständig adaptiert werden.

PLANEN   GESTALTEN   **UMSETZEN**
Kommunikationsmaßnahmen

Mögliche weitere Anwendungen die die medienübergreifende Einsetzbarkeit zeigen.

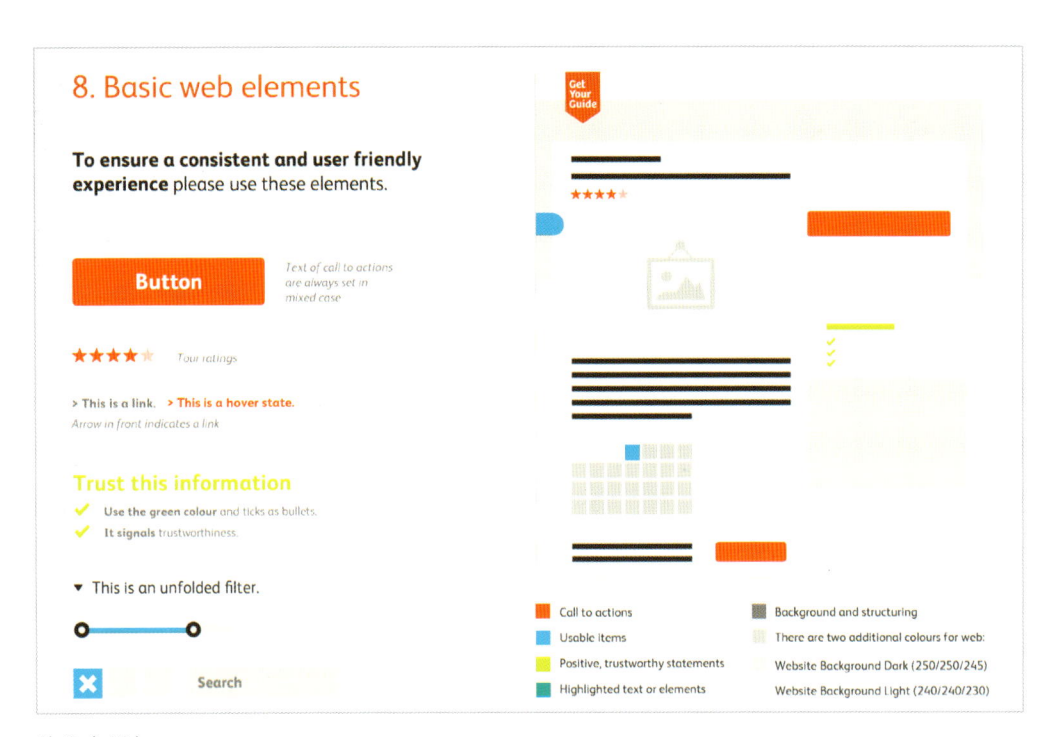

EDENSPIEKERMANN BEAUFTRAGEN VERSTEHEN
GETYOURGUIDE

8. Basic web elements

To ensure a consistent and user friendly experience please use these elements.

Button — Text of call to actions are always set in mixed case

★★★★☆ Tour ratings

> This is a link. > **This is a hover state.**
Arrow in front indicates a link

Trust this information
✓ Use the **green colour** and ticks as bullets.
✓ It signals trustworthiness.

▼ This is an unfolded filter.

✕ Search

- Call to actions
- Usable items
- Positive, trustworthy statements
- Highlighted text or elements
- Background and structuring
- There are two additional colours for web:
  Website Background Dark (250/250/245)
  Website Background Light (240/240/230)

Die Basis-Web-
elemente, wie sie
im Styleguide von
EDENSPIEKERMANN
zusammengefasst
erklärt werden.

176

DOKUMENTATION

ÜBERGABE DES ENDERGEBNISSES – Da die technische Umsetzung des neuen (Online)-Erscheinungsbildes nicht in den Händen von EDENSPIEKERMANN lag, wurde im Anschluss an die erfolgreiche Endpräsentation eine Design Guideline erarbeitet. In dieser Guideline werden auf sehr prägnante Weise Vorgaben und Anleitungen zur Verwendung von Markenzeichen, Markenbegleiter, Typografie, Farben, Iconografie, Bildsprache, Basis-Webelementen und Anwendungsbeispielen zusammengefasst.

Die Styleguide-Vorgaben zur Verwendung des neuen GETYOURGUIDE Markenzeichens.

Der Styleguide hat dabei nicht die Funktion, jedes Detail pixelgenau zu definieren. Viel mehr geht es darum, eine Grundrichtung vorzugeben. Der Fokus liegt darauf, mit GYG eine gemeinsame Vorstellung des visuellen Erscheinungsbildes festgehalten zu haben, welches die Marke ideal repräsentiert.

Für EDENSPIEKERMANN spielt es dann eine eher untergeordnete Rolle, ob z. B. der Dackel in der Suche auftaucht oder als Icon in der Buchungsmaske Anwendung findet. Solche Detailfragen entscheidet schlussendlich der Auftraggeber, der im Laufe des Prozesses genau dazu befähigt werden soll.

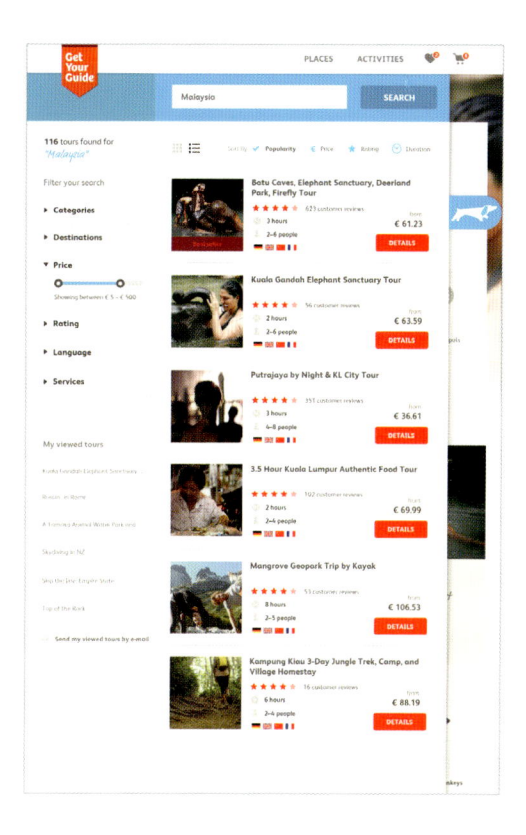

META
178205

DESIGN BERLIN
KONZERTHAUS

Inhaltliche Recherche: Saskia Kley,
Romina Poschadel und Sophie Strelitz

METADESIGN
KONZERTHAUS BERLIN

RESSOURCEN

AGENTURAUSWAHL

BRIEFING

WORKSHOP

BEAUFTRAGEN

VERSTEHEN
Workshopvorbereitung
Status quo
Historie und Standort
Führungspersönlichkeit
Mitarbeiter
Zielgruppen

PLANEN
Workshop
Markenpositionierung
Positionierungskreuz
Zielsetzung
Markenwerte
Kernwerte
Positionierungsaussage

ZEIT IN MONATEN 1 2 3 4

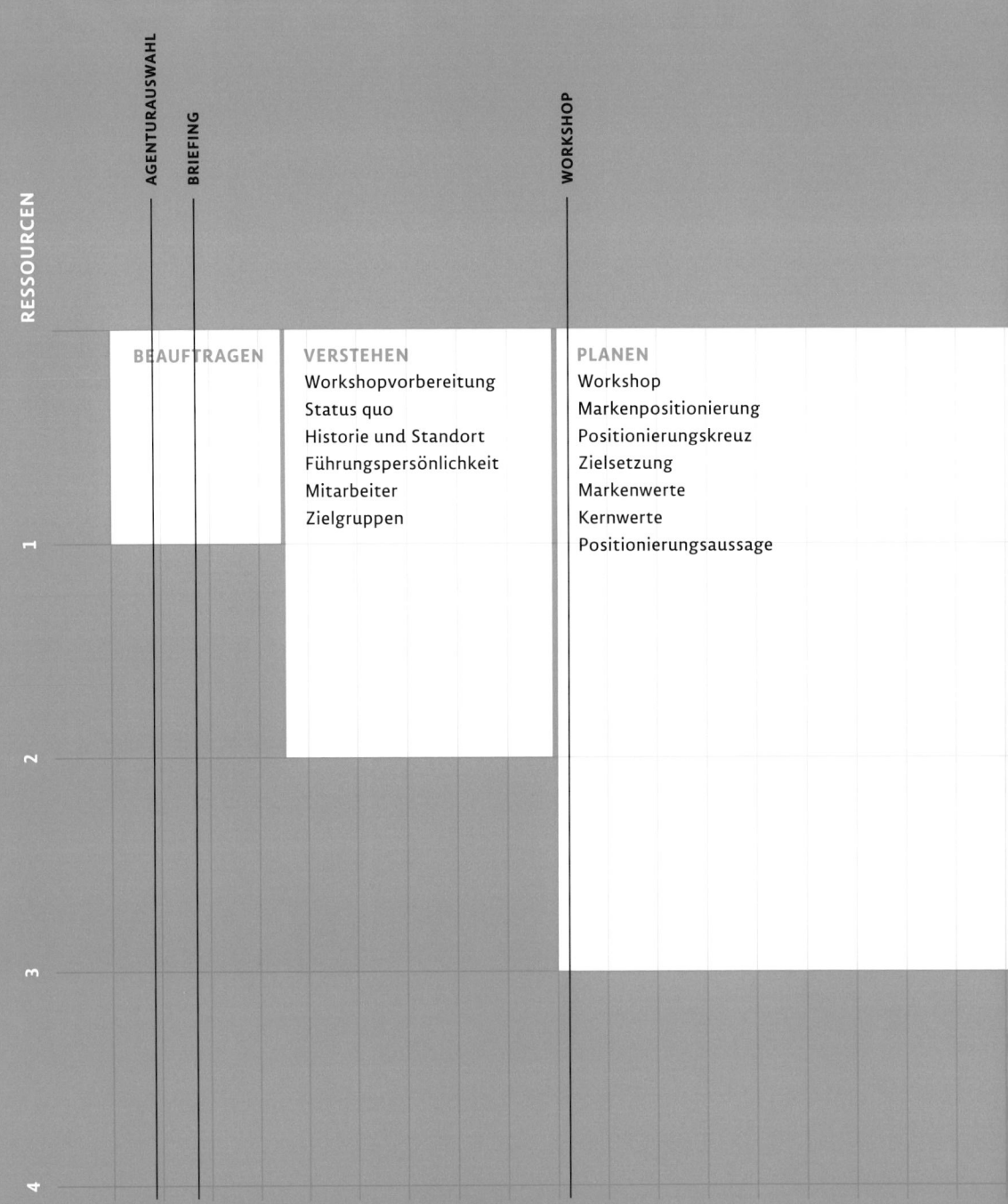

PRÄSENTATION GESTALTUNGSVARIANTE GREIF

ENDPRÄSENTATION

GESTALTEN
Kreative Leitidee
Tonalität
Moodboard
Markenzeichen
Designkonzept
Typografie
Farbe
Bildsprache
Sprachliche Tonalität
Gestaltungssystem

UMSETZEN
Kommunikationsmaßnahmen
Dokumentation

METADESIGN

Die 1990 gegründete METADESIGN AG, mit Standorten in Berlin, Düsseldorf, Genf, Peking, San Francisco und Zürich, ist die umsatzstärkste Corporate-Design-Agentur Deutschlands. METADESIGN steht für Beratung, Begleitung und Gestaltung von Unternehmens- und Produktmarken und ist seit 2013 Mitglied der PUBLICIS GROUP.

Das METAHAUS in Berlin-Charlottenburg ist seit 2001 der Hauptsitz von METADESIGN, wo derzeit ca. 250 Mitarbeiter beschäftigt sind. Auf 7500 qm Fläche sitzen die Mitarbeiter auf mehreren Ebenen sowohl in Großraumbüros, als auch in kleineren Räumen.

Generalisten und Spezialisten z. B. aus den Bereichen Digital Branding, Brand Strategy, 3D und Text arbeiten in fachübergreifenden Projekt- bzw. Kundenteams zusammen. Das Team im Bereich der Implementierung, hier Brand Documentation genannt, erstellt und pflegt Designrichtlinien. Die Produktionsabteilung ist für sämtliche Produktionsabläufe für Print und Digital, wie z. B. der Reinzeichnung und Bildbearbeitung zuständig. → Akteure im Brandingprozess S. 12

Zu den langjährigen Kunden von METADESIGN gehören unter anderem AUDI, VW und die COMMERZBANK.

GRÜNDUNG
1990

STANDORTE
Beijing, Berlin, Düsseldorf, Genf, San Francisco, Zürich

MITARBEITER
250

PROJEKTTEAM
Uli Mayer-Johanssen *Executive Creative Direction*
Arne Brekenfeld *Chief Executive Officer*
Gerald Geffert *Design Direction*
Nicole Heidbrink *Designer*
Franziska Boemer *Designer*
Stephan Adrion *Client Management*
Jens Brodzinski *Brand Communication*
Florian Werg *Stratege*
Simone Juhas-Stevens *Production Manager*

KONZERTHAUS BERLIN

Von 1979-1984 wurde das historische Schauspielhaus als Konzerthaus wieder aufgebaut. Hinter der beeindruckenden Fassade des historischen Schinkel-Baus präsentieren sich viele namhafte Solisten und Ensembles aus der ganzen Welt. Die meisten Konzerte werden jedoch von dem Konzerthausorchester selbst bestritten.

Seit der Spielzeit 2009/2010 leitet der Musikwissenschaftler Prof. Dr. Sebastian Nordmann als Intendant das traditionsreiche KONZERTHAUS BERLIN. Er setzt sich seitdem für ein vielfältiges Programm ein, welches zum Ziel hat auch Menschen, die nicht zu den typischen Konzertbesucher gehören, einen Zugang zu klassischer Musik zu bieten. Dazu gehören ungewöhnliche Formate wie 2 x HÖREN, ESPRESSO-KONZERTE, öffentliche Generalproben, Junior-Programme, Familienführungen, Musiktheater für Schulklassen, Schulpatenschaften etc.

GRÜNDUNG
1984

STANDORT
Gendarmenmarkt Berlin

PRODUKT
Klassische Musik

MITARBEITER
190 Mitarbeiter, davon ca. 110 Orchestermusiker

PROJEKTTEAM
Prof. Dr. Sebastian Nordmann *Intendant*
Martin Redlinger
Direktor Marketing und Vertrieb
Elena Kountidou *Leiterin Medien und Öffentlichkeitsarbeit*

METADESIGN　　　　　　BEAUFTRAGEN　　　　　　　　　　　VERSTEHEN
KONZERTHAUS BERLIN　　　Agenturauswahl
　　　　　　　　　　　　　Briefing

AGENTURAUSWAHL

PROJEKTSTART
Sommer 2011

DEADLINE
Saison 2012/13:
Amtsantritt des neuen
Chefdirigenten Iván
Fischer

Mai 2012: Vorstellung
des neuen Erscheinungsbildes in der
Saison-Pressekonferenz

Das KONZERTHAUS BERLIN wünscht sich für die Konzertsaison 2012/13 einen neuen Markenauftritt. Dafür werden in der ersten Auswahlphase elf Agenturen mit Hilfe von persönlichen Gesprächen gesichtet. In der zweiten Phase wird mit METADESIGN eine vier-wöchige Probephase vereinbart, in der die Agentur einen Markenklärungsworkshop vorbreitet und diesen gemeinsam mit Mitarbeitern des Konzerthauses durchführt. Die daraus resultierenden strategischen Erkenntnisse und erste visuelle Ansätze werden anschließend präsentiert. Zusammenarbeit und Qualität der Präsentation haben das Konzerthaus schließlich davon überzeugt, mit METADESIGN auch weiterhin zusammenarbeiten zu wollen.

TEAMBUILDING – Das Kernteam für den Prozess wird gebildet. Für dieses Projekt werden Mitarbeiter gesucht, die eine Affinität zur klassischen Musik aufweisen. So bringt der Projektleiter Erfahrungen mit Sound-Branding-Projekten ein und der strategische Markenberater sang in jungen Jahren selbst schon im Knabenchor.

BRIEFING

ZIEL – Das KONZERTHAUS BERLIN hat sich in den letzten Jahren stark weiterentwickelt. Neben wichtigen personellen Veränderungen, wie einem neuen Intendanten und Dirigenten wurden auch neue und ungewöhnliche Formate entwickelt, die zum Ziel haben, klassische Musik lebendig, nahbar und überraschend zu präsentieren. Ein neues Erscheinungsbild soll diese Veränderung sichtbar machen und zu einer eindeutigeren Positionierung beitragen. Eine wort- und bildgewaltige Kommunikation soll verdeutlichen, welche Faszination in der Musik und der Annäherung an ihr liegt.

Mit einem neuen emotionalen und kommunikativen Markenauftritt möchte das KONZERTHAUS BERLIN ein breites und auch jüngeres Publikum ansprechen. Dabei soll jedoch auch Sorge getragen werden, dass das Stammpublikum sich mit dem neuen Erscheinungsbild identifizieren kann. Inwiefern das bisherige Logo neugestaltet werden sollte, war zum Zeitpunkt des Briefings noch nicht klar.

METADESIGN
KONZERTHAUS BERLIN

BEAUFTRAGEN

VERSTEHEN
Workshopvorbereitung
Status quo
Historie und Standort
Führungspersönlichkeit
Mitarbeiter
Zielgruppen

WORKSHOPVORBEREITUNG

STATUS QUO – Damit sich das Team einen umfassenden Überblick über Stärken und Schwächen des Erscheinungsbildes machen kann, sichtet es Kommunikationsmittel verschiedenster Formate und Medien. Die dabei entstehenden Erkenntnisse sollen dabei helfen, Anforderungen und Zielsetzungen an das zukünftige Erscheinungsbild besser formulieren zu können.

Bei der Analyse fällt auf, dass die grafischen Elemente, wie Typografie und Farben sehr unterschiedlich eingesetzt werden und es keinen einheitlichen Bildstil gibt. Dadurch mangelt es dem vorliegenden Erscheinungsbild an Prägnanz und Wiedererkennungswert. Der Verlauf in den Wort-Bildmarken wiederum erzwingt stets einen weißen Hintergrund. Dieser grenzt das Logo aus der Gesamtgestaltung aus und macht die Handhabung wiederum sehr unflexibel.

HISTORIE UND STANDORT – Gleich zu Beginn des Projektes macht sich das METADESIGN-Team auf den Weg zum Ort des Geschehens: Das im Jahre 1821 erbaute Gebäude gilt als eines der Hauptwerke Karl Friedrich Schinkels. Menschen, die zum ersten Mal das Konzerthaus besuchen, sind nicht nur von der Musik fasziniert, sondern auch von dem imposanten Gebäude. Dieses zeichnet sich durch eine unglaubliche Erhabenheit und Größe aus und erinnert eher an ein Museum. Dieser Eindruck jedoch steht dem angestrebten Markenprofil der Offenheit und Nähe scheinbar unvereinbar gegenüber. So wird die Herausforderung für das Team darin bestehen, die klassizistische Anmutung des Gebäudes mit der modernen Art der Musikvermittlung in der Gestaltung zusammenzubringen.

Für den Kunden ein seltener aber aufschlussreicher Anblick: Die gesamten Kommunikationsmittel auf einem Blick.

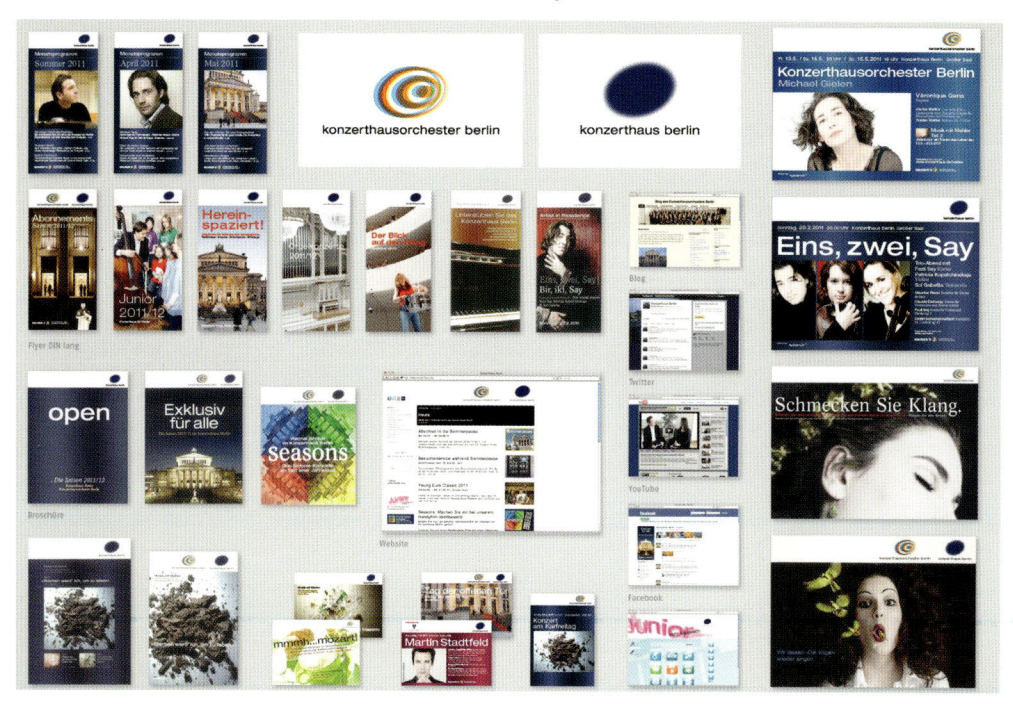

PLANEN GESTALTEN UMSETZEN

FÜHRUNGSPERSÖNLICHKEIT – Als nächstes geht es darum, die jüngsten personellen Veränderungen im KONZERTHAUS BERLIN, deren Motivation und Signalwirkung richtig einordnen zu können.

Der neue Intendant, Prof. Dr. Nordmann bringt mit seinen vorherigen Erfahrungen als Lehrender, Unternehmensberater und Orchestermanager u.a. des Landesjugendorchesters Schleswig-Holstein, sehr interessante Impulse ein, die verständlich machen, warum ihm das Thema Musikvermittlung so sehr am Herzen liegen.

Der Chefdirigent, Iván Fischer hat sich als Gründer des BUDAPEST FESTIVAL ORCHESTRA einen Namen gemacht und das Orchester in die Top 10 weltweit geführt. In der internationalen Musikszene gilt Fischer als kreativer und innovativer Kopf, der zahlreiche unkonventionelle Konzertformate entwickelt hat, mit dem er neues Publikum an die Klassik heranführt.

MITARBEITER – Nicht alltäglich sind für eine Branding-Agentur die Mischung der an diesem Projekt beteiligten Personen: der Intendant, die Orchestermitglieder, der Pressesprecher, der Dramaturg, der Marketingleiter etc. Unterschiedlichste Perspektiven und Meinungen treffen aufeinander und es gilt zunächst einmal die internen Strukturen und Abläufe zu verstehen und die Bedürfnisse der verschiedenen Disziplinen zu sammeln.

ZIELGRUPPEN – Wie kann man es schaffen ein neues Publikum anzusprechen, ohne das geschätzte Stammpublikum zu vergraulen? Um diesen Spagat gut vorzubereiten werden Konzerthausbesucher befragt, welche Medien sie auf welche Weise nutzen. Ca. 12 000 Stammkunden und ihre liebgewonnenen Gewohnheiten gilt es im Laufe des Prozesses gut im Auge zu behalten und zu vermeiden, dass sie nicht mit einem neuen Erscheinungsbild „überrumpelt" werden.

Das KONZERTHAUS BERLIN – eines der bedeutendsten Bauwerke von Karl Friedrich Schinkel *Fotografen: Sonja Gutschera und Leif Hendrik Osthoff*

WORKSHOP

VORBEREITUNG — Die Rechercheergebnisse der letzten Wochen werden für den Markenklärungsworkshop zusammengetragen, analysiert und aufbereitet. Uli Mayer-Johanssen, Gründerin der METADESIGN AG, und ihre Mitarbeiter führen den Kunden durch die Workshops. Die Kundenseite wird durch den Intendanten, den Marketingleiter und die Pressesprecherin vertreten.

MARKENPOSITIONIERUNG — Die im Vorfeld gesammelte und aufbereitete Recherche zu den Wettbewerbern wird präsentiert. Dabei ist vor allem deren Haltung und Wirkung im nationalen und internationalen Raum interessant und bietet einen hilfreichen Spiegel, um anschließend die eigene Haltung besser beschreiben zu können. Durch diese Methode kommen nun auch die Unterscheidungsmerkmale des Konzerthauses Berlin deutlich zu Tage, die wiederum eine wichtige Basis für die Entwicklung der zukünftigen Marke darstellt.

POSITIONIERUNGSKREUZ — Das Konzerthaus und seine relevantesten Wettbewerber werden nun auf dem *Positionierungskreuz* → *S. 80* zugeordnet. Stärken und Qualitäten des Konzerthauses, die ein klares Differenzierungsmerkmal zur Konkurrenz darstellen, können so gemeinsam herausgearbeitet werden. Im zweiten Schritt werden Ist- und Sollzustand des Hauses näher definiert. Dabei zeigt sich, dass das KONZERTHAUS BERLIN derzeit tendenziell distanziert und laut positioniert und zukünftig wesentlich näher und leiser wahrgenommen werden möchte. Bestärkt wird dieser Wunsch durch die Erkenntnis, dass hier eine eindeutige Positionierungsmöglichkeit abseits der Wettbewerber möglich ist.

Das Markenpositionierungskreuz im Einsatz

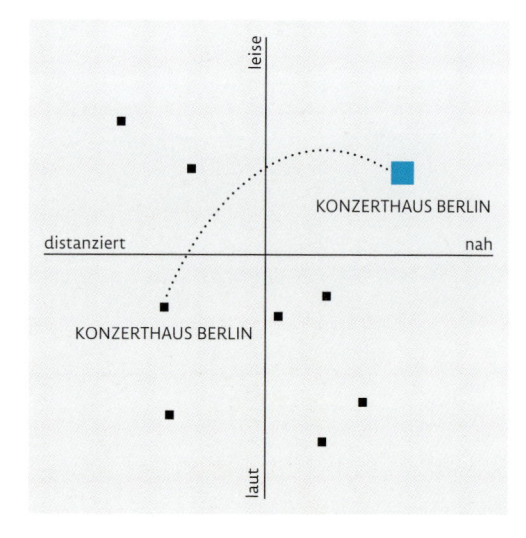

PLANEN — GESTALTEN — UMSETZEN
Workshop
Markenpositionierung
Positionierungskreuz

WORKSHOP AGENDA
1. Begrüßung & Einführung
2. Status-quo des Erscheinungsbildes
3. Kernwettbewerber in Berlin
4. Positionierung im Kontext des Kernwettbewerbes
5. Betrachtung von nationalen und internationalen Benchmarks
6. Auswertung der Positionierung
7. Zusammenfassung und nächste Schritte

Links: Ein Mitarbeiter von METADESIGN erklärt die Rolle des Konzerthauses in den sozialen Netzwerken.

Unten: Mit Hilfe des Positionierungskreuzes wird eine Diskussion über die zukünftige strategische Ausrichtung geführt.

ZIELSETZUNG AUS DEM WORKSHOP

Nach der Auswertung des ersten Workshops werden nun die Erkenntnisse zusammengetragen und als Grundlage für die Entwicklung der *Kommunikationsmaßnahmen* → S. 90 und des Erscheinungsbildes aufbereitet.

MARKENWERTE – Mit Hilfe des Modells einer Markenwerte-Pyramide werden die vorhandenen *Markenwerte* → S. 66 in folgende drei Kategorien unterteilt und priorisiert:

1. Substanzwerte bilden Begriffe, die für alle klassischen Kultureinrichtungen Berlins stehen: Klassische Musik, wohlfühlen, Berlin, Qualität, Geschichte

2. Darüber befinden sich die Kernwerte, die das Konzerthaus spezifischer beschreiben: Vielfältig, intensiv, einmalig, Schinkel, innovativ, unvergesslich

3. In der Spitze befinden sich die differenzierenden Kernwerte, die nur auf das KONZERTHAUS BERLIN zutreffen. Diese werden später in das Modell der strategischen Markenplattform (Markenrakete) übernommen:
› mitreißend
› mutig
› anfassbar

DIE „MARKENRAKETE" – Mit Hilfe des von META-DESIGN entwickelten Modells werden verschiedene Aspekte der Unternehmensidentität miteinander verknüpft:
1. Nutzen & Begründung des Angebots
2. Kernwerte und deren Beschreibung
3. Positionierungsaussage
4. Markenidee, die die Brücke zur visuellen Darstellung bildet
5. Tonalität beschreibende Begriffe

POSITIONIERUNGSAUSSAGE – „Im KONZERTHAUS BERLIN wird klassische Musik zu einem neuen, mitreißenden Erlebnis – für alle Menschen, die Musik lieben oder lieben lernen möchten."

KREATIVE LEITIDEE/MARKENIDEE – „Hier wird klassische Musik wieder zu einem lebendigen Ereignis: Indem wir das Herz berühren, die Seele bewegen und den Geist entfesseln."

TONALITÄT – Auf Basis der Markenidee werden Begriffe definiert, die die Tonalität des zukünftigen Erscheinungsbildes beschreiben sollen:
› lebendig
› überraschend
› nah

Das von METADESIGN entwickelte Modell der strategischen Markenplattform

PLANEN	**GESTALTEN**	UMSETZEN
Zielsetzung	Kreative Leitidee	
Markenwerte	Tonalität	
Kernwerte	Moodboard	
Positionierungsaussage		

MOODBOARD – In einem weiteren Workshop mit dem Kunden wird die Basis für ein *Moodboard* ⟶ S. 100 erstellt. METADESIGN bereitet hierfür eine Auswahl verschiedener Materialien und Bildmotive vor, aus denen die treffendsten gemeinsam ausgewählt werden. Ausgangspunkt dafür bildet vor allem der zuvor definierte Markenkern und die daraus abgeleitete Tonalität. In diesem Prozessschritt wird eine erste visuelle Annäherung und ein gemeinsames Verständnis für die Wirkung des späteren Markenauftritts erarbeitet. Dabei können die ausgewählten Bilder für unterschiedliche Aussagen stehen. So steht das Bild, das ein Nordlicht zeigt, für die Vielfalt aber auch gleichzeitig als Inspiration für ein Farbklima. Das ausgewählte Material wird anschließend von METADESIGN in das finale Moodboard überführt und bildet ab da die Basis der visuellen Ausarbeitung.

Moodboard – Das Schneckenhaus soll das Schimmernde, das Lebendige darstellen. Die Fee soll das Entfesseln vom Dirigenten symbolisieren und ist Beispiel für die Musikvermittlung.

MARKENZEICHEN

DIE MARKENARCHITEKTUR – Das KONZERTHAUS BERLIN unterscheidet zwischen dem Konzerthaus als Wirkungsstätte und dem Orchester als „Produkt", das hin und wieder auf Reisen geht. Diese Unterscheidung, auch monolithische *Markenarchitektur* → *S. 86* genannt, hat sich in der Vergangenheit bewährt und soll auch zukünftig beibehalten werden. Das Logo des KONZERTHAUS-ORCHESTERS BERLIN wird nur eingesetzt, wenn das Orchester außerhalb des Konzerthauses spielt. Für alle anderen Anlässe soll auch zukünftig nur das Markenzeichen des Konzerthauses eingesetzt werden.

ANTIKE GESTALTEN – METADESIGN entwickelt im ersten Schritt verschiedene Logovarianten. Hier steht zunächst das beeindruckende Schinkel-Gebäude mit seinen Statuen im Fokus: Ein Pegasus, ein Löwe und ein Apollo, dessen Quadriga von zwei Greifen gezogen wird. Die interessante Symbolik der unterschiedlichen mythischen Wesen ist verlockend. So steht das antike Mischwesen „Greif" für Klugheit und Weitsicht und der Pegasus für Schnelligkeit, Beschwingtheit und schöpferische Phantasie. Letztendlich verabschieden sich Kunde und Agentur von diesem Lösungsweg. Der Projektmanager von METADESIGN sagt dazu: „Das Problem war der Spannungsbogen zwischen Klassik und Moderne. Man kann weder alles modern, noch alles klassisch machen und musste einen harmonischen Ausgleich finden. Mit diesen Logoentwürfen waren wir zu sehr in der Historie behaftet."

Dachmarkenstrategie, dargestellt am Beispiel der Bildmarke mit dem Greif.

Logovarianten: Pegasus auf verschiedenen Hintergründen. Apollo auf seiner Quadriga, die von einem Greif gezogen wird.

Ein fiktives Anwendungsbeispiel, das einen ersten Eindruck über das Zusammenspiel von Bild, Typografie und Farben verschaffen soll.

PLANEN   GESTALTEN   UMSETZEN
Markenzeichen

DER FINALE ENTWURF – Im zweiten Schritt wird die Ellipse – eine abstrahierte Note, die an das bisherige Logo angelehnt ist – in Augenschein genommen. Die Grundform wird um 14° geneigt und wirkt dadurch noch lebendiger. Der Verlauf an den Rändern wird entfernt und die Wortmarke in die Ellipse integriert. So wird eine wesentlich flexiblere Platzierung des Logos ermöglicht. Im nächsten Schritt wird mit der Innengestaltung der reduzierten und klaren Form experimentiert. Außerdem wird die Möglichkeit eines variablen Logos geprüft, bei dem die Farbtöne je nach Saison oder Thema wechseln können. Feste Konstante bleibt dabei immer der weiße Schriftzug auf einer farbigen Ellipse.

Die Logovarianten „gefächerte Ellipse" ist zwar formal spannend, erinnert aber zu sehr an Erscheinungsbilder der Event- und Entertainmentbranche.

Das Prinzip der Dachmarkenarchitektur: Die Entscheidung fällt für die einfarbige Ellipse mit der integrierten Wortmarke. Dabei kommen eine Antiqua und eine Groteskschrift zum Einsatz.

Das Logo kann in unterschiedlichen, noch zu definierenden Farben auftreten.

Ein weiteres fiktives Beispiel für den Umgang mit der Variante der „gefächerten Ellipse"

TYPOGRAFIE

GEGENSÄTZE VEREINEN – Die beiden Pole Modernität und Klassik können besonders gut mit Hilfe der Typografie zum Ausdruck gebracht werden. Die klassizistische Antiqua KEPLER verweist auf die Epoche des Architekten Schinkel und die Grotesk KNOCKOUT steht wiederum für Modernität. Die Antiqua zeichnet sich durch einen leicht handschriftlichen Duktus aus und wirkt dadurch angenehm weich. Das moderne Pendant dazu bildet die Knockout. Sie basiert auf Akzidenzschriften, die Anfang des 19. Jahrhunderts parallel zu klassizistischen Antiquaschriften entstanden, aber dennoch sehr modern wirken. Bei beiden Schriftarten ist eine klare Betonung der Senkrechten vorzufinden und bilden so einen Brückenschlag zum Gebäude. Beiden Schriften liegen sehr ähnliche Proportionen zugrunde, was den gleichzeitigen und stimmigen Einsatz erst ermöglicht.

IM ALLTAG – In der Bürokommunikation können die definierten Hausschriften nicht verwendet werden, da nicht gewährleistet werden kann, dass sie auf allen Rechnern installiert sein werden. Als Korrespondenzschrift in Briefbögen oder Pressemitteilungen werden deshalb die Systemschriften TIMES NEW ROMAN und ARIAL NARROW eingesetzt.

IM NETZ – Für Online-Anwendungen stehen die Schriften KEPLER und KNOCKOUT als Webfonts zur Verfügung.

abcdefghijklmnopqrstuvwxyz
ABCDEFGHIJKLMNOPQRSTUVWXYZ
1234567890€%&@(.,!?)

KNOCKOUT

abcdefghijklmnopqrstuvwxyz
ABCDEFGHIJKLMNOPQRSTUVWXYZ
1234567890€%&@(.,!?)

KEPLER

PLANEN   **GESTALTEN**   UMSETZEN
Designkonzept
Typografie
Farbe

FARBE

BUNTE KLÄNGE – Bei einem so vielfältigen Konzertprogramm liegt es nahe, eine bessere Orientierung durch ein breiteres und harmonisches Farbspektrum zu schaffen. Vier Grundfarben in Kombination mit Schwarz und Weiß bilden das Farbklima. Vier Grautöne werden ergänzend als Sekundärfarben hinzugefügt.

Die vier Grundfarben bilden die Basis für vier Farbverläufe, die aus drei eng zusammen liegenden Farbtönen zusammengesetzt werden. Dieser Ansatz wird passend zum Anspruch der klassischen Musik gewählt. Um auch langfristig Qualität und Wiedererkennbarkeit zu gewährleisten, werden vier verschiedene Farbverläufe fest definiert. Diese sind für die Typografie so optimiert, dass die Lesbarkeit nicht beeinträchtigt wird.

Die Sekundärfarben werden nur auf Innenseiten von Publikationen in der Typografie oder auf der Webseite verwendet.

Pro Saison wird ein Farbverlauf gewählt, der auch auf übergeordnete Imagethemen wie die Saisonbroschüre, Abobroschüre und Webseite angewandt wird. So entsteht ein abwechslungsreiches und lebendiges Erscheinungsbild.

Die vier Primärfarben und die dazugehörigen Farbverläufe.

Die vier Grautöne bilden die Gruppe der ergänzenden Sekundärfarben

BILDSPRACHE

WIEDERERKENNBARKEIT – Mehr als jedes andere Element hat die Bildsprache hier die Möglichkeit, die Markenwerte „nah, lebendig und vielseitig" zu visualisieren. Mit Hilfe einer einzigartigen Bildsprache hat das Konzerthaus außerdem die Chance, sich klarer zu positionieren.

Bei dem entwickelten Bildkonzept werden die Künstler und ihre Liebe zur klassischen Musik in den Mittelpunkt gestellt. Dabei werden sie in einer aktiven und dynamischen Geste bzw. Haltung gezeigt.

Die Bildmotive sollen dabei immer natürlich und authentisch sein und eine dynamische, emotionale Situation oder einen Moment der Interaktion festhalten.

Das Dargestellte geht über den Motivrand weiter und bindet somit den Betrachter in die Motive ein. Dies verstärkt zusätzlich einen „nahen" und „lebendigen" Markenauftritt. Die Motive zeichnen sich durch einen Wechsel zwischen Schärfe und Unschärfe aus und fokussieren so auf das Wesentliche.

Neben einer räumlichen Tiefe ist die Lichtstimmung natürlich und die Farbigkeit eher zurückhaltend. So entsteht eine harmonische Koexistenz in einem farbenfrohen, grafischen Umfeld.

Für die Kommunikationsmittel der ersten Saison wird der *Fotograf Felix Broede* engagiert.

PLANEN **GESTALTEN** UMSETZEN
Designkonzept
Bildsprache
Sprachliche Tonalität

SPRACHLICHE TONALITÄT

BARRIEREN ABBAUEN – Für klassische Musik begeistern und diese leichter zugänglich machen – das ist auch eine sprachliche Aufgabe. So können z. B. die Programmhefte, die das Konzerthaus zu jedem Konzert herausgibt, stärker als bisher die Rolle einnehmen, Hintergründe zur Musik für ein breiteres Publikum verständlich aufzubereiten. Auch für die Saison- und Abobroschüren ist ein einheitlicher Sprachstil von großer Bedeutung. Ein Leitfaden zum „Komponieren von Texten" soll zukünftig das KONZERTHAUS BERLIN unterstützen, um auch in der Kommunikation die passenden Worte zu finden.

Da es immer wieder eine große Herausforderung darstellt, geeignetes Bildmaterial für die verschiedenen Kommunikationsmittel zu finden, werden Varianten einer rein grafischen Umsetzung mit einer überraschenden, emotionalen Headline erarbeitet.

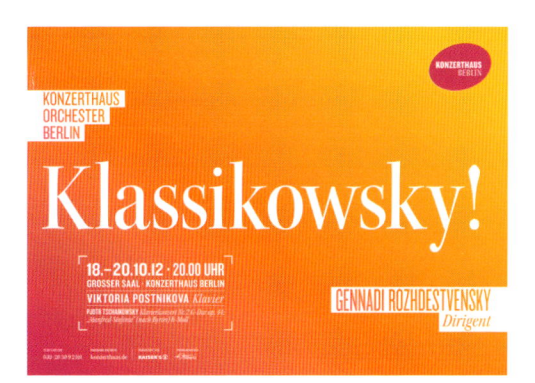

Anhand von verschiedenen Konzertplakaten zeigt METADESIGN, wie eine rein grafisch-typografische Gestaltung im Zusammenspiel mit der sprachlichen Tonalität wirken könnte.

WIR SAGEN	**WIR SAGEN NICHT**
besonderes Ereignis	Event
Höhepunkte im Programm	Programm-Highlights
Paket	Package

VORHER – „Mit den ESPRESSO-KONZERTEN stellt das KONZERTHAUS BERLIN nicht nur ein neues Konzertformat ins Netz des Berliner Kulturlebens, sondern bietet seine Ressourcen auf, um Ihnen ein wirklich nicht alltägliches Konzerterlebnis zu geben."

NACHHER – „Mit den ESPRESSO-KONZERTEN rufen wir ein neues Konzertformat ins Leben und bieten Koffein für die Ohren: Genießen Sie die Extraportion Klassik am Mittag."

WIR SPRECHEN PERSÖNLICH UND AKTIVIEREND.
› Wir sagen „wir", wenn wir das Konzerthaus meinen.
› Wir sprechen unser Publikum direkt und „im Aktiv" an.
› Wir formulieren mit eigenen Worten und zitieren mit Bedacht.
› Wir beziehen unser Gegenüber ein und ermuntern zum Handeln.

WIR SPRECHEN KLAR UND VERSTÄNDLICH.
› Wir spitzen Themen zu und setzen Akzente.
› Wir ersetzen oder erklären sehr spezielle Fachbegriffe.
› Wir vermeiden Kulturjargon.

WIR SPRECHEN ANSCHAULICH UND LEBENDIG.
› Wir sprechen bildhaft und machen es plastisch.
› Wir mögen Rhythmus – auch bei Texten.
› Wir bilden klare, kurze Sätze, statt zu verschachteln.
› Wir sprechen die Sinne an.
› Wir schaffen Lesemehrwert und überraschende Aha-Momente.

GESTALTUNGSSYSTEM

ORGANISATION – Die vielen verschiedenen Informationsebenen erfordern ein besonders flexibles Gestaltungsprinzip. Hierfür werden die Inhalte gesichtet und in übersichtlichen Sinneinheiten zusammengefasst. Anschließend wird der grafische Umgang mit den unterschiedlichen Inhalten definiert.

PRIORITÄTEN SETZEN – Ein besonders prägnantes Element sind die mit Farbverlauf versehenen Textfelder. Ihnen können die Namen der Akteure, wie Orchester und Dirigent entnommen werden. Sie ragen vom linken und rechten Rand in das Format und bilden so eine visuelle Klammer. Je nach Bekanntheitsgrad der Akteure können die Flächen in ihren Größen variieren und vertikal verschoben werden. Liegt die Betonung auf dem KONZERTHAUSORCHESTER BERLIN, so steht der Solist im kleineren Verlaufsfeld. Tritt jedoch ein bekannter Solist auf, wird dieser im größeren Verlaufsfeld angegeben. Eine weitere untergeordnete Informationsebene bilden die Detailinformationen. Sie stehen direkt auf den Hintergründen und werden von zwei Klammerelementen eingerahmt.

ABSENDER – Das Logo wird auf allen Printmedien immer rechts oben platziert und steht über allen anderen Elementen. Allein auf Tourneen wird das Logo des Konzerthausorchesters Berlin eingesetzt → *Markenzeichen S. 120.*

MIT ODER OHNE BILD – Das Gestaltungsprinzip gewährleistet, dass Bildmotive sich trotz der vielen Informationen entfalten können. Sie sind immer vollflächig im Anschnitt zu sehen. Sollte es kein Foto geben kann, der Verlauf im Hintergrund angewandt werden und eine große Headline übernimmt die Hauptrolle. Dann werden die Verlaufsfelder weiß eingesetzt und die Schriftfarbe dem Hintergrund angepasst.

PLANEN **GESTALTEN** UMSETZEN
Designkonzept
Gestaltungssystem

Darstellung der
Systematik des Gestal-
tungsprinzips

METADESIGN
KONZERTHAUS BERLIN

BEAUFTRAGEN

VERSTEHEN

KOMMUNIKATIONS-MASSNAHMEN

In realistischen Darstellungen wird dem Kunden das finale Design anhand von verschiedenen Anwendungen in unterschiedlichen lebensnahen Umfeldern gezeigt. So kann sich der Auftraggeber ein besseres Bild von der Wirkung seines zukünftigen Markenauftritts machen.

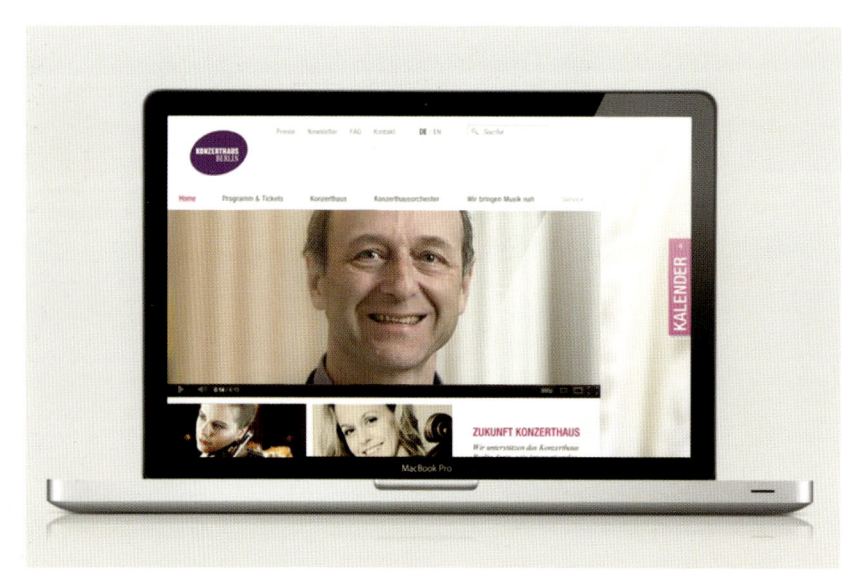

Oben:
Die Gestaltung des Programmheftes für die Saison 2012/13 in dem dafür festgelegten Farbklang

Links:
Die Homepage des Konzerthauses, ebenfalls in der Saisonfarbe

Rechts:
Die Kampagne zum Antritt des Chefdirigenten Iván Fischer
Fotograf/Urheber:
Stephan Klonk

"LEISER IST LAUTER."

Welche Kraft haben die leisen Töne? Erleben Sie **IVÁN FISCHER** als neuen Chefdirigenten des Konzerthausorchesters Berlin ab August 2012.

FISCHER KOMMT AN.
STIMMT AN.
REGT AN.

KONZERTHAUS BERLIN

30 9 2101
konzerthaus.de
KAISER'S

METADESIGN　　　　　　　　　BEAUFTRAGEN　　　　　　　　　VERSTEHEN
KONZERTHAUS BERLIN

Ein Plakatentwurf am Beispiel einer Konzertankündigung von Julia Fischer

Ein weiterer Plakatentwurf für Konzertabende des finnischen Violinisten Pekka Kuusisto

PLANEN GESTALTEN **UMSETZEN**
Kommunikationsmaßnahmen

Für den Junior- und Schulfolder wird im Rahmen des Erscheinungsbildes ein eigener Auftritt entwickelt.

Der Chefdirigent zeigt sich auch auf der Kundenkarte für das Stammpublikum.

DOKUMENTATION

ORIENTIERUNG IM ALLTAG – Die Corporate-Design-Richtlinien sind so konzipiert, dass unterschiedliche Auftragnehmer das Erscheinungsbild umsetzen können, aber auch Anwendungen intern ausgeführt werden können. Nach einer Einführung in die Identität der Marke, erläutert die PDF-Richtlinie detailliert den Umgang mit den Basiselementen wie Logo, Farben, Schrift und Bildsprache und deren Zusammenspiel. Abschließend kann sich der Benutzer mit Hilfe von Anwendungsbeispielen einen Gesamtüberblick verschaffen.

CORPORATE-DESIGN-RICHTLINIE INHALT

MARKE
› Markenmanifest
› Markenidee
› Markenwerte
› Tonalität

BASISELEMENTE

LOGO
› Farbversionen
› Hintergrund
› Schutzzone
› Positionierung
› Anwendungsgrößen
› Logogrößen und -abstände

FARBEN
› Primärfarben
› Sekundärfarben
› Farbdefinitionen

TYPOGRAFIE
› Ersatzschrift
› Schriftanwendungen

SPRACHE
› Schreibweisen und -Regeln
› Gestaltungsprinzip
› Bildsprache

ANWENDUNGEN
› AboBroschüre
› Saisonbroschüre
› Juniorfolder
› Monatsbroschüre
› Programmheft
› Plakate
› Geschäftsausstattung

PLANEN   GESTALTEN   **UMSETZEN**
Dokumentation

Definition der Logo-Schutzzone

Vermaßung der Gestaltungselemente

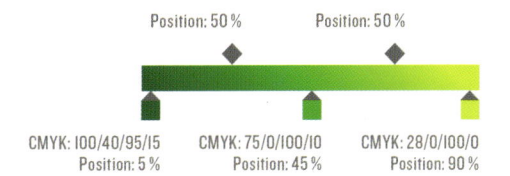

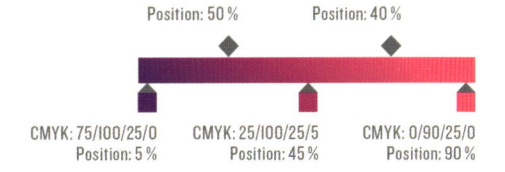

Aufbau der Farbverläufe für vollflächige Anwendungen

205

206

STRICHPUNKT
235 VORWERK

Inhaltliche Recherche: Oliver Feichtinger,
Maximilian Raschke und Romina Poschadel

STRICHPUNKT
VORWERK

RESSOURCEN

AGENTURAUSWAHL

BRIEFING

BEAUFTRAGEN

VERSTEHEN
Vertrieb
Zielgruppen
Unternehmensstruktur
Markenwahrnehmung

PLANEN
Markenarchitektur
Markenstrategie
Markenleitbild
Markenkern

ZEIT IN MONATEN 1 2 3 4 5 6 7 8

PRÄSENTATION MARKENARCHTEKTUR

PRÄSENTATION GESTALTUNGSLINIEN

ENDPRÄSENTATION

GESTALTEN
Markenzeichen
Produktmarken
Gestaltungslinien
Tonalität
Designkonzept
Form
Farbe
Typografie
Icons
Bildstil Produkt/Image

UMSETZEN
Kommunikationsmaßnahmen
Dokumentation

STRICHPUNKT VORWERK　　　BEAUFTRAGEN　　　VERSTEHEN

STRICHPUNKT

Die inhabergeführte Designagentur STRICHPUNKT wurde 1996 von Prof. Jochen Rädeker und Kirsten Dietz in Stuttgart gegründet und Ende 2011 der Standort Berlin eröffnet.

Ursprünglich machte sich die 90 Mitarbeiter starke Agentur einen Namen mit außergewöhnlichen Geschäftsberichten und anderen Unternehmenspublikationen. STRICHPUNKT bietet zudem seine Expertise in den Bereichen Corporate Design und Branding an und baut in den letzten Jahren seinen digitalen Bereich aus.

Die Agentur betreut Unternehmen, wie AUDI, ADIDAS, OTTO GROUP, TRUMPF UND SCHEUFFELEN. Neben vielen Design-Auszeichnungen wird STRICHPUNKT 2008 vom ADC Verband zur „Agentur des Jahres" gewählt.

2013 eröffnen die Unternehmensgründer mit einem erweiterten Team das Geschäft HYPE TYPE in Berlin Mitte. Hier werden Designprodukte rund um das Alphabet angeboten.

GRÜNDUNG
1996

STANDORTE
Stuttgart, Berlin

MITARBEITER
90

PROJEKTTEAM
Jochen Rädeker *Geschäftsführer*
Philipp Brune *Geschäftsführer*
Nico Wüst *Creative Director*
Nicola Wetzel *Art Director*
Christian Endres *Design*

VORWERK

1883 wurde die BARMER TEPPICHFABRIK VORWERK & CO. von den Brüdern Carl und Adolf Vorwerk in Wuppertal gegründet. Neben Teppichen und Möbelstoffen produzierte das Unternehmen später auch eigene Webstühle.

Nach dem Ersten Weltkrieg erweiterte das Unternehmen sein Produktsortiment und begann mit der Herstellung von Getrieben und Laufwerken für Grammophone. Mit der raschen Verbreitung des Hörfunks geriet diese Sparte jedoch bald in Absatzschwierigkeiten. 1929 entwickelte VORWERK den Grammophon Motor weiter und setzte ihn im ersten Kobold Handstaubsauger ein. Der Erfolg wollte sich zunächst jedoch nicht so recht einstellen. Trotz des vergleichsweise niedrigen Preises, verkaufte sich der Handstaubsauger schlecht. Erst die Einführung des Direktvertriebs 1930 brachte den erhofften Erfolg. Bis 1937 wurden ca. eine halbe Million der Geräte in deutschen Haushalten eingesetzt.

Heute sind weltweit mehr als 600.000 Menschen für VORWERK tätig und das Unternehmen ist in über 70 Ländern aktiv. Die Angebotsvielfalt erstreckt sich heute über Teppiche, Staubsauger, Küchengeräte und Kosmetika. Produkte, wie KOBOLD und THERMOMIX haben sich bis heute eine treue Kundschaft über mehrere Generationen erhalten. Laut Konzern kaufen mehr als die Hälfte der ersten VORWERK-Kunden wieder ein Produkt aus dem Unternehmen. Die Markenbekanntheit in Deutschland erreicht einen außergewöhnlich hohen Wert von über 90%.

GRÜNDUNG
1883

STANDORTE
Hauptsitz Wuppertal, weltweit

PRODUKT
Elektrogeräte, Bodenbeläge, Kosmetik, Dienstleistungen

FÜR VORWERK TÄTIGE PERSONEN
600.000

PROJEKTTEAM
Martin Berger *Executive Vice President Corporate Development/Marketing*
Heike Langner *Corporate Development/Marketing*
Torben Kasimzade *heute: Vice President Geschäftsfeld Powertools*

STRICHPUNKT　　　　　　　　**BEAUFTRAGEN**　　　　　　　VERSTEHEN
VORWERK　　　　　　　　　　Agenturauswahl
　　　　　　　　　　　　　　　Briefing

AGENTURAUSWAHL

PROJEKTSTART
Dezember 2010

DEADLINE
Keine

STRICHPUNKT wird von VORWERK fast zeitgleich für zwei Themen angefragt: Die Gestaltung des Geschäftsberichtes und die Konzeption und Gestaltung eines neuen Markenerscheinungsbildes.

Während die Agentur beim Geschäftsbericht nicht zum Zuge kommt, wird sie für die Markenentwicklung ausgewählt. Bei der Agenturauswahl wendet das Unternehmen zwei verschiedene Auswahlmethoden an: Handelt es sich beim Geschäftsbericht um einen Kreativpitch, wird beim Markenerscheinungsbild ein Agentur-Screening durchgeführt. Beim Screening stellt sich STRICHPUNKT als Unternehmen vor, zeigt einige ihrer bisherigen Projekte. Zudem präsentieren sie das potentielle Team, ihre Herangehensweise und einen möglichen Prozess.

Ca. drei Monate später wird die Agentur ein weiteres Mal eingeladen, wo sie sich einem weiteren Entscheidungsgremium vorstellt. Anschließend erhält STRICHPUNKT den Zuschlag.

BRIEFING

MARKENVIELFALT – Über viele Jahre entwickelten die erfolgreichen Produktmarken von VORWERK ein Eigenleben. KOBOLD steht für alles rund um das Thema Staubsaugen, ist in Italien unter dem Markennamen FOLLETTO bekannt und hat sich dort längst zum Gattungsbegriff entwickelt. Auch THERMOMIX agiert in Italien unter einem anderen Namen – die Küchenmaschine heißt dort BIMBY.

STÄRKUNG DER DACHMARKE – Will das Unternehmen VORWERK zukünftig in weitere Branchen expandieren, muss es zunächst die Dachmarke stärken und ihr Verhältnis zu den Produktmarken klären. Die anstehenden Herausforderungen sind vielfältig und verlangen von allen Seiten Fingerspitzengefühl.

Die vielen Mitarbeiter identifizieren sich sehr viel stärker mit „ihrer" Produktmarke als mit der Dachmarke VORWERK. Wie kann bei ihnen ein Verständnis für die Bedürfnisse des Konzerns geweckt werden und gleichzeitig ihre eigenen Bedürfnisse nach Identifikation mit dem Produkt berücksichtigt werden? Hinzu kommt, dass es in einem weltweit agierenden Unternehmen viele Entscheidungsstufen gibt, die einen langwierigen Prozess in Aussicht stellen. Dieser verlangt von allen Seiten Geduld und Zuversicht.

Die „Ahnengalerie" der unterschiedlichen KOBOLD-Modelle wird am Standort Wuppertal ausgestellt.
Fotograf: Julian Baumann

STRICHPUNKT VORWERK   BEAUFTRAGEN   **VERSTEHEN**
Vertrieb
Zielgruppen
Unternehmensstruktur
Markenwahrnehmung

ANALYSE

EINTAUCHEN UND AUFRÄUMEN – Bereits zu Beginn der Analyse fällt die große visuelle Vielfalt auf, weshalb ein einheitlicher Markenauftritt kaum zu erkennen ist. Dabei ist ein visueller Leitfaden vorhanden, der jedoch nicht über die notwendige Detailtiefe und Praxisnähe verfügt. Auch die Organisationsstruktur des Unternehmens, mit am Markt weitgehend selbstständig agierenden Divisionen, hat zu einer Verwässerung der Dach- und Produktmarken geführt.

VERTRIEB – VORWERK verdankt seinen Erfolg der hohen Produktqualität und dem jahrzehntelangen persönlichen Direktvertrieb. Neuaufkommende Vertriebskanäle, wie Onlineshops waren lange Zeit kein Thema.

Heute muss sich auch der Berufsstand des Vertreters dem gesellschaftlichen Wandel anpassen. Immer weniger potentielle Kunden werden tagsüber zu Hause angetroffen, das früher übliche Alleinverdienermodell hat ausgedient und die Anzahl der Single-Haushalte wächst stetig. Dennoch ist persönliche Beratung eine ausgezeichnete Kontaktmöglichkeit und hat einen prägenden Anteil an der Unternehmensidentität. Der Vertrieb über weitere Kanäle, wie E-Commerce und eigene Shops, ergänzt in Zukunft den persönlichen Direktvertrieb. Dazu gehört auch, dass das Empfangen, Auspacken und Zusammensetzen des Produktes Teil eines positiven Markenerlebnisses werden soll.

ZIELGRUPPENANALYSE – Bisher haben die Produktmarken ihre Zielgruppen jeweils separat angesprochen, obwohl beide eine große Überschneidung ihrer Zielgruppe haben: Hausfrauen und -männer im familiären Umfeld. Zukünftig sollen die Kräfte der Produktmarken gebündelt werden.

Zudem ist das klassische Familienmodell unterschiedlichen Formen des Zusammenlebens gewichen. VORWERK benötigt hier zukünftig eine Kommunikationsstrategie, die sich an die moderne Gesellschaft mit ihren Bedürfnissen anpasst. Das Internet als wichtige Kommunikationsplattform und Vertriebsweg für die kaufkraftstarke und qualitätsbewusste Zielgruppe, wird in Zukunft eine wesentlich stärkere Rolle spielen.

UMFRAGEN – Wertvolle Informationen liefern die bereits von der Marketingabteilung durchgeführten internen und externen Umfragen zur Markenwahrnehmung. Diese Studie ergab, dass die Marke VORWERK in ihrem Wirkungsbereich viel umfassender gesehen wird als die Produktmarken THERMOMIX und KOBOLD einzeln. Um Querverkauf-Potenziale (Cross-Selling) auszunutzen, empfiehlt es sich also, die Marke VORWERK in den Vordergrund zu stellen.

Hier gibt es noch viel zu tun: Auch der Prozess des Auspackens und Aufbaus wird unter die Lupe genommen.

PLANEN GESTALTEN UMSETZEN

STRUKTUR DER MARKETINGVERANTWORTLICHEN IM KONZERN

		VORWERK		
Dachmarke				
Produktmarken	**KOBOLD**	**THERMOMIX**		**FLOORING**
Länder-verantwortliche	Italien, Deutschland, Frankreich, Spanien etc.	Italien, Deutschland, Frankreich, Spanien etc.		Deutschland

Oben: Die Darstellung zeigt die jeweiligen Marketingverantwortlichen auf den unterschiedlichen Ebenen. Die Herausforderung bestand darin, all diese in den Abstimmungsprozess mit einzubeziehen.

Unten: Die Kommunikationsmittel der Divisionen und Landesorganisationen stellen sich vor dem Markenrelaunch sehr unterschiedlich dar. Einheitliche Design-Vorgaben sind nicht vorhanden.

MARKENARCHITEKTUR

BEWEISFÜHRUNG ANHAND VON SZENARIEN – Zu Beginn des Prozesses gibt STRICHPUNKT folgendes Motto aus: „Für einen erfolgreichen Markenprozess muss eine eindeutige Entscheidung für die weitere Ausrichtung der Marke getroffen werden. Kein Kompromiss, der alle irgendwie einbindet, aber letztlich unbefriedigt zurücklässt." In verschiedenen Besprechungsrunden mit der Führungsebene zeigen sich jedoch die unterschiedlichen Interessensschwerpunkte. Vertreter des Konzerns sprechen sich entweder für eine gleichwertige Behandlung von Produkt- und Dachmarke aus ⟶ Bild 1 oder eine klare Stärkung der Marke VORWERK ⟶ Bild 3. Die Verantwortlichen der Divisionen können den Nutzen einer gemeinsamen Dachmarke teilweise zunächst nicht erkennen ⟶ Bild 2. Sie befürchten vielmehr eine Schwächung der starken Produktmarken.

Um zu verdeutlichen, welche Auswirkungen die jeweiligen Wünsche in der Kommunikation und Außenwahrnehmung haben können, entwickelt STRICHPUNKT unterschiedliche Szenarien für die Markenarchitektur. Diese Szenarien zeigen eine beispielhafte Kommunikation zwischen zwei Kunden. Hierdurch gelingt es den Prozessteilnehmern besser, ihre Perspektive zu wechseln und mögliche Synergieeffekte zwischen Produkt- und Dachmarke zu erkennen.

Exemplarisches Gespräch zwischen:

Kunde   potentieller Kunde

Der VR 100 von VORWERK KOBOLD ist echt super!

?!?

1. EIN GLEICHWERTIGER AUFTRITT VON KONZERN- UND PRODUKTMARKE. – „Unser Auftritt ist derzeit sehr bunt – mit starkem Konzern und starken Produktmarken."

FAZIT – Das Double Branding ist für die Zielgruppen verwirrend. Die Markenhierarchie ist unklar.

PLANEN — Markenarchitektur GESTALTEN UMSETZEN

Kunde potentieller Kunde

Der VR 100 von KOBOLD ist echt super!

?!?

Kunde potentieller Kunde

Der KOBOLD von VORWERK ist echt empfehlenswert!

Glaube ich gerne, ich bin mit meinem THERMOMIX von VORWERK auch super zufrieden …

Kobold

VR100

VORWERK

Kobold VR100

2. KLARER FOKUS AUF DIE PRODUKTMARKEN – „Wir brauchen die Marke VORWERK nicht, um KOBOLD erfolgreich zu machen."

FAZIT – Die Trennung zwischen Dachmarke und Produktmarken sowie den Produktmarken untereinander wird verstärkt. Die Dachmarke wird langfristig geschwächt und eventuell verschwinden.

3. DACHMARKE UND PRODUKTMARKEN SIND EINDEUTIG STRUKTURIERT – „Wir brauchen eine klare, starke Dachmarke VORWERK, … die den Produktmarken und landesspezifischen Auftritten geordneten, aber nachrangigen Raum zur Entfaltung bietet."

FAZIT – Die Zusammenhänge zwischen Dachmarke und Produktmarken sind eindeutig. Dach- und Produktmarken werden langfristig gestärkt.

MARKENARCHITEKTUR

Nach einer intensiven Phase der Entscheidungsfindung ist nun klar: Für die neue Ausrichtung soll es eine klare Trennung zwischen Produktmarken und Dachmarke, sowohl betriebsintern wie auch in der Außenwahrnehmung, geben. Die Divisionen mussten erst von den Vorteilen einer starken Dachmarke überzeugt werden. Diese wird allen langfristig Vorteile verschaffen, da sie die mit ihr assoziierten positiven Eigenschaften auf die Produktmarken überträgt. Dafür ist es notwendig, die Dachmarke optisch klarer von den Produktmarken zu trennen. Ziel soll es sein, die Dachmarke als gemeinsamen Absender der Produktmarken erkennbar zu machen ⟶ *Markenarchitektur S. 86.*

LOGOENTWICKLUNG – Auf den ersten Blick erscheint die Aufgabenstellung wie die Quadratur des Kreises. Die Produktmarken sollen der Dachmarke eindeutig untergeordnet werden und gleichzeitig eine formale Typik besitzen, die sie visuell als Marke auszeichnet und es auch rechtlich ermöglicht, diese als Marke registrieren zu lassen.

VORGEHENSWEISE – Ausgehend vom Ist-Zustand zeigt die Agentur zunächst drei verschiedene Umsetzungsmöglichkeiten auf ⟶ *siehe rechts.* In jeder dieser Varianten wird auf eine Bildmarke verzichtet. So kann sich die Dachmarke VORWERK mit ihrer Bildmarke deutlicher von ihren Produktmarken unterscheiden.

DACHMARKE UND MARKEN-CLAIM – Das Logo der Dachmarke wird nicht verändert. Allerdings verzichtet das Unternehmen zukünftig auf den Claim „Unser Bestes für Ihre Familie", da man rückblickend feststellen musste, dass dieser für die Markenwahrnehmung keinen Mehrwert schaffen konnte. Auch der Inhalt ist nicht mehr zeitgemäß, da die klassische Familie nicht mehr allein im Fokus steht.

› **VORHER –** Die Wort-Bildmarken der Produkte standen aufgrund ihrer Gestaltung in keiner klaren Hierarchie zur Dachmarke. Sie haben sich dadurch stark verselbstständigt, wodurch die Dachmarke VORWERK zunehmend in den Hintergrund rückte.

› **ZIEL –** In der neuen Markenarchitektur wird die Marke VORWERK in ihrer Funktion als Dachmarke klar definiert und die Hierarchie in Bezug auf ihre Produktmarken verdeutlicht.

PLANEN
Markenarchitektur

GESTALTEN
Markenzeichen

UMSETZEN

Die bisherigen Logos von VORWERK bis 2011

VORWERK
Unser Bestes für Ihre Familie

Kobold   Thermomix

1a. Die erste Variante leitet die Produktmarken von der Unternehmensmarke ab.

VORWERK

Kobold   **Thermomix**

1b. In der zweiten Variante wird der Bezug aus der Unternehmenstradition näher betrachtet.

VORWERK

VORWERK *kobold*   *kobold*   *thermomix*

1c. Als letztes wird eine an die bisherigen Bildmarken angelehnte Variante präsentiert.

VORWERK

kobold   **thermomix**

PRODUKTMARKEN

MARKENARCHITEKTUR – Am überzeugendsten ist die Variante ⟶ *Abb. 1c S. 219*, in der die Formsprache der bisherigen Bildmarken von KOBOLD und THERMOMIX in die Gestaltung der Schriftzüge übernommen wird. So erhalten die Wortmarken eine Wiedererkennbarkeit und verweisen auf ihre Herkunft.

LÄNDERHOHEIT – Auf den ersten Blick erscheint es logisch zu hinterfragen, ob der Einsatz unterschiedlicher Produktnamen (KOBOLD/FOLLETTO und THERMOMIX/BIMBY) weiterhin Sinn macht oder ob diese vereinheitlicht werden sollten. Da diese jedoch an ihren jeweiligen Standorten einen so außergewöhnlichen hohen Bekanntheitsgrad haben, beschließt man, sie auch weiterhin beizubehalten. Glücklicherweise lässt sich die Formsprache, welche sich auf die ehemaligen Bildmarken bezieht, auf alle Produktnamen übertragen.

Die Formsprache der finalen Produktmarken-Logos basieren auf der Formsprache der bisherigen Bildmarken.

kobold

folletto

thermomix

bimby

PLANEN
Markenstrategie
Markenleitbild
Markenkern

GESTALTEN
Produktmarken

UMSETZEN

MARKENSTRATEGIE

Nach der Entscheidung für eine Markenarchitektur werden im nächsten Schritt die Ziele des neuen Markenauftritts definiert.

ZIELE FÜR DEN NEUEN MARKENAUFTRITT

1. **Identifikation**
   Hohe interne und externe Akzeptanz
2. **Differenzierung**
   Sichtbare Abgrenzung zum Wettbewerb
3. **Positionierung**
   Auftritt als Qualitätsführer im Premiumbereich
4. **Konsistenz**
   Einheitlicher Markenauftritt
5. **Wiedererkennbarkeit**
   Markenprägende Gestaltung
6. **Umsetzbarkeit**
   Möglichst geringe Umsetzungskosten und langfristige Kostenersparnis durch Synergieeffekt

MARKENLEITBILD – Ein wichtiger Schritt für die Außendarstellung ist die Einbindung des Leitbildes von VORWERK aus dem Briefing. Es soll kurz und knapp zusammenfassen, für was das Unternehmen steht:

„Seit Generationen steht VORWERK für eins: Beste Produkte in bester Qualität. Bereits über 130 Jahre überzeugen unsere Produkte Millionen von Familien durch ihre überlegene, innovative Technik und ihre sprichwörtlich lange Lebensdauer. Und das in Kom bination mit einem stets durchdachten Design: Einfache Bedien- und Anwendbarkeit sind Leitbild unserer Produktentwicklung. Unsere hoch qualifizierte Beratung erleichtert dabei jederzeit die Auswahl und Anwendung unserer Angebote – sogar bei Ihnen zu Hause."

DER MARKENKERN – Das Leitbild wird unter dem Begriff SUPERIORITY zusammengefasst und steht für technische und qualitative Überlegenheit. Hierdurch bekräftigt VORWERK seine Marktführungsposition im Premiumsegment. Gleichzeitig soll es gelingen, die hochwertige Technik mit einer menschlichen Komponente zu verbinden.

Im intensiven Austausch mit VORWERK werden die folgenden Markenwerte herausgearbeitet:

› **Attraktiv**
› **Klar**
› **Zeitlos**
› **Hochwertig**
› **Souverän**
› **Menschlich**

GESTALTUNGSRICHTUNGEN UND TONALITÄT

Designrichtung „Raum"

DER GEMEINSAME NENNER – Nach der Definition der Leitidee und der Markenwerte geht es nun darum, diese auch visuell zum Leben zu erwecken. Da einige grafische Elemente bereits gelernt und ein wichtiger Teil einer gemeinsamen Identität sind, einigt man sich im Vorfeld auf Konstanten, die auch beim neuen Erscheinungsbild eine prägnante Rolle spielen werden:

› Das Logo der Dach- bzw. Unternehmensmarke bleibt unverändert
› Hausfarbe Grün
› Eine klare und reduzierte Formsprache, die im neuen Produktdesign bereits sichtbar ist
› Eine Mischung aus Antiqua und Sans Schriften

Etwa ein Jahr nach dem ersten Kennenlernen stellt STRICHPUNKT den Verantwortlichen bei VORWERK zwei Gestaltungslinien vor, die einen unterschiedlichen Umgang mit grafischen Elementen, wie Schrift, Form und Farbe zeigen.

RAUM – Das Gestaltungskonzept *Raum/Space* macht die Auflösung des Raumes zum Thema, indem weder Formen noch Farben Begrenzungen aufzeigen. Durch den Einsatz von metallisch anmutendem Grau auf Verpackungen und Fassade wirkt der Raum unendlich. Auf der Verpackung z.B. scheint das Produkt zu schweben. In Kombination mit der akzentgrünen Schrift wirkt die Tonalität des visuellen Auftritts sehr leicht und offen.

Grobe Skizzen z.B. zu einer möglichen Bildsprache, Verpackungs- und Storedesign sollen einen ersten Eindruck über eine visuelle Anmutung der künftigen Marke vermitteln.

PLANEN	**GESTALTEN**	UMSETZEN
	Gestaltungsrichtungen	
	Tonalität	

Designrichtung „Band"

BAND – Das zweite Gestaltungskonzept orientiert sich am bereits vertrauten grünen Band, das bereits seit einiger Zeit im Produktdesign und später vereinzelt im Printdesign eingesetzt wurde. Ziel ist es nun, dass Produkt- und Markendesign dieses Element in seiner modifizierten Form stringent einsetzen. Gepaart mit dem dunkelgrüne Farbton wirkt der Markenauftritt hochwertig und zeitlos.

KLARER FAVORIT – Nach der Präsentation der beiden Designrichtungen zeigt die anschließende Diskussion mit den Verantwortlichen sehr deutlich, dass die Variante „Band" die zuvor definierten Markenwerte am Besten erfüllt. Vor allem der Anspruch, der mit dem Begriff „Superiority" beschrieben wird, spiegelt sich hier am klarsten wieder. Im nächsten Schritt soll diese Designrichtung weiter ausgearbeitet werden. Beim Bildstil wird jedoch der Vorschlag der Variante „Raum" weiterverfolgt. Hier überzeugt der emotionalere Ausdruck.

Das grüne Band unterstützt nicht nur die Wiedererkennbarkeit, sondern sorgt für Struktur und Klarheit.

FORM

DAS BAND – Maßgeblich für die Formsprache waren die Werte Klar und Einfach. Das „grüne Band", das bereits im Produktdesign des Konzerns seit den 50er Jahren Verwendung findet, wird nun auch auf alle weiteren Bereiche übertragen. Es wird sowohl für die Gestaltung der Geschäftspapiere wie auch für Marketingmaterial und Produktverpackungen verwendet. Es wird ausschließlich horizontal und in der Farbe VORWERK-GRÜN eingesetzt. Der konsequente Einsatz des grünen Bandes erhöht nicht nur die Wiedererkennbarkeit, sondern unterstützt die klarere Gliederung von Inhalten.

Die Formsprache wird hier zur Taschenstütze und somit nicht nur wirkungsvoll, sondern vor allem sinnvoll in Szene gesetzt.

Der „Zeiger" des „Störers" ist immer auf den Fokus der Aussage gerichtet.

PLANEN　　　　　　　　　GESTALTEN　　　　　　　　　UMSETZEN
　　　　　　　　　　　　　Designkonzept
　　　　　　　　　　　　　Form
　　　	　　　　　　　　　Farbe

FARBE

HISTORISCHER ANKER – Das seit Jahrzehnten verwendete VORWERK-GRÜN Pantone 355 C wird um die Farben Tiefgrün, Limettengrün, Silber und Weiß ergänzt und fest im Corporate Design verankert. Das Design zeichnet sich durch viel Weißraum aus und schafft dadurch mehr Übersichtlichkeit und Ruhe.

Die Primärfarbe VORWERK-GRÜN wird in erster Linie für das Band, die Logos sowie in der Typografie verwendet. Die Sekundärfarbe Tiefgrün wird in der Typografie für Überschriften und Fließtext eingesetzt. Limettengrün wird nur als Akzentfarbe genutzt. Mit dieser Differenzierung wird die Möglichkeit einer besseren hierarchischen Gliederung der einzelnen Inhalte geschaffen.

Hausfarbe
Vorwerk-Grün

Sekundärfarbe
Tiefgrün

Akzentfarbe Limetten Grün

Sekundärfarbe
Silber

Großzügiger Umgang mit Weiß als Gestaltungsfläche

TYPOGRAFIE

EIN BEWÄHRTER KLASSIKER – Als Hausschrift wird die serifenlose Schrift UNIVERS ausgewählt. Vor allem der Bold-Schnitt, welcher für Überschriften und textliche Auszeichnungen eingesetzt wird, wird die visuelle Identität stark prägen.

Die im Jahr 1957 veröffentlichte, von Adrian Frutiger entworfene Schrift ist bekannt für ihre kühle Eleganz sowie ihre gute Lesbarkeit auch aus größerer Entfernung. Trotz ihres Alters wirkt sie zeitlos und sie strahlt Klarheit und Souveränität aus. Somit verkörpert sie sehr gut die definierte Positionierung VORWERKS.

HERAUSARBEITEN EINER TYPIK – Charakteristisch für VORWERK sollen zukünftig die in Großbuchstaben gesetzt Überschriften mit einem Farbwechsel zwischen Tiefgrün und VORWERK-GRÜN werden. Daneben wird die UNIVERS in gemischter Schreibweise für Kolumnentitel, Paginierungen, Tabellen, Listen, Adressfelder und Fußnoten eingesetzt. Als Ersatzschrift für Office-Anwendungen dient die ARIAL.

KLASSISCH UNKOVENTIONELL – Fließtexte werden vorwiegend in der Antiqua-Schrift INGEBORG REGULAR in Tiefgrün gesetzt. Sie wurde in der Tradition BODONIS gehalten. Markante Tropfen und Stilbrüche an unkonventionellen Stellen, gepaart mit der klassischen Formgebung, geben ihr genug Eigenständigkeit, um sich von anderen klassizistischen Antiquas abzuheben. Als Ersatzschrift für Office-Anwendungen dient die GEORGIA.

HEADLINES
UNIVERS BOLD

ALTERNATIVE SYSTEMSCHRIFT ARIAL

Ingeborg Regular *Italic*
ABCDEFGHIJKLMNOPQRSTUVWXYZ
abcdefghijklmnopqrstuvwxyz
0123456789!@#$%^&*()

Alternative Systemschrift Georgia

PLANEN   GESTALTEN   UMSETZEN
          Designkonzept
          Typografie
          Icons

ICONS

EIGENE ZEICHENSPRACHE – vorwerk hat einen hohen Bedarf an unterschiedlichsten Icons. Man findet sie auf Produkten, interaktiven Displays, Apps, Gebrauchsanleitungen, Verpackungen und Kochrezepten. Für vorwerk wird eine eigene und prägnante Iconsprache von der User Interface Design GmbH (UID) entwickelt. Um auch langfristig Eigenständigkeit und Wiedererkennbarkeit gewährleisten zu können, werden folgende formale Grundregeln festgelegt:

> Icons verwenden eine flächige Formsprache. Konturlinien werden nicht eingesetzt.
> Die Formen werden vereinfacht; dabei werden geometrische Grundformen bevorzugt.
> Ecken sind erlaubt, sie können jedoch auch abgerundet werden.
> Icons werden bevorzugt im vorwerk-Grün dargestellt.

STRICHPUNKT			BEAUFTRAGEN			VERSTEHEN
VORWERK

BILDSTIL PRODUKT

SUPERIORITY – Die Leitidee wird stark von einer anspruchsvollen und reduzierten Inszenierung der Produkte getragen. Im Mittelpunkt steht immer das Produkt, welches in einer kühlen, räumlichen Umgebung in dynamischen Perspektiven abgebildet wird. Es steht auf einem ruhigen, matten, hellsilbernen Hintergrund. Die Lichtsetzung unterstützt die Fokussierung auf das Produkt und gibt dem Hintergrund und der Produktoberfläche einen natürlichen Farbverlauf.

Produkte können auch als Freisteller abgebildet werden. Sie zeichnen sich durch natürliches, weiches Licht und eine neutrale Farbtemperatur aus. Die Produkte werden mit Schattenwurf und ohne Spiegelung in einer unverzerrten Perspektive gezeigt.

Die einheitliche Farbgebung ist ein wichtiges Mittel, um einen wiedererkennbaren Bildstil zu generieren.

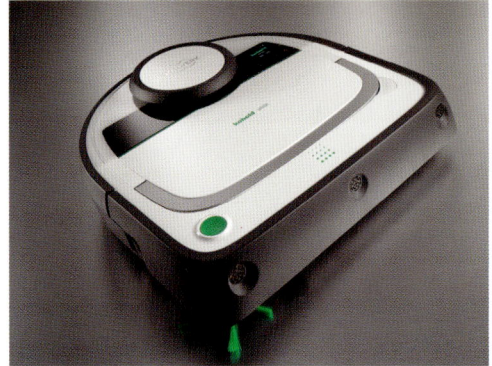

BILDSTIL IMAGE

MENSCHLICH – Im Kontrast zur sachlich, reduzierten Produktfotografie ist die Tonalität der Imagefotografie warm und freundlich gehalten. Die Protagonisten werden in einem natürlichen Wohnumfeld gezeigt. Der Fokus liegt dabei auf den gezeigten Personen, während die Produkte zwar integriert werden, aber nicht im Mittelpunkt stehen. Räumliche Tiefe wird durch scharfe Vordergründe in Kombination mit unscharfen Hintergründen geschaffen. Ziel der Komposition ist es, dass der Betrachter den Eindruck erhalten soll, sich möglichst nah an der jeweiligen Situation zu befinden.

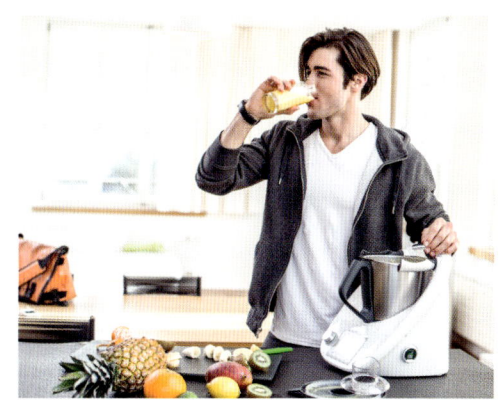

Die Imagebilder kennzeichnet eine geringe Tiefenschärfe, wodurch die Akteure stärker in den Fokus treten.

KOMMUNIKATIONS-MASSNAHMEN

ZEICHEN SETZEN — Damit das neue Markendesign schnell erlebbar wird, wird es auf mehrere zentrale Anwendungen übertragen. Zum einem auf die klassischen Printmedien, wie Geschäftspapiere und Broschüren. Zum anderen auf die neuen Produktverpackungen und den Flagshipstore, der eine neue Ära in der Vertriebstrategie einläutet.

FLAGSHIPSTORE — Aus der strategischen Weiterentwicklung und dem Wandel der Zielgruppe heraus entsteht die Idee eines Flagshipstores. Dessen Umsetzung ist die erste Anwendung im Rahmen des Markenrelaunches.

Der Flagshipstore ist ein weiterer Schritt, um dem Kunden die Produktpalette und die neue Markenwelt näher zu bringen. Im repräsentativen Geschäft in Hamburg am Jungfernstieg, in attraktiver Lage, sollen nun die Verbraucher die Geräte selbst in Aktion erleben. Sogar eine Küche bietet die Möglichkeit, im Rahmen von Kochevents Produkte auszuprobieren. Zudem hat der Store die Funktion eines zusätzlichen Aushängeschildes und ist ein weiterer Werbeträger. Hier kommen die neu gestalteten Produktverpackungen zum Einsatz, die als Teil des entstehenden Corporate Designs den hochwertigen Eindruck vermitteln, den der Käufer von den Geräten gewohnt ist.

Seit der Eröffnung des Flagshipstores 2011 wurden bereits in 30 deutschen Städten VORWERK-Shops eröffnet und in den nächsten Jahren sollen weitere 40 hinzukommen.

Das Produkt THERMOMIX wird in Kombination mit Kochbüchern inszeniert.

PLANEN GESTALTEN **UMSETZEN**
Kommunikationsmaßnahmen

Die Tonalität des Shop-Designs ist geprägt von hellen Tönen, die in Kontrast zu den VORWERK-Grüntönen stehen. Diese strukturieren den Raum und weisen auf Informationen hin.

In den VORWERK-Shops kann der THERMOMIX in Aktion erlebt werden.

STRICHPUNKT BEAUFTRAGEN VERSTEHEN
VORWERK

Die Doppelseite einer Produktbroschüre zeigt das Zusammenspiel der verschiedenen grafischen Basiselemente, wie Typografie, Bild, und Farbigkeit.

Diese Printprodukte im neuen Erscheinungsbild haben Vorbildfunktion für alle zukünftigen.

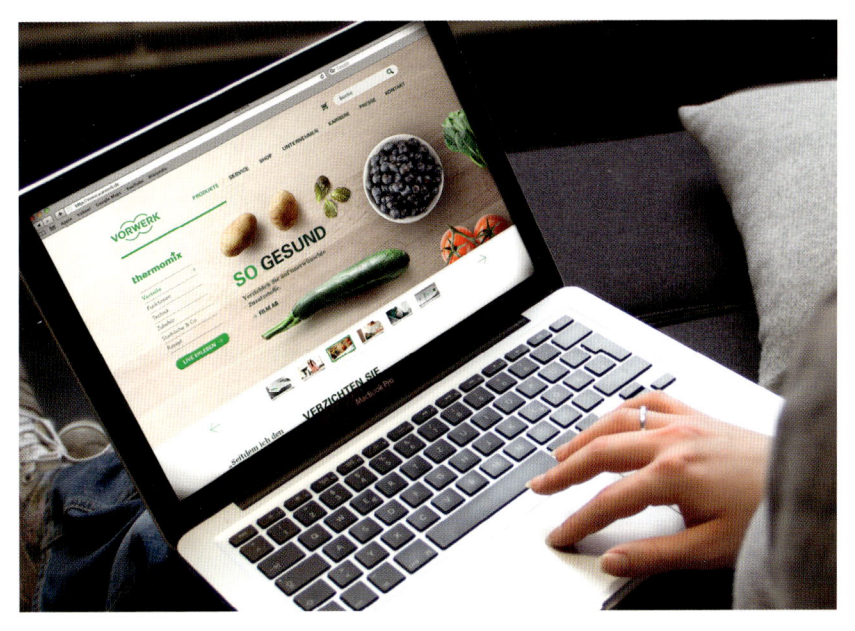

PLANEN GESTALTEN **UMSETZEN**
Kommunikationsmaßnahmen

Der Entwurf für die Webseite zeigt das Markenerscheinungsbild im digitalen Umfeld.

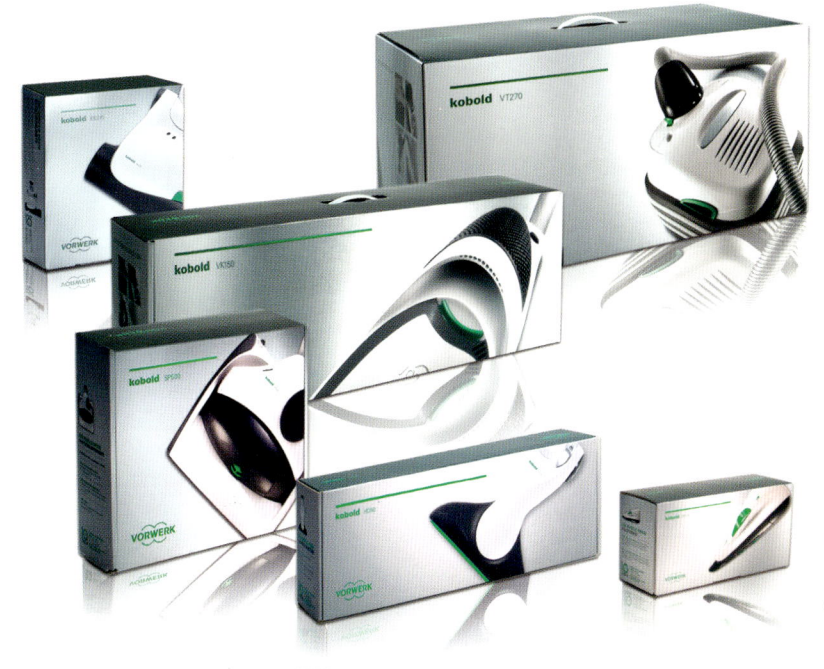

Das Markenerscheinungsbild wird auf unterschiedliche Verpackungsformate übertragen.

233

DOKUMENTATION

HILFE ZUR SELBSTHILFE – Eine große Herausforderung bei der Implementierung der neuen Gestaltungslinie ist die große Entfernung zwischen den handelnden Personen und Niederlassungen. Um alle Mitarbeiter zu erreichen, werden verschiedene Maßnahmen beschlossen. → S. 130

Die Marketingverantwortlichen von VORWERK halten gemeinsam mit STRICHPUNKT mehrere Vorträge bei den Mitarbeitern, um die neue Positionierung der Marke und den Umgang mit dem neuen Erscheinungsbild näher zu bringen. Für eine bessere Orientierung werden folgende Hilfsmittel an die Hand gegeben:

› Ein Markenfächer mit den wichtigsten Corporate-Design-Eigenschaften
› Das Onlineportal CORPORATE DESIGN NET mit einer integrierten Bilddatenbank
› Ein Brandbook in limitierter Auflage, speziell für die Marken- und Marketing-Verantwortlichen im Unternehmen

MARKENFÄCHER – Kurz und knapp bietet der Markenfächer einen guten ersten Überblick zu den wesentlichen Elementen des Markenauftritts. Er richtet sich in erster Linie an die Mitarbeiter von VORWERK und seine externen Dienstleister, die sich mit dem visuellen Auftritt des Unternehmens befassen. Neben den wichtigsten Informationen z. B. zu Farbcodes und Schriftwahl kommt der Anwender auch gleich in den Kontakt mit den für VORWERK vorgesehenen Papierarten.

CD-NET – Das neu eingerichtete Designrichtlinien-Portal, bietet einen detaillierten Leitfaden zum gestalterischen Umgang mit den einzelnen Gestaltungselementen. Es richtet sich ebenfalls an Mitarbeiter des Unternehmens und Dienstleister. Neben einer Bilddatenbank findet der Anwender auch Indesign-Templates für unterschiedlichste Anwendungen.

Das Corporate-Design-Portal und der Markenfächer ergänzen sich durch ihre unterschiedliche Informationsdichte.

PLANEN   GESTALTEN   **UMSETZEN**
Dokumentation

BRANDBOOK – Ziel dieser Implementierungsmaßnahme ist es, vor allem Führungskräfte und Markenverantwortliche mit der Markenmission und -Tonalität vertraut zu machen. Das aufwendig gestaltete Buch gibt Hintergrundinformationen zur Markenidentität und lässt den Leser gleichzeitig in die visuelle Welt der Marke VORWERK eintauchen.

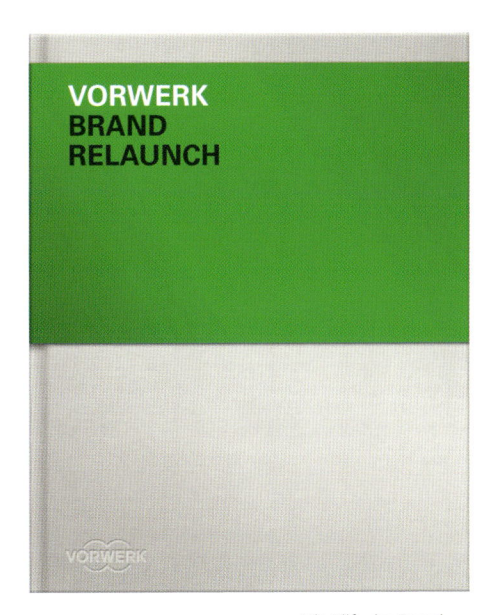

Mit Hilfe des Brandbooks sollen vor allem Führungskräfte mit dem Thema Markenführung vertraut gemacht werden.

3.0 ENTSTEHUNG DIESES BUCHES

HEUREKA? – Der Freudenruf von Archimedes, als er der Legende nach, in der Badewanne das Archimedische Prinzip entdeckt haben soll, steht für den genialen Einfall. Design in allen seinen Facetten steht bei den meisten Menschen hauptsächlich für impulsive Kreativität, die spontane Idee, die Designer auf dem Klo oder beim Waldspaziergang überfällt. Versteht man Design als logische Konsequenz einer Problemstellung und Zielsetzung, dann gibt es nicht DIE eine Idee, sondern eine Reihe von ineinander greifenden Lösungen, die zusammen ein neues Produkt, einen Messeauftritt oder eben ein neues Markenerscheinungsbild ergeben. Genau in diesem Punkt herrscht vielerorts ein großes Missverständnis, sei es auf Kundenseite oder bei noch unerfahrenen Designern selbst. Der Kreativitätsprozess beginnt bei der Aufgabenstellung selbst. Deshalb müssen Designer ein tiefes Verständnis für die Problemstellung (die in der Regel zur Aufgabenstellung führt) und die darauf aufbauende Strategie entwickeln können, nur dann kann Design ein wichtiger Teil dieser Strategie sein. Damit das Design am Ende auch seine volle Kraft entfalten kann, müssen Kenntnisse, Fragestellungen und Erwartungen von Menschen mit unterschiedlichen Erfahrungshintergründen und Fachsprachen zusammengeführt werden. Alleine schon die Planung dieses elementar wichtigen Austauschs ist Design sowie die Übersetzung strategischer Überlegungen in eine visuelle Sprache.

In Forschung und Lehre interessiert mich vor allem, wie Agenturen in der Praxis mit der Herausforderung des Prozessdesigns für die Gestaltung von Marken umgehen. Wie planen sie Prozesse und welche Tools und Methoden wenden sie hierbei an? Welches Prozessumfeld kann die kreative Arbeit fördern? Welche Rückschlüsse lassen sich hieraus für die Ausbildung zukünftiger Designer schließen? Es liegt nahe, Design-Agenturen selbst dazu zu befragen.

AGENTUREN LASSEN DIE HÜLLEN FALLEN – Ich machte mich also auf die Suche nach interessanten Design-Agenturen, die bereit waren, ihre Schubladen für mich und meine Studierenden zu öffnen. Wie Archäologen sollten die Studierenden gemeinsam mit den Agenturen die Prozesse verschiedener Markenentwicklungsprojekte rekonstruieren und so darstellen, dass sie nachvollziehbar und wenn möglich sogar vergleichbar wurden. Von elf angefragten Agenturen erklärten sich sofort acht dazu bereit, uns in ihre Karten gucken zu lassen. In einer Welt, in der Designagenturen ihre Methoden und Prozesse

---

Strategie

„Strategie ist die Theorie einer Tätigkeit, die operative Aktionen leitet und diese auf vereinbarte Ziele ausrichtet."

Peter Vetter, Designer [1]

mitunter gerne mit einem Registered Trademark versehen, ist diese Offenheit keine Selbstverständlichkeit, zumal die Teilnahme an diesem Projekt auch einen nicht unerheblichen Zeitaufwand für die Agenturen bedeutete. Die Studierenden hatten nun die Möglichkeit, direkt mit den „Machern" zu sprechen und alle Ungereimtheiten zu hinterfragen. So entstand eine enorme Stoffsammlung, die es erst einmal galt zu sortieren und so aufzubereiten, dass auch Sie, liebe Leser die einzelnen Prozessschritte nachvollziehen können.

„Unglaublich, wie komplex Prozesse sein können. Es wirkt alles immer so klar und einfach."
Romina Poschadel, Studentin

DANKE — Nach Abschluss des Semesterprojektes wurden anschließend von den acht Projekten drei ausgewählt, die sich am besten für die didaktische Aufbereitung in diesem Buch eigneten. Mein besonderer Dank gilt jedoch allen beteiligten Agenturen für ihr entgegengebrachtes Vertrauen, ihre Geduld und Gelassenheit – kurz, für die tolle Zusammenarbeit: ADLERSCHMIDT, GOOD FRIENDS, EDENSPIEKERMANN, HENKEL HIEDEL, KLEINER & BOLD, METADESIGN, MUCHO und STRICHPUNKT.

DANKE — An alle Studierenden, die mit ihrem großartigen Einsatz zum Erfolg dieses Projektes beigetragen haben: Anna Maria Blei, Johanna Braunsch, Manuel Federl, Oliver Feichtinger, David Jacob, Hy-Ran Kilian, Saskia Kley, Franziska König, Romy Mertins, Romina Poschadel, Maximilian Raschke, Dorothée Schwartzmann, Jacob Stoy, Sophie Strzeletz und Balázs Surján.

DANKE — An Stefanie Diers, Raphael Gaßmann, Martinæ Gräfensteiner, Christian Hanke, Heike Langner, Fabian Lefelmann, Eva Pilwat, Philipp von Rohden und Nico Wüst für den tollen Input!

„Lieber Jürgen, deine Schrift war uns eine wunderbare und treue Gefährtin. Danke!"
Daniela und Romina

DANKE — An die Hochschule für Technik und Wirtschaft Berlin und an meine Kollegin Prof. Birgit Bauer für die Möglichkeit dieses Buchprojekt im Rahmen eines Forschungssemesters umsetzen zu können.

DANKE — An meine ehemalige Studentin und nun Mitarbeiterin Romina Poschadel. Mit ihrem Blick für Details, ihren Optimismus und Antrieb hat sie maßgeblich zum Gelingen dieses Buches beigetragen.

DANKE — Für die vielen wertvollen Anregungen von meinem Mann Alexander Wodrich, seine unerschütterliche Geduld und Unterstützung. Liebste Grüße an meine Söhne Peter und Alois. Ich bin so froh, dass es euch gibt!

3.1 QUELLEN

1. **PETER VETTER** – Design als Unternehmensstrategie, Wie Entscheider Kommunikationsdesign effizient nutzen, DDC Design Bibliothek, Frankfurt am Main, 2014

2. **NAOMI KLEIN** – No Logo!, Der Kampf der Global Players um Marktmacht - Ein Spiel mit vielen Verlierern und wenigen Gewinnern, Goldmann Verlag, 2005

3. **HORIZONT ONLINE** – IMAS Studie von 2014, Marken und Preis werden weniger wichtig, bit.ly/MarkenundPreis

4. **ABSATZWIRTSCHAFT** – Markenmanagement gehört auf die Vorstandsebene, 2014, bit.ly/Vorstandsebene

5. **JOCHEN RÄDEKER** – Marke und Management, Wie Markenwert, kreative Performance und Verantwortung auf Top-Management-Ebene zusammenhängen, 2014, bit.ly/StudieStrichpunkt

6. **PAUL ARDEN** – It's Not How Good You Are, Its How Good You Want to Be, Phaidon Press, 2003

7. **BDG, BERUFSVERBAND DER KOMMUNIKATIONSDESIGNER** – BDG Honorarwidget, bit.ly/BDG_Kalkulator

8. **CHRISTIAN SCHÜLE** – Wie bin ich wirklich, Zeit Online, 2014, bit.ly/Zeit_Selbstfindung

9. **WOLF LOTTER** – Der harte Kern, Brand eins: Hart im Nehmen, die Marke, 2010, bit.ly/Brandeins_Marke

10. **SINUS** – Markt- und Sozialforschung, www.sinus-institut.de

11. **MATTHIAS HELL** – Location Insider, mymuesli: „Wir haben gemerkt, dass Läden eine wichtige Funktion erfüllen", 2014, bit.ly/mymuesli_shop

12. **ULRICH KRYSTEK, RALF MOLDENHAUER** – Handbuch Krisen- und Restrukturierungsmanagement: Generelle Konzepte, Spezialprobleme, Praxisberichte, Kohlhammer, 2007

13. **PAUL WATZLAWICK, JANET H. BEAVIN, DON D. JACKSON** – Menschliche Kommunikation, Huber Bern Stuttgart Wien 1969, S. 53

14. **HARALD WILLENBROCK** – Die Karma-Company, Brand eins, Was Wirtschaft treibt, 2012, bit.ly/Brandeins_Karma

15. **PETER HANSER UND STEFAN BAUMANN** – (Interview), Absatzwirtschaft, Der heutigen Verbrauchergeneration geht es um Identitätskonsum, 2014, bit.ly/Identitaetskonsum

16. **ROMAN PLETTER** – Die Biedermänner zeigen Zähne, Brand eins: Zu viel: Überleben im Überfluss, 2007, bit.ly/Brandeins_Zaehne

17. **MARCO SPIES** – Interactive Branding, Digitale Markenerlebnisse planen und gestalten, Verlag Hermann Schmidt Mainz, 2012

18. **CHRISTIAN SPILLER, FELIX BAUMGARTNER** – Die Redbullisierung des Sports, Zeit Online, 2012, bit.ly/Zeit_Redbull

19. **PAUL WYATT, TOM MAY** – 24 pro tips for creating inspirational mood boards, Creative Bloq, 2014, bit.ly/24_Moodboards

20. **VICTOR PAPANEK** – Design For The Real World – Human Ecologie and Social Change. Springer-Verlag, 2009

21. **EVA HELLER** – Wie Farben wirken: Farbpsychologie. Farbsymbolik. Kreative Farbgestaltung. rororo; Auflage: 7, 2004

22. **JÜRGEN HUBER, MARTIN WENZEL** – (Interview), Typografie.info, BundesSans und BundesSerif: die Entwicklung der Hausschriften der Bundesregierung, 2012, bit.ly/BundesSans

23. **AXEL HÜBNER** – Kleines Karo, große Wirkung, Spiegel Online, 2008, bit.ly/Burberry_Karo

24. **PAUL STEINER** – Soundbranding: Grundlagen akustischer Markenführung, Springer Gabler, 2. Auflage, 2014.

25. **SAMMLUNGEN VON CORPORATE DESIGN GUIDELINES**:
www.corporatedesign.info/design_guide.html
www.ci-portal.de/styleguides/

26. **VEIT ETZOLD, THOMAS RAMGE, EQUITY STORYTELLING** – Think – Tell – Sell: Mit der richtigen Story den Unternehmenswert erhöhen, Springer Gabler, 2014

UNDERSTANDING
BRANDING

3.2 ÜBER DIE AUTORIN

Daniela Hensel ist Professorin an der HOCHSCHULE FÜR TECHNIK UND WIRTSCHAFT BERLIN im Fachbereich Gestaltung mit den Schwerpunkten Corporate Design und Designmanagement. Für ihr Engagement im Bereich der praxisnahen Lehre erhielt sie 2013 den Preis für gute Lehre.

Sie studierte Kommunikationsdesign an der FACHHOCHSCHULE MAINZ und der ÉCOLE SUPÉRIEURE DES ARTS DÉCORATIFS in Straßburg. Ihre Diplomarbeit betreute Prof. Olaf Leu, der sie darin ermutigte, sich im Fachgebiet des Corporate Design zu spezialisieren. Nach ihrem Studium arbeitete sie unter anderem bei METADESIGN und SCHINDLER PARENT IDENTITY (heute: REALGESTALT), wo sie komplexe Corporate-Design-Projekte für Kunden wie BOEHRINGER INGELHEIM, COSMOSDIRECT, DAIMLER und die BERLINALE betreute. Neben ihrer Lehrtätigkeit ist sie heute Geschäftsführerin der Designagentur WHY DO BIRDS. Die Gewinnerin des internationalen Corporate Designpreises ist seit 2010 Mitglied und Jurorin beim DEUTSCHEN DESIGNERS CLUB E.V. und als Referentin und Autorin tätig.